Rudolf Steiner Taschenbücher
aus dem Gesamtwerk

RUDOLF STEINER

Das Johannes-Evangelium

Ein Zyklus von zwölf Vorträgen, gehalten
in Hamburg vom 18. bis 31. Mai 1908

RUDOLF STEINER VERLAG

Nach vom Vortragenden selbst nicht durchgesehenen Nachschriften
herausgegeben von der Rudolf Steiner Nachlassverwaltung

Ungekürzte Ausgabe nach dem gleichnamigen Band der
Rudolf Steiner Gesamtausgabe, Bibliografie-Nr. 103,
herausgegeben von Paul Jenny und Paul G. Bellmann
11. Auflage, Dornach 1995

Taschenbuchausgabe
6. Auflage 2025

Umschlaggestaltung: Finken & Bumiller, Stuttgart
Druck: Florjančič tisk, Maribor
Printed in Slovenia

Bevollmächtigter in der EU im Sinne des Artikels 16 Absatz 1 der Verordnung zur
allgemeinen Produktsicherheit GPSR: ATHENA Verlag e. K., Mellinghofer Straße 126,
D-46047 Oberhausen, info@athena-verlag.de

ISBN 978-3-7274-6440-9

Rudolf Steiner Verlag AG
St. Johanns-Vorstadt 19/21
CH-4056 Basel
verlag@steinerverlag.com
www.steinerverlag.com

INHALT

Theosophische Gesellschaft (Adyar-Madras)
Pythagoras Zweig, Hamburg.

HAMBURG, Anfang April 1908.

An die Mitglieder der Theosophischen Gesellschaft!

Wir freuen uns Ihnen mitteilen zu können, dass Herr Dr. **Rudolf Steiner** in der Zeit vom 18. bis 31. Mai 1908 in Hamburg einen Vortrags-Zyklus über das

Johannes-Evangelium

abhalten wird.

Es sind während oben erwähnten Zeitraums auch ein öffentlicher Vortrag, sowie zwei gesellige Zusammenkünfte in Aussicht genommen, worüber noch Näheres bestimmt wird.

Indem wir uns erlauben, unsere verehrten theosophischen Freunde zur Teilnahme an diesem Kursus einzuladen, erbitten wir uns Anmeldungen zur evtl. Teilnahme möglichst bis zum 20. April; dieselben sind zu richten an Herrn G. F. Scharlau, Hamburg, Repsoldstrasse 21 a, woselbst auch freiwillige Beiträge zur Bestreitung der entstehenden Kosten entgegengenommen werden.

Mit theosophischem Grusse

Pythagoras Zweig, Hamburg.

ZUR EINFÜHRUNG

Im Frühling 1908 folgten 80 Teilnehmer im «weißen Saal» einer Hamburger Privatwohnung – Armgartstraße 20 – den Ausführungen Rudolf Steiners zum Johannes-Evangelium während des ersten Vortragszyklus, der in Hamburg durchgeführt werden konnte. Rudolf Steiner stand an einem Tischchen vor einem gelben Vorhang und erläuterte im ersten Vortrag den Prolog des Johannes-Evangeliums, auf ein Sträußchen Maiglöckchen deutend: *«Wie das Maiglöckchen den Samen und der Same wieder das Maiglöckchen erzeugt, so erzeugt das göttliche Schöpferwort den stummen Menschensamen; und als das göttliche Schöpferwort hineinschlüpft in den stummen Menschensamen, um darin wieder aufzugehen, tönt aus dem Menschensamen das ursprüngliche göttliche Schöpferwort empor»*.

Das Johannes-Evangelium nimmt in den Evangelienbetrachtungen Rudolf Steiners eine herausragende Stellung ein, sowohl was die Häufigkeit der diesbezüglichen Ausführungen (in Vorträgen und Vortragszyklen) wie auch was die besondere Qualität dieses Evangeliums anbelangt. Rudolf Steiner zeigte auf, daß es sich hier um eine Einweihungsurkunde handelt, ohne deren Verständnis man die andern drei, die synoptischen Evangelien, nicht verstehen könne: *«Was die anderen Evangelien erzählen, es wird licht und hell und klar, wenn man die Worte des Johannes-Evangeliums als eine Interpretation, als eine Erklärung dazunimmt.»* Bereits im Vortragszyklus «Das Christentum als mystische Tatsache und die Mysterien des Altertums», den Rudolf Steiner 1901/02 in der Theosophischen Bibliothek in Berlin hielt und den er zum Buch umarbeitete (GA 8), entwickelt er neue Gesichtspunkte zum Verständnis der Evangelien, insbesondere des Johannesevangeliums und der Apokalypse des Johannes. So erhält das «Lazarus-Wunder» eine neue Deutung als Einweihung, die auf dem Hintergrund von Rudolf

Steiners Hauptthese verstanden werden muss, daß das Christentum im Zusammenhang mit den alten Mysterien steht. Weitere Evangelienbetrachtungen – die theosophischen Grundthemen gleichsam erläuternd – folgten durch die Jahre, aber erst mit dem hier vorliegenden Zyklus in Hamburg wird die Reihe der ganz den religiösen Urkunden gewidmeten Vortragszyklen eröffnet.

Dieser Zyklus, dessen ersten fünf Vorträge Rudolf Steiner noch selbst durchgesehen und korrigiert hat, enthält eine Fülle neuer Aufschlüsse über die großen Rätsel des Johannes-Evangeliums. Rudolf Steiner erklärt den Aufbau dieses Evangeliums und macht deutlich, daß für ein tieferes Verständnis die Weltentwicklung und der Weg der Menschheit auf der Erde miteinbezogen werden müssen. Er differenziert das Verhältnis des esoterischen Christentums zur Gnosis und beschreibt das Prinzip und die Stufen der Einweihung. Heilungen, Wunder und Gleichnisse erscheinen in neuem Licht und die Entwicklung des Christentums von der Vorverkündigung bis in eine ferne Zukunft wird erkennbar. Eine erste Andeutung zum Wiedererscheinen des Christus, das Rudolf Steiner mit dem Jahre 1910 an vielen Orten zu verkündigen beginnt, findet sich bereits hier.

Besonderer Erwähnung bedarf sicher der Umstand, daß wir im vierten Vortrag den Prolog des Johannes-Evangeliums in der Fassung von Rudolf Steiner selbst vorliegen haben.

ERSTER VORTRAG

HAMBURG, 18. MAI 1908

Unsere Vorträge über das Johannes-Evangelium werden ein doppeltes Ziel haben. Das eine wird sein, die geisteswissenschaftlichen Begriffe als solche zu vertiefen und nach mancherlei Richtungen hin zu erweitern; und das andere Ziel ist gerade dies, durch diejenigen Vorstellungen, die uns dabei vor die Seele treten werden, die große Urkunde des Johannes-Evangeliums selbst uns nahezubringen. Das bitte ich festzuhalten, daß die Vorträge nach diesen beiden Richtungen hin gemeint sind. Es soll sich nicht etwa bloß handeln um Auseinandersetzungen *über* das Johannes-Evangelium, sondern an der Hand desselben wollen wir in tiefe Geheimnisse des Daseins eindringen, und wir wollen durchaus festhalten, wie eigentlich die geisteswissenschaftliche Betrachtungsweise beschaffen sein muß, wenn sie anknüpft an irgendeine der großen historischen Urkunden, die uns durch die verschiedenen Religionen der Welt überliefert worden sind.

Man könnte nämlich glauben, wenn der Vertreter der Geisteswissenschaft über das Johannes-Evangelium spricht, er wolle das in dem Sinne tun, wie es sonst auch vielfach geschieht: einfach eine solche Urkunde zugrunde legen, um aus ihr diejenigen Wahrheiten, um die es sich handelt, zu schöpfen, und diese Wahrheiten auf die Autorität der religiösen Urkunden hin vorbringen. Das kann aber nimmermehr die Aufgabe geisteswissenschaftlicher Weltenbetrachtung sein. Sie muß eine völlig andere sein. Wenn die Geisteswissenschaft ihre wirkliche Aufgabe gegenüber dem modernen Menschengeist erfüllen will, dann muß sie zeigen, daß der Mensch, wenn er nur seine inneren Kräfte und Fähigkeiten gebrauchen lernt, die Kräfte und Fähigkeiten des geistigen Wahrnehmens, daß er dann, wenn er sie anwendet, eindringen kann in die Geheimnisse des Daseins, in das, was in den geistigen Welten hinter der Sinnenwelt verborgen ist. Daß der Mensch durch den Gebrauch der inneren Fähigkeiten zu den Geheimnissen des Daseins vordringen kann, daß er zu den schöpferischen Kräften und Wesenheiten des Universums durch seine eigene Erkenntnis gelangen kann, das muß der modernen Menschheit immer mehr zum Bewußtsein kommen.

Und so müssen wir sagen, daß die Geheimnisse des Johannes-Evangeliums unabhängig von jeder Tradition, von jeder historischen Urkunde von dem Menschen gewonnen werden können. Man möchte, um das ganz deutlich zu sagen, einmal in einer extremen Weise das aussprechen. Dann könnte man so sagen: Nehmen wir an, durch irgendein Ereignis gingen alle religiösen Urkunden dem Menschen verloren und dieser behielte nur die Fähigkeiten, die er gegenwärtig hat, dann müßte er trotzdem – wenn er sich nur die Fähigkeiten, die er hatte, bewahrt – in die Geheimnisse des Daseins eindringen können; er müßte hingelangen können zu den göttlich-geistigen schaffenden Kräften und Wesenheiten, die hinter der physischen Welt verborgen sind. Und die Geisteswissenschaft muß durchaus auf diese, von allen Urkunden unabhängigen Erkenntnisquellen bauen. Dann aber, wenn man also unabhängig forscht, wenn man unabhängig von allen Urkunden die göttlich-geistigen Geheimnisse der Welt erforscht hat, dann geht man an die religiösen Urkunden. Dann erst erkennt man sie in ihrem wahren Werte. Denn dann ist man in einer gewissen Weise frei und unabhängig von ihnen. Man erkennt in ihnen dann, was man zuvor selbständig gefunden hat; wer einen solchen Weg gegenüber den religiösen Urkunden eingeschlagen hat, von dem können Sie sicher sein, daß diese Urkunden niemals an Wert für ihn verlieren, niemals etwas verlieren von der Ehrfurcht und Verehrung, die man ihnen gegenüber haben kann. Durch einen Vergleich mit etwas anderem lassen Sie uns einmal klarmachen, um was es sich dabei handelt.

Es könnte jemand sagen: Euklid, der alte Geometer, hat uns zuerst jene Geometrie gegeben, die heute ein jedes Schulkind lernt auf einer gewissen Stufe des Schulunterrichts. Aber ist das Lernen der Geometrie durchaus gebunden an dieses Buch von Euklid? Ich frage Sie, wie viele lernen heute die elementare Geometrie, ohne eine Ahnung zu haben von dem ersten Buch, in das Euklid die elementarsten Dinge über Geometrie hineingelegt hat? Sie lernen die Geometrieunabhängig von dem Buche des Euklid, weil sie einer Fähigkeit des Menschengeistes entspringt. Dann, wenn man Geometrie aus sich gelernt hat und hinterher an das große Geometriebuch des Euklid kommt, weiß man dies in der richtigen Weise zu würdigen; denn erst dann findet man das, was man sich zu eigen gemacht hat, und lernt die Form schätzen, in der die entsprechenden Erkenntnisse zum ersten Male aufgetreten sind. So kann man heute die großen Weltentatsachen des Johannes-Evangeliums durch die im Menschen schlummernden Kräfte finden, ohne von dem Johannes-Evangelium etwas zu wissen, wie der Schüler die Geometrie lernt, ohne von dem ersten Geometriebuche des Euklid etwas zu wissen.

Wenn man, ausgerüstet mit dem Wissen über die höheren Welten, an das Johannes-Evangelium herantritt, sagt man sich: Was liegt denn da vor in der Geistesgeschichte der Menschheit? Die tiefsten Geheimnisse der geistigen Welten sind hineingeheimnißt in ein Buch, sind der Menschheit gegeben in einem Buche. Und da wir vorher wissen, was Wahrheiten über die göttlich-geistigen Welten sind, erkennen wir dann erst die göttlich-geistige Art des Johannes-Evangeliums in dem richtigen Sinne, und das wird überhaupt der richtige Sinn sein, sich solchen Urkunden zu nähern, welche über geistige Dinge handeln.

Wenn sich solchen Urkunden, welche über geistige Dinge handeln, Leute nähern, welche sehr gut der Sprache nach alles verstehen, was in solchen Urkunden liegt, wie zum Beispiel im Johannes-Evangelium, also bloße Philologen – und selbst die theologischen Forscher einer gewissen Art sind heute eigentlich nur Philologen in bezug auf den Inhalt solcher Bücher –, wie verhält sich der Vertreter der Geisteswissenschaft zu solchen Forschern? Nehmen wir nochmals den Vergleich mit der Geometrie des Euklid. Wer wird denn der richtigere Ausleger sein? Der gut mit Worten in seiner Art übersetzen kann und gar keine Ahnung hat von den geometrischen Erkenntnissen? Es wird etwas Sonderbares herauskommen, wenn ein solcher sich an die Geometrie des Euklid machen wird, wenn er vorher gar nichts von der Geometrie versteht! Lassen Sie aber den Übersetzer selbst einen unbedeutenden Philologen sein, er wird, wenn er Geometrie versteht, das Buch in der richtigen Weise würdigen können. So verhält sich gegenüber vielen anderen Forschern der Vertreter der Geisteswissenschaft zum Johannes-Evangelium. Vielfach wird es gegenwärtig so erklärt, wie die Philologen die Geometrie des Euklid erklären würden. Geisteswissenschaft aber liefert aus sich die Erkenntnisse der geistigen Welten, die im Johannes-Evangelium aufgezeichnet sind. So ist der Geisteswissenschafter dem Johannes-Evangelium gegenüber in derselben Lage wie der Geometer dem Euklid gegenüber: er bringt schon mit, was er in dem Johannes-Evangelium finden kann.

Wir brauchen uns nicht bei dem etwa erhobenen Vorwurf aufzuhalten, daß auf diese Weise manches in die Urkunde hineingesehen werde. Wir werden bald sehen, daß der, welcher den Inhalt versteht, nicht nötig hat, etwas in das Evangelium hineinzulegen, was nicht darin ist. Wer die Art der geisteswissenschaftlichen Auslegung versteht, wird sich bei diesem Vorwurf nicht besonders aufhalten. Wie andere Urkunden nicht an Wert und Verehrung verlieren, wenn man ihren wahren Inhalt erkennt, so ist dies auch mit dem Johannes-Evangelium der Fall. Es erscheint dem, der eingedrungen ist in die Geheimnisse der Welt, als eines der allerbedeutungsvollsten Dokumente im menschlichen Geistesleben.

Wir können uns dann fragen, wenn wir uns genauer auf den Inhalt des Johannes-Evangeliums einlassen: Wie kommt es denn, wenn dem Geistesforscher das Johannes-Evangelium als eine so bedeutungsvolle Urkunde erscheint, daß es gerade von Theologen, die doch zu Erklärern berufen sein sollten, immer mehr und mehr in den Hintergrund gegenüber den anderen Evangelien gedrängt wird? Dies soll als eine Vorfrage berührt werden, bevor wir in das Johannes-Evangelium selbst eintreten.

Sie alle wissen, daß in bezug auf das Johannes-Evangelium merkwürdige Anschauungen und Gesinnungen Platz gegriffen haben. In alten Zeiten wurde es verehrt als eine der tiefsten und bedeutungsvollsten Urkunden, welche der Mensch hatte über das Wesen und den Sinn des Wirkens des Christus Jesus auf Erden; und in den älteren Zeiten des Christentums wäre es wohl niemandem eingefallen, dieses Johannes-Evangelium nicht als ein wichtiges geschichtliches Denkmal für die Ereignisse in Palästina aufzufassen. In neueren Zeiten ist es anders geworden, und gerade die, welche glauben, am festesten zu stehen auf dem Boden geschichtlicher Forschung, haben am meisten den Grund unterwühlt, auf dem eine solche Anschauung über das Johannes-Evangelium stand. Seit einer Zeit, die ja schon nach Jahrhunderten zählt, hat man angefangen, aufmerksam zu werden auf die Widersprüche, die sich in den Evangelien finden. Da hat sich besonders unter den Theologen nach mancherlei Schwankungen das folgende herausgestellt. Man hat gesagt: Es kommen viele Widersprüche in den Evangelien vor, und man könne sich keinen klaren Begriff machen, wie es kommt, daß von vier Seiten in den vier Evangelien die Ereignisse in Palästina in verschiedener Weise erzählt werden. Man sagte: Wenn wir die Darstellungen nehmen, die nach Matthäus, nach Markus, nach Lukas, nach Johannes gegeben werden, so haben wir so viele verschiedene Angaben über dieses und jenes, daß man unmöglich glauben kann, daß sie alle mit den historischen Tatsachen übereinstimmen. Das wurde nach und nach die Gesinnung derjenigen, die diese Dinge erforschen wollten.

Nun hat sich in neuerer Zeit die Anschauung gebildet, daß man in bezug auf die drei ersten Evangelien einen gewissen Einklang über die Darstellung der palästinensischen Ereignisse sich bilden könne, daß das Johannes-Evangelium aber in einer weitgehenden Art abweiche von dem, was die drei ersten Evangelien erzählen, und daß deshalb in bezug auf die historischen Tatsachen mehr den drei ersten Evangelien geglaubt werden müsse und das Johannes-Evangelium weniger geschichtliche Glaubwürdigkeit habe. So ist man allmählich dazu gekommen, zu sagen: Dieses Johannes-Evangelium ist überhaupt nicht in derselben Absicht entstanden wie die drei ersten. Diese Evangelien wollten nur erzählen, was sich zugetragen hat; der Verfasser des Johannes-Evangeliums aber habe diese Absicht gar nicht gehabt, sondern eine ganz andere. Und man hat aus verschiedenen Gründen der Annahme sich hingegeben, daß das Johannes-Evangelium überhaupt verhältnismäßig spät niedergeschrieben worden sei. Wir werden auf diese Dinge noch zu sprechen kommen. Ein großer Teil der Forscher glaubt, daß das Johannes-Evangelium erst im dritten oder vierten Jahrzehnt des zweiten christlichen Jahrhunderts niedergeschrieben worden sei, vielleicht auch schon im zweiten Jahrzehnt des zweiten Jahrhunderts; und daher sagten sie sich: Also ist das Johannes-Evangelium niedergeschrieben in einer Zeit, wo das Christentum in einer bestimmten Form sich schon ausgebreitet hatte, wo es vielleicht auch schon Gegner hatte. Diese oder jene Gegner waren aufgetreten gegen das Christentum, und diejenigen, die diese Meinung annehmen, sagten sich: In dem Schreiber des Johannes-Evangeliums haben wir einen Menschen vor uns, der insbesondere bestrebt war, eine Lehrschrift zu geben, eine Art Apologie, etwas wie eine Verteidigung des Christentums gegenüber den Strömungen, die sich dagegen erhoben hatten. Nicht aber hatte der Schreiber des Johannes-Evangeliums die Absicht gehabt, die historischen Tatsachen treu zu schildern, sondern zu sagen, wie er sich zu seinem Christus stelle. – So sehen viele nichts anderes in dem Johannes-Evangelium als eine Art religiös durchströmten Gedichtes, das der Schreiber aus einer religiös-lyrischen Stimmung heraus in bezug auf seinen Christus niedergeschrieben habe, um auch andere zu begeistern und in dieselbe Stimmung zu bringen. Vielleicht wird man nicht überall mit so extremen Worten diese Meinung eingestehen. Wenn Sie aber die Literatur studieren, werden Sie finden, daß dies eine weitverbreitete Meinung ist, die vielen unserer Zeitgenossen sehr zur Seele spricht, ja, es kommt eine solche Meinung der Gesinnung unserer Zeitgenossen geradezu entgegen.

Seit einigen Jahrhunderten hat sich innerhalb der Menschheit, die immer mehr zum Materialismus in ihrer Gesinnung gekommen ist, eine gewisse Abneigung herausgebildet gegen eine solche Auffassung des geschichtlichen Werdens überhaupt, wie sie uns gleich in den ersten Worten des Johannes-Evangeliums entgegentritt. Denken Sie doch nur daran, daß die ersten Worte keine andere Erklärung zulassen, als daß in dem Jesus von Nazareth, der gelebt hat im Anfange unserer Zeitrechnung, verkörpert war eine Wesenheit höchster geistiger Art. Der Schreiber des Johannes-Evangeliums konnte nach seiner ganzen Art nicht anders, indem er von Jesus spricht, als beginnen mit dem, was er das «Wort» oder den «Logos» nennt; und er konnte nicht anders als sagen:

> «Dieses Wort war im Urbeginne, und alles ist durch das Wort entstanden.» (1, 2–3)

oder durch den «Logos». Nehmen wir dieses Wort einmal in seiner vollen Bedeutung, dann müssen wir sagen: Der Schreiber des Johannes-Evangeliums sieht sich gedrängt, den Urbeginn der Welt, das Höchste, wozu sich der Menschengeist erheben kann, als Logos zu bezeichnen und zu sagen: «Alle Dinge sind durch diesen Logos, den Urgrund der Dinge, gemacht!» Und dann setzt er fort und sagt:

> «Dieser Logos ist Fleisch geworden und hat unter uns gewohnet.» (1, 14)

Das heißt nichts anderes als: Ihr habt ihn gesehen, der unter uns gewohnt hat; ihr werdet ihn nur verstehen, wenn ihr ihn nehmt so, daß in ihm dasselbe Prinzip wohnte, durch das alles, was um euch herum ist an Pflanzen, Tieren und Menschen, gemacht ist. – Will man nicht in verkünstelter Weise interpretieren, so muß man sagen, daß im Sinne dieser Urkunde ein Prinzip allerhöchster Art sich einmal im Fleische verkörpert hat. Vergleichen wir die Anforderung, die mit solcher Vorstellung an des Menschen Herz gestellt wird, mit dem, was heute mancher Theologe sagt. Sie können es gegenwärtig in theologischen Werken lesen und in Vorträgen in mannigfacher Weise hören: Wir appellieren nicht mehr an irgendein übersinnliches Prinzip; uns ist derjenige Jesus am liebsten, den uns die drei ersten Evangelien schildern, denn das ist der «schlichte Mann aus Nazareth», der anderen Menschen ähnlich ist.

Das ist in gewisser Art ein Ideal geworden für viele Theologen. Die Menschen haben das Bestreben, alles, was geschichtlich geworden ist, möglichst auf gleiche Stufe zu stellen mit allgemein menschlichen Ereignissen. Es stört die Menschen, daß ein so Hoher herausragen soll, wie es der Christus des Johannes-Evangeliums ist. Daher sprechen sie von diesem als von der Apotheose Jesu, des «schlichten Mannes von Nazareth», der ihnen deshalb so gefällt, weil sie sagen können: Wir haben ja auch einen Sokrates und andere große Männer. – Er unterscheidet sich ja von diesen anderen, aber sie haben doch einen gewissen Maßstab an einer gewöhnlichen banalen Menschlichkeit, wenn sie sprechen können vom «schlichten Manne aus Nazareth». Dies Sprechen vom «schlichten Manne aus Nazareth», das Sie heute schon in zahlreichen theologischen Werken, auch in theologisch-akademischen Schriften vorfinden, in dem, was man die «aufgeklärte Theologie» nennt, das hängt zusammen mit dem seit Jahrhunderten herangebildeten materialistischen Sinne der Menschheit; denn diese glaubt, daß es nur Physisch-Sinnliches geben könne oder daß nur dieses eine Bedeutung habe. In denjenigen Zeiten der Menschheitsentwickelung, in welchen der Blick der Menschheit noch hinaufgegangen ist zu dem Übersinnlichen, konnte der Mensch sagen: Außen, in der äußeren Erscheinung mag diese oder jene historische Persönlichkeit sich gewiß vergleichen lassen mit dem schlichten Manne aus Nazareth, aber in dem, was als Geistiges und Unsichtbares in dieser Persönlichkeit war, da ist dieser Jesus von Nazareth ein Einziger! Als man aber den Hinblick und den Einblick in das Übersinnliche und Unsichtbare verloren hatte, verlor man auch den Maßstab für alles, was über den Durchschnitt der Menschheit hinausragte, und das zeigte sich ganz besonders in der religiösen Auffassung des Lebens. Darüber geben Sie sich nur gar keiner Täuschung hin! Der Materialismus ist zuerst eingedrungen in das religiöse Leben. Viel, viel weniger gefährlich für die geistige Entwickelung der Menschheit ist der Materialismus in bezug auf die äußeren naturwissenschaftlichen Tatsachen als in bezug auf die Auffassung der religiösen Geheimnisse.

Wir werden zu sprechen haben – als ein Beispiel – über die wahre spirituelle Auffassung des Abendmahls, die Verwandlung von Brot und Wein in Fleisch und Blut, und wir werden im Laufe dieser Vorträge hören, daß durch diese spirituelle Auffassung das Abendmahl wahrhaftig nicht an Wert und Bedeutung verliert. Aber es wird eben eine spirituelle Auffassung sein, die wir kennenlernen werden. Und die war auch die alte christliche Auffassung, als noch mehr spiritueller Sinn war unter der Menschheit; sie galt noch in der ersten Hälfte des Mittelalters. Da wußten viele die Worte: «Dies ist mein Leib ...; dies ist mein Blut!» (Markus 14, 22 und 24), so aufzufassen, wie wir das kennenlernen werden. Aber diese geistige Auffassung ging im Laufe der Jahrhunderte notwendigerweise verloren. Wir werden die Gründe dafür kennenlernen. Da gab es im Mittelalter eine sehr merkwürdige Strömung, die tiefer, als Sie es glauben mögen, eingedrungen ist in die Gemüter der Menschheit, denn wie die Seelen sich nach und nach entwickelt und was sie erlebt haben, können Sie von der heutigen Geschichte sehr wenig erfahren. Um die Mitte des Mittelalters ist eine tiefgehende Strömung vorhanden in den christlichen Gemütern Europas; denn es war von autoritativer Seite aus der ehemalige spirituelle Sinn der Abendmahlslehre ins Materialistische umgedeutet. Die Menschen konnten sich bei den Worten: «Dies ist mein Leib ...; dies ist mein Blut», nur vorstellen, daß ein materieller Vorgang, eine materielle Umwandlung von Brot und Wein in Fleisch und Blut geschehe. Was früher geistig vorgestellt wurde, fing man an, im grob materiellen Sinne sich vorzustellen. Hier schleicht sich der Materialismus, lange bevor er die Naturwissenschaft ergreift, ein in das religiöse Leben.

Und ein anderes Beispiel ist nicht minder bedeutsam. Glauben Sie nicht, daß in irgendeiner der maßgebenden Erklärungen der «Schöpfungsgeschichte» im Mittelalter die sechs Schöpfungstage so genommen worden sind als Tage, wie sie heute sind, als Tage von vierundzwanzig Stunden. Keinem der maßgebenden theologischen Lehrer wäre das auch nur eingefallen; denn sie haben verstanden, was in den Urkunden steht. Sie haben noch gewußt, einen Sinn zu verbinden mit den Worten der Bibel. Hat es denn einen Sinn überhaupt gegenüber der Schöpfungsurkunde, von vierundzwanzigstündigen Schöpfungstagen zu sprechen in unserer heutigen Art? Was heißt denn ein Tag? Ein Tag heißt das, was durch das Umdrehungsverhältnis der Erde gegenüber der Sonne bewirkt wird. Von Tagen im heutigen Sinne können Sie nur reden, wenn die Verhältnisse zwischen Sonne und Erde und ihre Bewegung so vorgestellt werden, wie sie heute sind. Daß aber Sonne und Erde in solchen Verhältnissen zueinander gestanden haben, wird in der Genesis erst vom vierten Zeitraum, vom vierten «Tage» der Schöpfung erzählt. «Tage» können daher überhaupt erst am vierten Tage der Schöpfungsgeschichte anfangen. Vorher wäre es sinnlos, sich Tage vorzustellen, wie sie heute sind. Da erst überhaupt am vierten «Tag» die Einrichtung kommt, wodurch Tag und Nacht möglich werden, konnte vorher nicht von Tagen im heutigen Sinne die Rede sein! Wieder kam die Zeit herauf, wo die Menschen nicht mehr wußten, daß damit die geistige Bedeutung von Tag und Nacht gemeint sei, wo man sich nur denken konnte, daß solche Zeit, die man sich in physischen Tagen vorzustellen hat, möglich ist. So wurde für einen materialistisch denkenden Menschen, selbst für einen Theologen, ein Tag, wie er heute ist, auch der Schöpfungs-«Tag», weil er nur jenen kennt.

Ein älterer Theologe redete anders über solche Dinge. Ein solcher sagte sich vor allem, daß in den alten religiösen Urkunden nichts Unnötiges an wichtigen Stellen steht. Als ein Beispiel dafür wollen wir eine Stelle betrachten. Man nehme einmal im 2. Kapitel des ersten Buches Mose den 21. Vers; da heißt es:

> «Da ließ Gott, der Herr, einen tiefen Schlaf fallen auf den Menschen, und er entschlief.»

Auf diese Stelle legten die alten Erklärer einen ganz besonderen Wert. Diejenigen, die sich schon ein wenig befaßt haben mit der Entwickelung der geistigen Kräfte und Fähigkeiten des Menschen, werden wissen, daß es verschiedene Arten von Bewußtseinszuständen gibt, daß dasjenige, was wir heute bei dem Durchschnittsmenschen «Schlaf» nennen, nur ein vorübergehender Bewußtseinszustand ist, der sich künftig – wie heute schon bei den Eingeweihten – umwandeln wird in einen Bewußtseinszustand, wo der Mensch leibbefreit hineinsieht in die geistige Welt. Deshalb sagte der Erklärer: Gott ließ Adam in einen tiefen Schlaf fallen, und da konnte er wahrnehmen, was er mit den physischen Sinneswerkzeugen nicht wahrnehmen konnte. Das ist gemeint als ein hellseherischer Schlaf. Und was erzählt wird, ist das, was man erfährt in einem höheren Bewußtseinszustand; daher fällt Adam «in einen Schlaf». Dies war eine alte Erklärung; und man sagte, es würde auch nicht erwähnt werden in einer religiösen Urkunde, «Gott ließ einen tiefen Schlaf fallen auf den Menschen», wenn er auch schon früher in einen Schlaf verfallen wäre. Darauf werden wir hingewiesen, daß es der erste Schlaf ist, und daß der Mensch früher in Bewußtseinszuständen war, wo er noch geistige Dinge ständig wahrnehmen konnte. Das ist es, was den Leuten erzählt wurde.

Heute handelt es sich nun darum, zu zeigen, daß es einmal ganz spirituelle Erklärungen der biblischen Urkunden gegeben hat, und daß der materialistische Sinn, als er heraufkam, das hineingelegt hat, was heute in der Bibel von den aufgeklärten Leuten bekämpft wird.

Das hat erst der materialistische Sinn gemacht, was er nun selbst bekämpft. So sehen Sie, wie in der Tat der materialistische Sinn in der Menschheit heraufgezogen ist und wie dadurch das wahre, echte, wirkliche Verständnis für die religiösen Urkunden verlorengegangen ist. Wenn die Geisteswissenschaft ihre Aufgabe erfüllen und dem Menschen zeigen wird, welche Geheimnisse hinter dem physischen Dasein liegen, dann wird man schon erkennen, wie diese Geheimnisse in den religiösen Urkunden geschildert werden. Der äußere triviale Materialismus, den heute die Menschen für so gefährlich halten, ist nur die letzte Phase des Materialismus, den ich Ihnen geschildert habe. Erst wurde die Bibel materialistisch interpretiert. Hätte nie ein Mensch die Bibel materialistisch erklärt, so hätte auch nie in der äußeren Wissenschaft ein Haeckel die Natur materialistisch erklärt; und was im vierzehnten und fünfzehnten Jahrhundert als Grund gelegt worden ist in religiöser Beziehung, das ging als Frucht im neunzehnten Jahrhundert auf in der Naturwissenschaft; und das hat dazu geführt, daß es unmöglich ist, dem Johannes-Evangelium gegenüber zu einem Verständnis zu kommen, wenn man nicht in die geistigen Urgründe eindringt. Man kann den Wert des Johannes-Evangeliums nur dann unterschätzen, wenn man es nicht versteht. Und weil diejenigen, die es nicht mehr verstanden haben, angekränkelt waren von einer materialistischen Gesinnung, erschien es ihnen eben in dem vorhin geschilderten Lichte.

Ein ganz einfacher Vergleich wird erklären, in welcher Art das Johannes-Evangelium von den drei andern abweicht.

Denken Sie sich einen Berg. Auf dem Berge und am Bergabhange stehen auf gewissen Höhen verschiedene Menschen, und diese verschiedenen Menschen – sagen wir drei – zeichnen nun ab, was sie unten sehen. Jeder wird es nach der Stelle, wo er steht, verschieden zeichnen; aber gewiß ist jedes von diesen drei Bildern doch wahr für den Standpunkt, um den es sich handelt. Und derjenige, der nun oben auf dem Gipfel steht und das zeichnet, was unten ist, wird wieder einen andern Anblick gewinnen und schildern. So ist der Anblick der drei Evangelisten, der Synoptiker Matthäus, Markus, Lukas, gegenüber dem des Johannes, der nur von einer andern Stelle aus die Sache beschreibt. Und was haben gelehrte Erklärer nicht alles herbeigetragen, um dieses Johannes-Evangelium begreiflich zu machen! Manchmal muß man sich wirklich wundern, was alles von den exakten Forschern gesagt wird, was so leicht zu durchschauen wäre, wenn nicht unsere Zeit eine Zeit des denkbar größten Autoritätsglaubens wäre. Der Glaube an die unfehlbare Wissenschaft ist heute auf dem höchsten Punkt angekommen!

So ist denn gleich der Eingang des Johannes-Evangeliums etwas sehr Schwieriges für den materialistisch angehauchten Theologen geworden. Die Lehre von dem Logos oder Wort hat den Leuten große Schwierigkeiten gemacht. Sie sagen sich: Wir möchten doch so gern, daß alles einfach, schlicht und naiv ist, und da kommt dann das Johannes-Evangelium und spricht von so hohen philosophischen Dingen, von dem Logos, dem Leben, dem Lichte! – Der Philologe ist gewöhnt, immer zu fragen, woher das stammt. Mit neueren Werken macht man es nicht anders. Lesen Sie die Werke über den Goetheschen «Faust». Überall finden Sie nachgewiesen, woher dieses oder jenes Motiv stammt; da werden durch Jahrhunderte zum Beispiel alle Bücher aufgestöbert, um zu sehen, woher Goethe das Wort vom «Wurm» hat, das er gebraucht. Und so fragt man auch: Woher hat Johannes den Begriff des «Logos»? Die anderen Evangelisten, die zu dem einfachen, schlichten Menschenverstand gesprochen haben, drücken sich nicht so philosophisch aus. Nun sagte man weiter, der Schreiber des Johannes-Evangeliums wäre eben ein Mensch mit griechischer Bildung gewesen, und dann wies man darauf hin, daß die Griechen in Philo von Alexandrien einen Schriftsteller haben, der auch von dem Logos spricht. Also dachte man sich, daß in gebildeten griechischen Kreisen, wenn man von etwas Hohem sprechen wollte, man von dem Logos sprach, und daher hat der Johannes das aufgenommen. Und so nahm man das wieder für einen Beweis, daß der Schreiber des Johannes-Evangeliums nicht auf derselben Überlieferung gefußt hat, auf der die Schreiber der andern Evangelien fußten, sondern – so sagte man – er hat sich beeinflussen lassen von der griechischen Bildung und dementsprechend die Tatsachen umgeprägt. Und gerade die Anfangsworte des Johannes-Evangeliums

> «Im Urbeginne war das Wort, und das Wort war bei Gott, und ein Gott war das Wort.»

beweisen, daß der philonische «Logos»-Begriff in den Geist des Schreibers des Johannes-Evangeliums eingedrungen ist und die Darstellung beeinflußt hat!

Solchen Leuten möchte man nur einmal den Anfang des Evangeliums des Lukas dagegenhalten:

> «Sintemalen sich viele unterwunden haben, Rede zu führen von den Ereignissen, so unter uns geschehen sind, wie uns das überliefert haben diejenigen, die von Anfang selbst Augenzeugen und Diener des Wortes gewesen sind, deshalb habe ich es für gut befunden, nachdem ich das alles, wie es von Anfang war, mit Fleiß erforscht, dir zu erzählen, mein guter Theophilus.» (Lukas 1, 1-3)

Hier steht am Anfange gerade, daß das, was er erzählen will, Überlieferung ist derjenigen, die «Augenzeugen und Diener des Wortes gewesen sind». Es ist sonderbar, daß Johannes das aus der griechischen Bildung haben soll und daß Lukas, der doch nach dieser Ansicht zu den schlichten Männern gehörte, ebenfalls von dem «Logos» spricht! Solche Dinge sollten selbst die autoritätsgläubigen Menschen darauf aufmerksam machen, daß es wirklich nicht eigentlich exakte Gründe sind, die zu solchen Resultaten führen, sondern Vorurteile; die materialistische Brille ist es, die diese Anschauung über das Johannes-Evangelium heraufgebracht hat, daß es in der eben charakterisierten Weise neben die anderen Evangelien hinzustellen sei, – was wir leicht daraus entnehmen können, daß auch im

Lukas-Evangelium die Rede davon ist. Was von denen gesagt wird, die da Augenzeugen und Diener des Logos gewesen sind, das bedeutet, daß von dem Logos in den alten Zeiten gesprochen wurde als von etwas, was die Leute kannten und mit dem sie vertraut waren. Und das ist es, was wir uns jetzt besonders vor die Seele führen müssen, damit wir tiefer eindringen können in die ersten paradigmatischen Sätze des Johannes-Evangeliums.

Wovon spricht derjenige, der damals das Wort «Logos» oder das Wort «Wort» gebrauchte in unserm Sinne? Wovon spricht er?

Nicht durch theoretisches Erklären und abstraktes begriffliches Auseinandersetzen kommen Sie zu dieser Vorstellung des Logos, sondern Sie müssen sich durch das Gemüt in das ganze Empfindungsleben aller derjenigen hineinversetzen, die so von dem Logos gesprochen haben. Auch diese Leute haben die Dinge um sich herum gesehen. Aber es genügt nicht, daß der Mensch bloß das ansieht, was um ihn herum ist, sondern es kommt darauf an, wie sich daran die Empfindungen seines Herzens und seines Gemütes knüpfen, wie er dies oder jenes für höher oder niedriger hält, je nachdem, was er in ihnen sieht. Sie alle richten Ihre Blicke auf die Sie umgebenden Naturreiche, auf Mineralien, Pflanzen, Tiere und Menschen. Sie nennen den Menschen das vollkommenste, das Mineral das unvollkommenste Geschöpf. Innerhalb der betreffenden Naturreiche unterscheidet man wieder höher und niedriger stehende Wesen. Zu den verschiedenen Zeiten empfanden die Menschen das ganz verschieden.

Diejenigen, die im Sinne des Johannes-Evangeliums sprachen, empfanden vor allem eines als etwas ganz Bedeutsames: Man sah herunter auf das niedere Tierreich und ließ den Blick schweifen hinauf bis zu dem Menschen – und verfolgte etwas ganz Bestimmtes in dieser Entwickelungsrichtung. Da sagte ein solcher Bekenner der Logoslehre: Eines ist es, was uns am tiefsten den Vorzug der höheren Wesen vor den niederen darstellt: die Fähigkeit, das, was im Innern lebt, nach außen durch das Wort tönen zu lassen, den

Gedanken der Umwelt im Wort mitzuteilen. Es würde ein solcher Bekenner der Logoslehre gesagt haben: Sieh dir an das niedere Tier! Es ist stumm, es drückt nicht aus seinen Schmerz oder seine Lust. – Nehmen Sie die niederen Tiere: sie zirpen oder geben andere Töne von sich usw.; aber es ist das das äußere Schaben und Reiben der physischen Organe, die da tönen, wie ein Hammer es auch kann. Je höher wir hinaufkommen, desto mehr entwickelt sich die Fähigkeit, daß sich das Innere im Ton manifestiert und das, was die Seele erlebt, im Ton mitteilt. Und deshalb, sagte man, steht der Mensch über den anderen Wesen so hoch, weil er nicht nur imstande ist, mit Worten zu bezeichnen, was seine Lust oder sein Schmerz ist, sondern weil er das, was über das Persönliche hinausgeht, was geistig, unpersönlich ist, in Worte zu fassen, in Gedanken auszudrücken vermag.

Und man sagte nun unter diesen Bekennern der Logoslehre: Es gab eine Zeit, bevor der Mensch in seiner heutigen Gestalt da war, in der es ihm möglich ist, sein innerstes Erlebnis in Worten nach außen ertönen zu lassen. Es gab vorher eine andere Zeit. Es hat lange Zeit gebraucht, daß sich unsere Erde bis zu der heutigen Gestalt hindurchentwickelte. – Wir werden hören, wie diese Erde geworden ist. – Wenn wir aber die früheren Zustände prüfen, finden wir den Menschen in seiner heutigen Gestalt noch nicht und auch keine Wesen, die von innen heraus ertönen lassen können, was sie erleben. Mit stummen Wesen beginnt unsere Welt, und nach und nach erst zeigen sich Wesen und erscheinen auf unserem Wohnplatz, die die innersten Erlebnisse nach außen tönen lassen können, die des Wortes mächtig sind. Aber das, was vom Menschen heraus am spätesten erscheint – sagten sich die Bekenner der Logoslehre –, das war in der Welt selbst am frühesten da. Wir denken uns, der Mensch war in seiner heutigen Gestalt in früheren Erdzuständen noch nicht da; aber in unvollkommener, stummer Gestalt war er da und hat nach und nach sich bis zum logos- oder wortbegabten Wesen heraufentwickelt. Daß er das konnte, rührt davon her, daß das, was bei ihm zuletzt erscheint, das schöpferische Prinzip, in einer höhern Wirklichkeit von Anfang an da war. Was sich losringt aus der Seele, das war das göttliche schöpferische Prinzip im Anfang. Das Wort, das aus der Seele tönt, der Logos, war im Anfang da, und der Logos hat die Entwickelung so gelenkt, daß zuletzt ein Wesen entstand, in dem er auch erscheinen konnte. Was zuletzt in der Zeit und im Raume erscheint, war im Geiste zuerst da.

Wenn Sie einen Vergleich nehmen wollen, um sich das klarzumachen, so können Sie ungefähr sagen: Hier habe ich diese Blume vor mir. Diese Blumenkrone, diese Blumenglocke, was war sie vor einiger Zeit? Es war ein kleines Samenkorn. Darinnen war der Möglichkeit nach diese weiße Blumenglocke. Wäre sie nicht der Möglichkeit nach darinnen gewesen, diese Blumenglocke hätte nicht entstehen können. Und woher kommt das Samenkorn? Es kommt wieder von einer solchen Blumenglocke her. Dem Samenkorn geht die Blüte voran; und so, wie die Blüte der Frucht vorangeht, so hat sich das Samenkorn, aus dem diese Blüte entstanden ist, herausentwickelt aus einer gleichen Pflanze. So betrachtete der Bekenner der Logoslehre den Menschen und sagte sich: Gehen wir zurück in der Entwickelung, so finden wir in früheren Zuständen den noch stummen Menschen, der nicht des Wortes fähig war; aber wie der Same von der Blüte herkommt, so kommt der stumme Menschensame von dem sprechenden, wortbegabten Gotte im Urbeginn her. Wie das Maiglöckchen den Samen und der Same wieder das Maiglöckchen erzeugt, so erzeugt das göttliche Schöpferwort den stummen Menschensamen; und als das göttliche Schöpferwort hineinschlüpft in den stummen Menschensamen, um darin wieder aufzugehen, tönt aus dem Menschensamen das ursprüngliche göttliche Schöpferwort hervor. Gehen wir zurück in der Menschheitsentwickelung, so treffen wir ein unvollkommenes Wesen, und die Entwickelung hat den Sinn, daß zuletzt als Blüte der Logos oder das Wort, das das Innere der Seele enthüllt, erscheint. Es erscheint im Anfange der stumme Mensch als Samen des logosbegabten Menschen, und dieser geht hervor aus dem logosbegabten Gotte. Es entspringt der Mensch aus dem nicht wortbegabten, stummen Menschen, aber zuletzt ist *im Urbeginn der Logos* oder das *Wort.* – So dringt derjenige, der die Logoslehre im alten Sinne erkennt, vor zu dem göttlichen Schöpferwort, das der Urbeginn des Daseins ist, worauf der Schreiber des Johannes-Evangeliums im Anfange hinweist. Hören wir, was er im Anfange sagt:

> «Im Urbeginne war das Wort, und das Wort war bei Gott, und ein Gott war das Wort.»

Heute, will er sagen, wo ist heute das Wort? Heute ist auch das Wort da, und das Wort ist beim Menschen! Und ein Menschliches ist das Wort! Und so knüpft der Schreiber des Johannes-Evangeliums den Menschen an den Gott an, und wir hören in der Tat eine für jedes Menschenherz leicht begreifliche Lehre ertönen im Beginne dieses Johannes-Evangeliums.

Ich wollte Ihnen heute in diesem einleitenden Vortrag mit allgemeineren Worten einmal mehr vom Empfindungs- und Gefühlsstandpunkt aus schildern, wie ursprünglich ein Bekenner der Logoslehre solche Worte des Johannes-Evangeliums empfunden hat. Und nachdem wir uns so in die Stimmung hineinversetzt haben, wie sie war, als zuerst diese Worte gehört wurden, werden wir um so besser die Möglichkeit haben, in den tiefen Sinn, der diesem Johannes-Evangelium zugrunde liegt, einzudringen.

Wir werden weiter sehen, wie das, was wir Geisteswissenschaft nennen, wahrhafte Wiedergabe ist des Johannes-Evangeliums, und wie die Geisteswissenschaft uns in die Lage versetzt, dieses Johannes-Evangelium um so gründlicher zu verstehen.

ZWEITER VORTRAG

HAMBURG, 19. MAI 1908

Die ersten Worte des Johannes-Evangeliums rühren in der Tat gleich an die tiefsten Weltgeheimnisse. Man sieht das, wenn man die ihnen zugrunde liegenden geisteswissenschaftlichen Wahrheiten vor die Seele hintreten läßt; und wir werden tief hineingreifen müssen in die spirituelle Erkenntnis, wenn uns diese ersten Worte des Evangeliums im richtigen Lichte erscheinen sollen. Manches, was denjenigen von Ihnen recht wohl bekannt ist, die sich längere Zeit mit der anthroposophischen Weltanschauung befaßt haben, werden wir uns nur kurz dabei ins Gedächtnis zurückrufen müssen. Wir werden aber gewisse elementare Wahrheiten der anthroposophischen Weltanschauung heute durchdringen müssen mit weiteren Ausblicken in verschiedene bedeutsame kosmische Geheimnisse.

Nur ganz kurz brauchen wir uns einmal das Wesen des Menschen vor Augen zu führen, wie dieses Wesen sich uns darstellt in der geisteswissenschaftlichen Betrachtung, zunächst für die Zeit vom Morgen, wenn der Mensch aufwacht, bis zum Abend, wenn der Mensch wiederum in Schlaf versinkt. Wir wissen, daß der Mensch besteht aus dem physischen Leib, dem Äther- oder Lebensleib, dem Astralleib und dem Ich. Diese vier Glieder der menschlichen Wesenheit sind aber in derjenigen Verbindung, die wir ihnen normalerweise für den Wachzustand zuschreiben, wirklich nur so da während dieses Wachzustandes. Insbesondere ist notwendig, daß wir uns vor die Seele rücken, daß während des Schlafzustandes in der Nacht der Mensch im Grunde genommen eine ganz andere Wesenheit ist; denn seine vier Glieder sind dann in einer ganz anderen Art zusammengefügt als während des Tagwachens. Wenn der Mensch schläft, liegen der physische Leib und der Ätherleib im Bette; der Astralleib und das Ich sind in einer gewissen Weise losgelöst aus dem Zusammenhang mit dem physischen Leibe und dem

Ätherleibe, sind also – wenn wir das Wort nicht im rein räumlichen, sondern im geistigen Sinne verstehen – außerhalb des physischen Leibes und des Ätherleibes. So ist also der Mensch während der Nacht eine Wesenheit, die eigentlich aus zwei Teilen besteht: aus dem, was im Bette liegen geblieben ist, und dem, was sich aus dem physischen Leibe und dem Ätherleibe herausgetrennt hat. Nun müssen wir uns vor allen Dingen klarmachen, daß während der Nacht – von dem Augenblicke, wo der Mensch einschläft, bis zu dem Augenblicke, wo er am Morgen wieder aufwacht – dasjenige, was im Bette liegen bleibt, der physische und der Ätherleib, wenn sie verlassen würden von dem, was sie den Tag hindurch erfüllt – von dem, was im Astralleib und im Ich lebt –, daß sie dann als solche gar nicht bestehen könnten. Und hier ist es, wo wir uns ein wenig tiefer in die Weltgeheimnisse einlassen müssen.

Wenn wir des Menschen physischen Leib vor uns haben, müssen wir uns klarmachen, daß dieser physische Menschenleib, den wir mit Augen sehen und mit Händen wahrnehmen, einen langen Entwickelungsprozeß hinter sich hat. Er hat diesen Entwickelungsprozeß durchgemacht im Verlaufe der ganzen Entwickelung unseres Erdplaneten. Schon bekannt ist es denjenigen, die sich ein wenig mit dieser Materie befaßt haben, daß unsere Erde frühere Zustände durchgemacht hat. So wie der Mensch von Verkörperung zu Verkörperung hindurchgeht, wiederholte Erdenleben durchmacht, so hat auch unsere Erde, bevor sie in denjenigen Zustand gekommen ist, in dem sie heute ist, andere Zustände durchgemacht. Es gibt ebenso frühere Verkörperungen eines Planeten, wie es frühere Verkörperungen eines Menschen gibt. Alles in der großen Welt und in der kleinen Welt unterliegt dem Gesetze der Wiederverkörperung. Und unsere Erde war, bevor sie diese unsere Erde wurde, durch einen Zustand durchgegangen, den wir den «alten Mond» nennen, weil der heutige Mond ein abgesplittertes Stück dieses alten Planeten ist. Also nicht der heutige Mond ist gemeint, wenn wir von dem «alten Monde» sprechen, sondern ein ähnlicher Planet, wie die heutige Erde einer ist. – Ebenso nun wie beim Menschen ein Zeitraum liegt zwischen einer Verkörperung und einer neuen Geburt, so liegt ein Zeitraum zwischen der Verkörperung unseres Planeten, den wir als Erde bezeichnen, und desjenigen, den wir als den alten Mond bezeichnen. Und ebenso ist es mit dem Zustande unseres Planeten, den wir als «Sonne» bezeichnen. Ein Zustand, den man als Sonne bezeichnet, ging dem Mondenzustande unseres Planeten voran, und dem Sonnenzustande ging wieder ein Saturnzustand voran. So können wir zurückblicken auf drei frühere Verkörperungen unseres Planeten.

Unser physischer Menschenleib hat seine allererste Anlage erhalten auf dem alten Saturn. Damals auf diesem alten Saturn bildete sich eine – von dem heutigen menschlichen Leibe freilich ganz verschiedene – erste Anlage des physischen Menschenleibes. Alles, was heute vom Menschen vorhanden ist außer dem physischen Menschenleibe, war auf diesem alten Saturn noch nicht vorhanden. Erst als der Saturn sich in die Sonne verwandelte, also während der zweiten Verkörperung unseres Erdplaneten, kam zu diesem physischen Leib der Ätherleib hinzu, durchtränkte, imprägnierte ihn. Und was war die Folge? Die Folge war, daß der physische Menschenleib eine Verwandlung durchmachte: er wurde anders gestaltet, er erlangte eine andere Art und Weise seines Daseins. So steht während der Sonnenverkörperung unserer Erde der physische Leib auf der zweiten Stufe seines Daseins. Wodurch hat er diese zweite Stufe erlangt? Dadurch, daß er – während er auf dem Saturn noch maschinenhaft, automatisch war – auf der Sonne ein innerlich lebendiger Leib wurde. Der Ätherleib, der hineingeschlüpft war, gestaltete den physischen Leib um. Auf dem Monde schlüpfte in diesen Zusammenhang von physischem Leib und Ätherleib der Astralleib hinein. Da wurde wiederum der physische Leib umgestaltet, ein drittes Mal gestaltet, der Ätherleib erst ein zweites Mal. Auf der Erde endlich kam zum physischen Leib, Ätherleib und astralischen Leib das Ich hinzu, und das Ich, das jetzt hineinschlüpfte in diesen dreifachen

Zusammenhang, gestaltete diesen physischen Leib wiederum um, so daß er endlich dieser komplizierte Zusammenhang wurde, der er heute ist. Es ist also, was Sie heute als den menschlichen physischen Leib vor sich haben, ein vielfach umgestaltetes Wesen, und er ist so kompliziert, wie er heute erscheint, nur dadurch geworden, daß er vier Entwickelungszustände durchgemacht hat.

Wenn wir von unserem heutigen physischen Leibe sprechen und sagen, er bestehe aus denselben physischen und chemischen Stoffen und Kräften wie draußen im Kosmos die Mineralien, dann müssen wir uns aber auch klarmachen, daß zwischen diesem physischen Menschenleibe und dem Mineral doch noch ein gewaltiger Unterschied ist. Wir betonen, wenn wir in ganz elementarer Art sprechen, den Unterschied des physischen Menschenleibes von dem physischen Leibe eines Minerals, oder sagen wir eines Bergkristalls, dadurch, daß wir sagen: Der Bergkristall behält, wenn er nicht von außen zerstört wird, seine Form. Der physische Leib des Menschen kann durch sich selbst nicht seine Form behalten; er hat sie nur dadurch und nur so lange, als ein ätherischer Leib, ein astralischer Leib und ein Ich in ihm sind. In dem Augenblicke, wo sich Ätherleib, astralischer Leib und Ich von ihm trennen, beginnt der physische Leib etwas ganz anderes zu werden, als er zwischen Geburt und Tod ist: Er folgt den Gesetzen der physischen und chemischen Stoffe und Kräfte und zerfällt, während der physische Leib des Minerals erhalten bleibt.

Etwas Ähnliches ist mit dem Ätherleibe der Fall. Nachdem sich unmittelbar nach dem Tode Ätherleib, astralischer Leib und Ich von dem physischen Leibe getrennt haben, geht nach einiger Zeit auch der Ätherleib aus der Verbindung mit dem astralischen Leibe und dem Ich heraus und löst sich auf im Weltenäther, wie sich der physische Leib im Erdreich auflöst. Es bleibt dann von dem Ätherleibe nur jener Extrakt zurück, von dem wir öfter gesprochen haben; der bleibt mit dem Menschen vereint. So können wir sagen, daß der physische Leib des Menschen in einer gewissen Beziehung allerdings von demselben Wert ist wie das um uns herumliegende Mineralreich. Aber wir müssen uns doch den großen Unterschied vor die Seele rücken, der zwischen dem Mineralreich und dem physischen Menschenleibe besteht.

Es könnte jemand sagen: Ja, eben ist gesagt worden, auf dem Saturn war unser physischer Leib noch nicht durchsetzt von einem Ätherleibe, nicht von einem astralischen Leib und nicht von einem Ich, denn die kamen erst auf der Sonne, dem Monde und der Erde hinzu; da war also wirklich der physische Leib des Menschen – könnte man sagen – von dem Werte eines Minerals. – Nun aber haben wir angeführt, wie drei Verwandlungen dieses physischen Leibes einander folgten auf diesen alten Zustand, in dem er während des Saturndaseins war. Auch das heutige Mineral, das Sie als ein totes Mineral vor sich haben, kann unmöglich bestehen so, daß es bloß einen physischen Leib in sich hat. Machen Sie sich klar, daß zwar für diese unsere physische Welt das richtig ist, was gesagt wird und gesagt werden muß: daß das Mineral nur einen physischen Leib habe. Hier in der physischen Welt hat das Mineral bloß einen physischen Leib, aber absolut richtig ist das nicht. Genau ebenso wie der physische Leib, wenn er vor uns steht, in sich seinen Ätherleib, seinen astralischen Leib und sein Ich hat, die dazu gehören, so hat auch das Mineral nicht bloß physischen Leib, sondern auch Ätherleib, astralischen Leib und Ich; nur befinden sich diese höheren Glieder seiner Wesenheit in höheren Welten. Das Mineral hat einen Ätherleib, der ist nur in der sogenannten astralischen Welt; das Mineral hat einen astralischen Leib, der ist nur in der sogenannten devachanischen oder himmlischen Welt, und es hat ein Ich, nur ist das in einer noch höheren oder geistigen Welt. Also unterscheidet sich der physische Menschenleib von dem physischen Leibe eines Minerals dadurch, daß der physische Menschenleib hier in dieser physischen Welt im wachen Zustand seinen Ätherleib, seinen astralischen Leib und sein Ich in sich hat; das Mineral aber hat hier seinen Ätherleib, seinen astralischen Leib und sein Ich nicht in sich, denn wir wissen ja, daß es außer unserer Welt noch andere Welten gibt. Die Welt, die wir mit unseren Sinnen gewöhnlich wahrnehmen, sie wird durchdrungen von der astralischen Welt und diese wieder von der Devachanwelt, die in eine niedere und in eine höhere devachanische Welt zerfällt.

Der Mensch ist nun dem Mineral gegenüber dadurch ein bevorzugtes Wesen, daß er beim Tagwachen seine anderen drei Glieder in sich hat. Das Mineral hat in sich selbst diese Glieder nicht; sondern wir müssen uns das so vorstellen, daß das Mineral gar nicht vollständig ist auf dem physischen Plan. Denken Sie sich einen menschlichen Fingernagel. Sie werden mir zugeben, diesen menschlichen Fingernagel können Sie nirgends in der Natur draußen als für sich bestehende Wesenheit finden; denn er setzt voraus, wenn er wachsen soll, den übrigen menschlichen Organismus; er kann nicht ohne diesen sein. Denken Sie sich nun ein kleines Wesen, das nur Augen habe, um Ihre Fingernägel zu sehen, aber keine Fähigkeit, um Ihren übrigen Organismus zu sehen. Da würde ein solches kleines Wesen durch den ganzen übrigen Raum hindurchschauen, aber nur Ihre Fingernägel sehen. So sind die Mineralien hier gleichsam nur die Fingernägel, und Sie betrachten die Mineralien nur vollständig, wenn Sie in höhere Welten aufsteigen. Da haben sie ihren Ätherleib, astralischen Leib und so weiter und hier nur ihre physischen Glieder. Das alles wollen wir recht fest ins Auge fassen, um uns klarzumachen, daß es in höherer geistiger Wirklichkeit eben gar kein Wesen geben kann, das nicht in irgendeiner Art Ätherleib, astralischen Leib und Ich hätte. Ein physisches Wesen kann gar nicht bestehen, wenn es nicht zu einem Ätherleib, astralischen Leib und einem Ich hinzugehört.

Nun aber herrscht zwischen allem, was heute schon gesagt worden ist, eigentlich ein gewisser Widerspruch. – Es ist gesagt worden, der Mensch sei in der Nacht, wenn er schläft, ein ganz anderes Wesen als bei Tag, wenn er wacht. Bei Tag ist uns dieses Menschenwesen ganz erklärlich: da steht es als eine viergliedrige Wesenheit vor uns. Nun aber treten wir an den schlafenden Menschen heran und betrachten ihn seiner physischen Wesenheit nach. Da haben wir physischen Leib und Ätherleib im Bette liegen, und Astralleib und Ich sind draußen. Da ergibt sich der Widerspruch, daß wir ein Wesen vor uns hätten, das verlassen wäre von Astralleib und Ich. Der Stein schläft nicht; sein Ätherleib, Astralleib und Ich durchdringen ihn nicht, aber sie bleiben stets in derselben Verbindung mit ihm. Beim Menschen geht jede Nacht der Astralleib und das Ich heraus. Er kümmert sich in der Nacht nicht um seinen physischen Leib und Ätherleib und überläßt diese jede Nacht sich selber. Diese Tatsache wird nicht immer ganz genau überdacht. Jede Nacht geht mit dem Menschen diese Verwandlung vor sich, daß er als eigentlicher geistiger Mensch Abschied nimmt von seinem physischen Leibe und Ätherleibe, die er sich selber überläßt. Nun aber können diese nicht für sich bestehen; denn kein physischer Leib und auch kein Ätherleib kann für sich bestehen, selbst der Stein muß durchdrungen sein von seinen höheren Gliedern. Und da werden Sie leicht begreifen, daß es ganz unmöglich ist, daß Ihr physischer Leib und Ihr Ätherleib während der Nacht im Bette bleiben ohne einen Astralleib und ein Ich. Was geschieht denn aber während der Nacht? Ihr Astralleib und Ihr Ich sind nicht in dem physischen Leibe und dem Ätherleibe, aber dafür ist ein anderes Ich und ein anderer astralischer Leib in ihnen! Hier ist es, wo Sie vom Okkultismus aus auf das göttlich-geistige Sein hingewiesen werden, auf höhere geistige Wesenheiten. Während in der Nacht Ihr Ich und Ihr astralischer Leib heraus sind aus Ihrem physischen Leibe und Ihrem Ätherleibe, sind im physischen und Ätherleibe der Astralleib und das Ich höherer göttlich-geistiger Wesenheiten tatsächlich tätig. Und das kommt von folgendem:

Wenn Sie den ganzen Hergang der Menschheitsentwickelung betrachten vom Saturnzustand durch den Sonnen- und Mondzustand hindurch bis zur Erde, so werden Sie sagen: Auf dem Saturn war ja auch bloß der physische Menschenleib vorhanden; da war kein menschlicher Ätherleib, kein menschlicher Astralleib und kein menschliches Ich in dem physischen Leibe. Aber bestehen konnte dieser physische Leib damals für sich allein ebensowenig, wie heute der Stein allein bestehen kann. Der physische Leib konnte damals nur dadurch bestehen, daß er durchzogen wurde von dem Ätherleibe, Astralleibe und Ich göttlich-geistiger Wesenheiten. Göttlich-geistige Wesenheiten wohnten darinnen, und die blieben auch wohnen. Und als auf der Sonne ein eigener Ätherleib in diesen physischen Leib hineinkam, da vermischte sich sozusagen nur der menschliche kleinere Ätherleib mit dem früheren Ätherleib göttlich-geistiger Wesenheiten. Und so war es schon auf dem Saturn; auch auf dem Saturn war der physische Leib durchdrungen von göttlich-geistigen Wesenheiten. Und jetzt kommen wir, wenn wir das richtig verstanden haben, zu einem tieferen Verständnis des heutigen Menschen, und wir sind in der Lage, jetzt das zu wiederholen und besser zu verstehen, was in der christlichen Esoterik von Anfang an gelehrt worden ist.

Diese christliche Esoterik wurde ja immer gepflegt neben der äußeren christlichen exoterischen Lehre. Es ist von mir schon öfter darauf hingewiesen worden, daß der große Apostel des Christentums, Paulus, seine gewaltige, flammende Rednergabe dazu benutzt hat, den Völkern das Christentum zu lehren, daß er aber auch gleichzeitig eine esoterische Schule begründet hat, deren Vorsteher Dionysius Areopagita war, der in der Apostelgeschichte (17, 34) erwähnt wird. In dieser christlich-esoterischen Schule zu Athen, die unmittelbar von Paulus selbst begründet war, wurde die reinste Geisteswissenschaft gelehrt. Und was da gelehrt wurde, werden wir jetzt einmal vor unsere Seele hinführen können, nachdem wir die Bausteine dazu uns in den vorhergehenden Betrachtungen zusammengetragen haben.

Auch in dieser christlich-esoterischen Schule wurde gesagt: Betrachtest du den Menschen, wie er als wachender Tagesmensch vor dir steht, so besteht er aus physischem Leib, Ätherleib, astralischem Leib und dem Ich, wenn auch die Worte nicht genau dieselben waren, wie sie heute gebraucht werden, aber darauf kommt es nicht an. Dann wurde aber auch darauf hingewiesen, wo der Mensch in seiner Entwickelung gegenwärtig steht. Dieser Mensch, wie er aus diesen vier Gliedern besteht, bleibt gar nicht so, wie er uns erscheint. Wenn wir den Menschen rein aus den vier Gliedern aufgebaut betrachten wollen, müssen wir nicht den gegenwärtigen Menschen betrachten, sondern da müssen wir weit zurückgehen in der Entwickelung – bis in die lemurische Zeit. In der lemurischen Zeit gesellte sich zu dem Menschen, der damals aus physischem Leib, Ätherleib und astralischem Leib bestand, auch noch das Ich hinzu. Da konnte man im reinen Sinne sagen: Der Mensch bestand aus physischem Leib, Ätherleib, astralischem Leib und Ich. Nun ist seither jeder Mensch durch viele Verkörperungen hindurchgegangen. Was ist nun der Sinn dieser Entwickelung durch die Inkarnationen hindurch? Der Sinn dieser Entwickelung durch die Inkarnationen hindurch ist der, daß von Verkörperung zu Verkörperung das Ich arbeitet an sich, daß es umgestaltet die drei Glieder seiner Wesenheit. Es beginnt zunächst mit der Umgestaltung seines Astralleibes. Bei keinem heutigen Durchschnittsmenschen ist dieser astralische Leib so, wie er war, bevor das Ich in der ersten Erdenverkörperung an ihm gearbeitet hat. In der ersten Erdenverkörperung wandelte das Ich von innen heraus gewisse Vorstellungen, Empfindungen und Leidenschaften um, die dem Menschen ursprünglich gegeben waren; und von Inkarnation zu Inkarnation wird durch die Arbeit des Ich immer mehr umgewandelt. So daß wir sagen können: Der Mensch hat nicht nur heute die vier Glieder: physischen Leib, Ätherleib, astralischen Leib und Ich, sondern er hat durch die Arbeit des Ich innerhalb des astralischen Leibes einen Teil, der das Geschöpf des Ich selber ist. Und bei jedem Menschen zerfällt heute der Astralleib in zwei Teile: einen vom Ich umgewandelten Teil und einen vom Ich nicht umgewandelten Teil. Und immer weiter wird das gehen. Es wird für jeden Menschen eine Zeit kommen, wo sein ganzer astralischer Leib ein Geschöpf seines Ich sein wird. Man hat sich gewöhnt, in der morgenländischen Weisheit den Teil des astralischen Leibes, der vom Ich schon umgestaltet ist, Manas zu nennen, deutsch: Geistselbst. Dadurch besteht der Mensch immer noch aus seinen vier Gliedern; aber wir können da jetzt fünf Teile unterscheiden: physischen Leib, Ätherleib, astralischen Leib, Ich und als fünften Teil den umgewandelten Teil des astralischen Leibes, Manas oder Geistselbst. So daß wir sagen können: Bei jedem Menschen ist der astralische Leib so, daß er Manas oder Geistselbst enthält; das ist ein Werk des Ich, ein Produkt der Arbeit des Ich. Weiter wird der Mensch arbeiten an sich. Die Erde wird weitere Verkörperungen durchmachen. Der Mensch erlangt nach und nach die Fähigkeit, die heute schon von dem Eingeweihten erlangt werden kann: daß er auch an seinem Ätherleibe arbeitet. Ja, der Durchschnittsmensch arbeitet heute auch schon daran; und soviel von seinem Ätherleibe umgestaltet ist zu einem Produkt des Ich, nennen wir dies die Buddhi oder den Lebensgeist. Und zuletzt kommt der Mensch dazu, seinen physischen Leib umzugestalten vom Ich aus; und soviel er am physischen Leib vom Ich aus umgestaltet, nennen wir dies Atman oder den Geistesmenschen.

Lassen wir den Blick schweifen auf eine ferne, ferne Zukunft, wenn die Erde andere Planetenformen, andere Verkörperungen durchgemacht haben wird, wenn sie, wie wir im Okkultismus sagen, durch den Jupiterzustand, den Venuszustand und den Vulkanzustand gegangen sein wird. Dann wird der Mensch auf einer wesentlich höheren Stufe stehen und wird umgewandelt haben seinen ganzen astralischen Leib in Manas oder Geistselbst, seinen ganzen Ätherleib in die Buddhi oder den Lebensgeist, und seinen ganzen physischen Leib in Atman oder den Geistesmenschen.

Vergleichen wir einmal diesen Menschen, wie er am Ende unserer Erdenlaufbahn vor uns stehen wird, mit dem Menschen, wie er am Anfange der Erdenlaufbahn da war. Im Anfang war von diesem Menschen nur der physische Leib vorhanden. Durchdrungen war dieser physische Leib von dem Ätherleib, Astralleib und Ich, aber die gehörten göttlichen, höheren Wesenheiten an; die wohnten nur darinnen. Am Ende der Erdenlaufbahn ist der Mensch durchdrungen von seinem Ich; und dieses sein Ich wohnt selber in dem Astralleib, wenn es als Manas oder Geistselbst den astralischen Leib durchzogen hat. Dieses Ich hat dann den Ätherleib durchzogen, er ist ganz und gar durchsetzt von der Buddhi oder dem Lebensgeiste; und der physische Leib ist ganz und gar durchzogen von Atman oder dem Geistesmenschen, den Produkten des Ich. Ein ganz gewaltiger Unterschied zwischen dem Menschen am Anfange seiner Entwikkelung und dem Menschen am Ende seiner Entwickelung! Gerade aber, wenn wir uns diesen Unterschied recht vor die Seele führen, wird das, was von mir absichtlich als ein Widerspruch hingestellt worden ist, der Schlafzustand, erklärlich werden. Gerade aus der Form, wie die christliche Esoterik dies erklärt hat, wird uns alles verständlich werden. Wir müssen uns klar werden: Was ist denn das, wenn die Erde am Ziel ihrer Entwickelung angelangt sein wird, was uns dann als physischer Leib entgegentritt? Der physische Leib von heute? Der ist es ganz und gar nicht! – sondern das, was das Ich aus diesem physischen Leibe gemacht haben wird. Ganz durchgeistigt wird dieser physische Leib sein, ebenso der Ätherleib und ebenso der astralische Leib. Durchgeistigt war er aber auch schon, und auch der Ätherleib und der astralische Leib, bevor der Mensch von seinem Ich aus sie durchgeistigte. Selbst der Stein ist heute, wie wir gesagt haben, durchgeistigt vom Ätherleibe, Astralleibe und Ich, die in höheren geistigen Welten lebend zum Stein gehören. So werden wir verstehen, daß die christliche Esoterik recht hat, wenn sie sagt: Ja, das, was wir heute vor uns haben als physischen Menschenleib, das kann der Mensch noch nicht beherrschen; denn der Mensch ist noch nicht am Ende seiner Entwickelung angelangt, wo er von seinem Ich aus bis in den physischen Leib hinein arbeiten wird. Auch was er im Ätherleib hat, kann er noch nicht beherrschen; das wird er erst beherrschen können, wenn die Erde im Venuszustande sein wird. Der Mensch kann also von seinem Ich aus noch nicht physischen Leib und Ätherleib beherrschen. Dann erst kann er sie beherrschen, wenn er Buddhi und Atma ausgebildet haben wird. Aber es muß ein solcher physischer und Ätherleib auf geistige Art beherrscht werden. Es muß dasjenige, was der Mensch selbst dem physischen Leibe und dem Ätherleibe einst geben kann, auch jetzt schon in ihnen sein. Auch heute müssen die geistigen Teile schon im Ätherleibe und im physischen Leibe sein, die einst das Ich ihnen geben kann. Diese waren im Anfange schon darinnen im physischen Leibe, als der Mensch auf dem Saturn war; sie waren in ihm, als er auf der Sonne war, und sie sind in ihm geblieben. So sagt die christliche Esoterik mit Recht: Im physischen Menschenleibe ist heute schon das, was einst in ihm sein wird, wenn der Mensch am Gipfel seiner Entwickelung sein wird, aber es ist göttlicher Atman, es ist göttlich-geistige Wesenheit; und es ist im Ätherleib schon die Buddhi drinnen, aber sie ist göttlicher Lebensgeist. Und der Astralleib des Menschen, haben wir gesagt, bestehe aus zwei Teilen, aus dem Teile, den der Mensch schon beherrscht, und dem, den er noch nicht beherrscht. Was ist denn nun in dem drinnen, was er noch nicht beherrscht? Auch ein Geistselbst, aber göttliches Geistselbst! Nur in dem Teile des astralischen Leibes, in dem das Ich schon tätig war seit der ersten Inkarnation, ist das eigentliche Geistleben des Menschen. So haben wir den Menschen vor uns.

Sehen wir ihn jetzt an im Wachzustande. Was werden wir sagen? Der physische Leib, wie er uns erscheint, ist nur die Außenseite. Innen ist er das, was man atmische Wesenheit nennt. Innen ist er von göttlich-geistiger, von höherer Wesenheit, er wird durchsetzt von göttlich-geistiger, höherer Wesenheit. Ebenso ist es beim Ätherleib. Außen ist er das, was den physischen Leib zusammenhält, innen ist er göttlicher Lebensgeist. Und selbst der Astralleib ist durchzogen von göttlichem Geistselbst. Nur der umgewandelte Teil des Astralleibes ist etwas, was das Ich aus diesem ganzen Zusammenhange sich schon erobert hat.

Betrachten wir jetzt einmal den schlafenden Menschen. Da verschwindet dieser Widerspruch auf der Stelle. Wir treten an den schlafenden Menschen heran, sehen hier, daß der Mensch als Astralleib und Ich draußen ist. Der Mensch verläßt jede Nacht ruhig seinen physischen Leib und seinen Ätherleib. Würde er den physischen Leib verlassen, ohne daß ein Göttlich-Geistiges dafür sorgen würde, dann würde er am Morgen seinen physischen Leib zerstört wiederfinden. Das göttlich-geistige Physische und ein göttlich-geistiges Ätherisches ist darinnen, und das bleibt darin, wenn der physische Leib und Ätherleib im Bette liegen und Astralleib und Ich heraus sind. Physischer Leib und Ätherleib sind durchzogen von göttlich-atmischem und göttlich-buddhischem Wesen.

Sehen wir jetzt einmal zurück an den Anfang unserer Erdenentwickelung, als noch gar nichts vom Ich im Menschen erobert war. Als der Mensch vor seiner ersten Inkarnation war, da war das Ich noch nicht verbunden mit den drei Gliedern, physischem Leib, Ätherleib und astralischem Leib. Vom Monde kamen herüber physischer Leib, Ätherleib und astralischer Leib, und erst auf der Erde kam das Ich hinein. Dagegen aber war in ihnen das göttliche Ich; sie hätten nicht bestehen können, wenn nicht dieses göttliche Ich sie ganz durchsetzt hätte. Der Astralleib war von einem göttlichen Geistselbst durchzogen, der Ätherleib von einem göttlichen Lebensgeist, und der physische Leib war von einem Göttlich-Atmischen oder Geistesmenschen durchzogen. – Und jetzt blicken wir noch weiter zurück auf Mond-, Sonnen- und Saturnentwickelung. Auf dem Saturn war der göttliche Lebensgeist, der noch in der Nacht den im Bette liegenden Menschen bewohnt, so, daß er den Menschenleib, und zwar den physischen Leib, geformt hat als etwas Mineralisches; in dem Sonnenzustand formte er ihn als etwas Pflanzliches; auf dem Monde konnte er ihn formen als etwas, was Lust und Schmerz empfinden, aber noch nicht «ich» zu sich sagen konnte. Diese untersten Stufen hat er durchgemacht. Und jetzt treten wir hinüber in die eigentliche Erdenverkörperung.

Da sollte der physische Menschenleib durch eine weitergehende Verwandlung, die er durchzumachen hatte, noch vollkommener werden, als er vorher war. Was hat er vorher nicht gekonnt? Was war ihm ganz fremd? Was hatte der göttliche Geist bei sich behalten? Was hatte er noch gar nicht dem menschlichen Leibe anvertraut? Das war die Fähigkeit, aus dem Innern heraus seine Seelenhaftigkeit ertönen zu lassen! Stumm war dieser auf der Tierstufe stehende Menschenleib auf dem Monde. Die Fähigkeit, das Innere nach außen ertönen zu lassen, war noch bei Gott. Die war noch nicht seinem eigenen Wesen anvertraut. Wenn es auch Tierwesen gibt, welche heute schon tönen können, so ist das doch etwas anderes; sie stehen noch in ganz anderen Zuständen, zwar tönen sie, aber es tönt die Gottheit in ihnen. Das Aussprechen des inneren Seelenhaften in Worten wurde dem Menschen erst auf der Erde zuteil. Vorher waren die Menschen stumm. Diese Fähigkeit des Wortes kam an das Menschenwesen also mit dem Erdendasein heran.

Betrachten wir jetzt einmal das Ganze, was wir uns heute vor die Seele gestellt haben, dann werden wir sagen: Die ganze Entwickelung ist so gelenkt worden, daß die Fähigkeit zu sprechen, das Wort, ursprünglich bei Gott war und daß Gott zuerst die Vorbedingungen geschaffen hat, daß der physische Apparat die Fähigkeit bekam, von innen heraus dieses Wort tönen zu lassen. Alles wurde so gelenkt und geleitet. Wie die Blume in ihrem Samen, so war der tönende, der sprechende Mensch, der wort- und logosbegabte Mensch schon im Samen auf dem Saturn da. Doch war das Tönen im Samen verborgen; es entwickelte sich erst aus dem Samen, so wie die ganze Pflanze im Samen verborgen ist und sich aus ihr entwickelt.

Nun sehen wir einmal zurück auf den physischen Menschenleib, wie er schon auf dem Saturn war, und fragen uns: Woher kommt dieser physische Menschenleib? Was ist sein letzter Urgrund? Ohne was könnte er niemals die ganze Entwickelung durchgemacht haben? Er kommt von dem Logos oder von dem Wort. Denn damals auf dem Saturn schon wurde er so gelenkt, dieser physische

Menschenleib, daß er später ein sprechender wurde, ein Zeuge für den Logos. Daß Sie heute so geformt sind, daß dieser Menschenleib die heutige Form hat, rührt davon her, daß dem ganzen Plan unserer Schöpfung das «Wort» zugrunde lag. Auf das Wort hin ist der ganze Menschenleib hingeordnet, und von Anfang an ist er so veranlagt, daß zuletzt das Wort aus ihm herausspringen konnte. Wenn deshalb der esoterische Christ auf diesen physischen Menschenleib blickt und fragt: Was ist sein ursprüngliches Urbild, und was ist sein Abbild? dann sagt er sich: Dieser physische Menschenleib hat sein Urbild in dem Worte oder dem Logos; der Logos oder das Wort wirkte von Anfang an im physischen Menschenleibe. Und der Logos wirkt noch, heute: Wenn der physische Menschenleib im Bette liegt und verlassen ist vom Ich, dann wirkt der göttliche Logos in den vom Menschen verlassenen Wesensgliedern. Fragen wir nach dem ersten Ursprung des physischen Leibes, so sagen wir: Das erste ist der Logos oder das Wort.

Und jetzt gehen wir weiter in der Entwickelung. Der Saturn ging in den Sonnenzustand über; dem menschlichen physischen Leibe wurde der Lebensleib eingegliedert. Aber was mußte eintreten, damit der Fortgang so geschehen konnte, wie er eben geschehen ist?

Während auf dem Saturn der physische Leib eine Art Maschine, eine Art Automat war, aber ganz und gar durchdrungen und gehalten von dem Logos, gliederte sich auf der Sonne der Lebensleib ein, und darin wirkte der göttliche Lebensgeist. Auf dem Saturn, werden wir sagen, ist der Menschenleib ein Ausdruck des Logos. Der Saturn vergeht; dieser Menschenleib verkörpert sich neu in der Sonne; da gliedert sich dem physischen Leibe ein der Lebensleib, durchdrungen von dem Lebensgeist. Der Logos ward Leben in der Sonne, indem er den Menschen auf eine höhere Stufe brachte. Der Logos ward Leben auf der Sonne! Und jetzt gehen wir weiter. – Auf dem Monde gliederte sich dem Menschen ein der astralische Leib. Was ist der astralische Leib? Er erscheint ja dem hellseherischen

Bewußtsein auch heute als eine Aura, die den Menschen umgibt. Er ist ein Lichtleib, der nur in dem gegenwärtigen Bewußtsein nicht gesehen werden kann. Aber er ist, wenn er im hellseherischen Bewußtsein gesehen wird, Licht, geistiges Licht; und unser physisches Licht ist nur umgestaltetes geistiges Licht. Auch das physische Sonnenlicht ist die Verkörperung des geistig-göttlichen aurischen Weltenlichtes. Das liegt ihm zugrunde. Es gibt in der heutigen Welt ein Licht, das dem Menschen von der Sonne zuströmt. Aber auch ein anderes Licht gibt es, das von seinem inneren Lichte ausströmt. Auf dem Monde leuchtete der astralische Leib des Menschen noch für die um ihn befindlichen Wesen. So kam auf dem Monde der astralische Lichtleib des Menschen hinzu zum physischen Leibe und Ätherleibe.

Und jetzt betrachten wir den ganzen Fortgang der Entwickelung. Auf dem Saturn haben wir den physischen Leib als den Ausdruck des Logos. Auf der Sonne kommt hinzu der Ätherleib als der Ausdruck des Lebensgeistes: Der Logos ward Leben. Auf dem Monde kommt hinzu der Lichtleib: Das Leben ward Licht! Und so haben wir den Hergang der Entwickelung des Menschenleibes. – Als der Mensch die Erde betrat, war er ein Geschöpf der göttlich-geistigen Wesenheiten. Damals war er dadurch vorhanden, daß in seinem physischen Leibe, in seinem Ätherleibe, in seinem astralischen Leibe lebte der Logos, der Leben war und der Licht ward. Und jetzt, was geschah auf der Erde? Für den Menschen und im Menschen trat das Ich hinzu. Dadurch aber, daß das Ich hinzutrat, wurde der Mensch fähig, nicht nur zu leben im Lichte, im Leben, sondern er wurde fähig, von außen das alles zu betrachten, sich gegenüberzustellen dem Logos, dem Leben, dem Lichte. Dadurch wurde das alles für ihn materiell, erlangte materielles Dasein. – Und wenn wir den Gedanken so weit gebracht haben, dann haben wir ungefähr genau den Punkt fixiert, bei dem wir das nächste Mal beginnen wollen und zeigen, wie aus dem aus der Göttlichkeit herausgeborenen Menschen der heutige Ich-begabte Mensch eigentlich geworden ist.

Denn wir sehen, daß vor dem heutigen Ich-begabten Menschen der göttliche Vormensch vorhanden war. Was der Mensch sich durch sein Ich erobert hat, entreißt er jede Nacht dem physischen Leibe und dem Ätherleibe; was immer in ihm war, bleibt darinnen und versorgt den physischen Leib und den Ätherleib, wenn der Mensch sie treulos verläßt und sich nicht um sie kümmert. Da steckt sie drinnen, jene ursprüngliche geistig-göttliche Wesenheit.

Alles, was wir jetzt versucht haben mit den Ausdrücken der christlichen Esoterik als tiefes Geheimnis des Daseins hinzustellen, und was geläufig war denen, die «Diener des Logos» waren in den ersten Zeiten, das wird in großen, lapidaren Sätzen in dem Johannes-Evangelium unzweideutig gesagt. Man muß diese ersten Worte nur in der richtigen, sinngemäßen Weise übersetzen. Wirklich richtig übersetzt, geben diese Worte den Tatbestand, den wir jetzt eben hingestellt haben. Stellen wir diesen Tatbestand, damit wir den Wert ganz genau verstehen, noch einmal vor unsere Seele hin.

Im Anfange war der Logos als das Urbild des physischen Menschenleibes, und er lag zu Grunde allen Dingen. Alle Tiere, Pflanzen, Mineralien sind später entstanden. Auf dem Saturn war von all dem wirklich der Mensch nur vorhanden; auf der Sonne kam das Tierreich hinzu, auf dem Monde das Pflanzenreich und auf der Erde das Mineralreich. Auf der Sonne ward der Logos Leben, und auf dem Monde ward er Licht; und das trat, als der Mensch Ich-begabt war, hin vor den Menschen. Aber der Mensch mußte lernen zu erkennen, was der Logos war und als was er zuletzt zum Vorschein kommt. Zuerst war der Logos, dann ward er Leben, dann Licht, und dieses Licht lebt im Astralleibe. In das menschliche Innere, in die Finsternis, in die Nichterkenntnis schien das Licht hinein. Und das Erdendasein hat den Sinn, daß der Mensch im Innern die Finsternis überwindet, damit er das Licht des Logos erkennen kann.

Lapidare, vielleicht – wie mancher sagen wird – schwer verständliche Worte sind daher die ersten Worte des Johannes-Evangeliums. Aber sollte denn das, was das Tiefste in der Welt ist, durch triviale

Worte gesagt werden? Ist es nicht eine sonderbare Auffassung, geradezu ein Hohn auf die Heiligkeit, wenn gesagt wird, zum Begreifen einer Taschenuhr ist es nötig, daß man mit seinem Verstand tief eindringt in das Wesen der Sache, aber zum Begreifen des Göttlichen in der Welt müsse der einfache, schlichte, naivste Menschenverstand ausreichen!? Es ist schlimm, daß für die gegenwärtige Menschheit sich das ereignet hat, daß, wenn auf die Tiefen der religiösen Urkunden hingewiesen wird, gesagt wird: Ach, wozu alle diese komplizierten Auseinandersetzungen, das muß alles schlicht und einfach sein! – Aber kein anderer als derjenige, der die gute Absicht hat und den guten Willen, sich zu vertiefen in die großen Weltentatsachen, dringt ein in den tiefen Sinn solcher Worte, wie sie im Beginne des tiefsten der Evangelien, in dem Johannes-Evangelium, stehen. Diese sind eine Umschreibung dessen, was wir eben ausgeführt haben.

Und jetzt übersetzen wir uns die Anfangsworte:

> «Im Urbeginne war das Wort, und das Wort war bei Gott, und ein Gott (oder göttlich) war das Wort. Dieses war im Urbeginne bei Gott. Alles ist durch dasselbe geworden, und außer durch dieses Wort ist nichts von dem Entstandenen geworden. In ihm war das Leben, und das Leben ward das Licht der Menschen. Und das Licht schien in die Finsternis, aber die Finsternis hat es nicht begriffen.»

Wie die Finsternis nach und nach zum Begreifen kommt, das erzählt im weiteren das Johannes-Evangelium.

DRITTER VORTRAG

HAMBURG, 20. MAI 1908

Gestern haben wir gesehen, welch tiefer Inhalt in den ersten Worten des Johannes-Evangeliums verborgen ist, und wir können unsere Betrachtungen dahin zusammenfassen, daß wir sagen: Wir haben gesehen, daß der Schreiber des Johannes-Evangeliums hindeutet auf das Werden des Vormenschen in urferner Vergangenheit, hindeutet darauf, wie im Sinne der christlichen Esoterik alles zurückgeführt wird auf das Wort oder den Logos, der schöpferisch war schon während der alten Saturnzeit, der dann geworden ist zum Leben, und dann zum Licht, – zum Leben, während unsere Erde ihren Sonnenzustand durchgemacht hat, – zum Licht, während sie den alten Mondzustand durchgemacht hat. Das, was also unter dem Einfluß göttlich-geistiger Kräfte und Wesenheiten der Mensch geworden ist im Laufe der drei planetarischen Zustände, wurde, als die Erde eben unser heutiger Planet geworden war, durchdrungen von dem menschlichen Ich. So daß man sagen kann: Wie eine Art Same kam von dem alten Monde herüber auf die Erde eine Wesenheit, bestehend aus physischem Leib, hervorgegangen aus dem göttlichen Urworte, aus Äther- oder Lebensleib, hervorgegangen aus dem göttlichen Leben, aus astralischem Leib, hervorgegangen aus dem göttlichen Lichte. Im Innern dieser Wesenheit wurde während des Erdendaseins das Licht des Ich selbst entzündet. Diese dreifache Leiblichkeit: physischer Leib, Ätherleib und Astralleib, wurde fähig, in sich das «Ich-bin» zu sprechen, so daß wir in einer gewissen Weise die Entwickelung der Erde nennen können die Entwickelung des «Ich-bin», des Selbstbewußtseins des Menschen. Und dieses «Ich-bin», diese Fähigkeit des vollen Selbstbewußtseins kam im Laufe der Entwickelung der Erdenmenschheit langsam und allmählich erst heraus. Wir müssen uns klar machen, wie die Entwickelung der Erdenmenschheit war, insofern in ihr langsam und allmählich das Ich, das volle Selbstbewußtsein ins Dasein trat.

Es gab eine Zeit in unserer Erdenentwickelung, wir nennen sie die alte lemurische Zeit; es ist die älteste Zeit, in welcher innerhalb des Erdendaseins der Mensch in der Form auftrat, in welcher er heute überhaupt vorhanden ist. Zum erstenmal trat das in der alten lemurischen Zeit ein, was wir nennen die Verkörperung des Ich, der eigentlichen innersten Wesenheit des Menschen, in den drei Leibern, im astralischen Leib, Ätherleib und physischen Leib. Dann kam die atlantische Zeit, wo der Mensch gewohnt hat zum größten Teil auf dem alten atlantischen Kontinente, einem Ländergebiete, das heute den Boden des Atlantischen Ozeans bildet, das untergegangen ist durch die große atlantische Flut, deren Andenken sich in den Sintflut-Sagen fast aller Völker erhalten hat. Der Mensch verkörperte sich dann, seiner innersten Wesenheit nach, in aufeinanderfolgenden Verkörperungen bis in unsere Tage hinein während der nachatlantischen Zeit. Wirklich waren unsere Seelen in einer dreigliedrigen Wesenheit, bestehend aus physischem Leibe, Ätherleibe und astralischem Leibe, wie wir sie kennengelernt haben, zum erstenmal in der lemurischen Zeit verkörpert. Was vorhergegangen ist, soll einer späteren Betrachtung überlassen bleiben. – Weit zurückgehen müssen wir also, wenn wir den Gang der Entwickelung in Betracht ziehen, und es entwickelt sich der Mensch nur langsam und allmählich zu seinem heutigen Dasein. Was nennen wir im Okkultismus in geisteswissenschaftlichem Sinne «unser heutiges Dasein»?

Unser heutiges Dasein nennen wir einen Bewußtseinszustand, wie ihn der Mensch heute hat vom Morgen, wo er aufwacht, bis zum Abend, wo er einschläft. Da sieht der Mensch durch seine äußeren physischen Sinne die Dinge um sich herum. Vom Abend, wo er einschläft, bis zum Morgen, wo er aufwacht, sieht er die Dinge um sich herum nicht. Warum ist das so? Wir wissen, das ist aus dem Grunde so, weil für die heutigen Entwickelungsverhältnisse während der Tageszeit der eigentliche innere Mensch, also Ich und astralischer Leib, im physischen Leibe und Ätherleibe auf dem physischen Plane, das heißt in der physischen Welt sind. Da kann sich der astralische Leib und das Ich der physischen Sinnesorgane bedienen, in die Welt hinaushören und hinaussehen und die physischen Dinge wahrnehmen. Vom Abend, wo der Mensch einschläft, bis zum Morgen, wo er aufwacht, sind Ich und astralischer Leib außerhalb der physischen Welt, auf dem Astralplan. Da sind sie abgesondert von physischen Augen und physischen Ohren, da können sie nicht wahrnehmen, was um sie herum ist. Dieser Zustand, ein solcher Wechsel im Menschen zwischen Tagwachen und Nachtschlafen, hat sich erst langsam und allmählich entwickelt. Das war noch nicht so, als der Mensch in der alten lemurischen Zeit zum ersten Male eine physische Verkörperung durchgemacht hat. Da war der Mensch nur eine sehr kurze Zeit des Tages – keineswegs so lange wie heute – seinem Ich und Astralleibe nach in seinem physischen Leibe drinnen. Dadurch aber, daß der Mensch längere Zeit außerhalb seines physischen Leibes war, nur kürzere Zeit wachend hineinstieg in den physischen Leib, war das Leben während der lemurischen Zeit überhaupt noch ein ganz anderes. Daß der Mensch während der Nacht ganz bewußtlos ist, wenn er nicht gerade träumt, trat sehr langsam und allmählich ein. Ganz anders war das Bewußtsein bei Tag und Nacht während der lemurischen Zeit noch verteilt. Da hatten die Menschen alle noch ein dumpfes hellseherisches Bewußtsein. Wenn sie in der Nacht außerhalb des physischen Leibes waren in der geistigen Welt, da nahmen sie um sich herum – wenn auch nicht so klar, wie der Mensch heute am Tage die physischen Dinge sieht – die geistige Welt wahr. Wir dürfen dieses Wahrnehmen nicht einfach mit dem heutigen Träumen vergleichen. Der heutige Traum ist nur wie ein letzter ganz verkümmerter Rest dieses alten Hellsehens. Allerdings, solche Bilder nahm der Mensch damals wahr, wie er sie auch heute im Traume wahrnimmt; aber diese Bilder hatten eine sehr wirkliche Bedeutung. Machen wir uns einmal klar, was diese Bilder für eine Bedeutung hatten.

In den alten Zeiten konnte der Mensch, wenn er während eines kurzen Teils der 24 Stunden, der viel geringer war als heute, im Tagesbewußtsein lebte, die äußeren physischen Körper nur ganz dumpf, wie in einem Nebel eingehüllt, sehen. Daß man die physischen Dinge so sah wie heute, kam erst ganz langsam. Am Tage sah der Mensch damals die ersten Anklänge an die physischen Körper, eingehüllt in Nebel, so wie Sie heute, wenn Sie an einem Nebeltage des Abends durch die Straßen gehen, die Laternen vom Nebel umgeben sehen wie von einer Art von Lichtaura. Das ist ja nur scheinbar, aber so sah der Mensch die physischen Körper zuerst um sich herum auftauchen. Und wenn er in Schlaf kam, versank er nicht in Bewußtlosigkeit, sondern dann tauchten während des Schlafbewußtseins Bilder auf, Bilder in Farben und in Formen. Um den Menschen herum war dann eine Welt, gegen welche die lebendigste Traumwelt von heute nur ein schwacher nebelhafter Nachklang ist. Diese Bilder bedeuteten Seelisches und Geistiges in der Umgebung.

Wenn also dazumal der Mensch am Beginne seiner Erdenlaufbahn sich einem ihm schädlichen Wesen während der Nachtwanderung näherte, sah er dies nicht so, wie es heute gesehen wird – also nicht einen Löwen, der sich ihm näherte, als eine Löwengestalt –, sondern er sah aufsteigen ein Farben- und Formenbild, und das zeigte ihm instinktiv: Da ist für dich etwas Schädliches, das frißt dich und da mußt du ausweichen. Das waren wirkliche Abbilder des Geistig-Seelischen, das um den Menschen herum vorging. Alles Geistig-Seelische wurde in der Nacht gesehen, und ganz langsam und allmählich geschah die Entwickelung so, daß der Mensch immer längere Zeit untertauchte in seinen physischen Leib, immer kürzer wurde die Nacht, immer längere Zeit dauerte der Tag. Und je mehr der Mensch sich einwohnte in seinen physischen Leib, desto mehr verschwanden die nächtlichen hellseherischen Bilder, desto mehr tauchte das heutige Tagesbewußtsein auf. Aber wir dürfen nicht vergessen, daß ein wirkliches echtes Selbstbewußtsein, wie es sich der Mensch während des Erdendaseins erringen soll, nur zu erringen ist durch ein Untertauchen in den physischen Leib. Nicht als ein selbständiges Wesen hat sich der Mensch früher gefühlt, sondern als ein Glied der göttlich-geistigen Wesenheiten, denen er entsprossen ist. Wie die Hand sich fühlt als ein Glied des Organismus, so fühlte sich der Mensch, als er noch ein dumpfes Hellsehen hatte, als einen Teil des göttlich-geistigen Bewußtseins, des göttlichen Ich. Nicht «Ich-bin» hätte der Mensch von sich gesagt, sondern «Gott ist – und ich in ihm».

Nun aber war, wie wir immer mehr begreifen werden, der Erde, welche in ihrer Entwickelung drei frühere Stufen durchgemacht hatte als Saturn, Sonne und Mond, eine ganz besondere Mission vorbehalten. Glauben Sie nicht, daß man die Planetenzustände so nebeneinander betrachten kann, daß ein Planet dem anderen gleichwertig sei. Von einer bloßen Wiederholung des schon einmal Dagewesenen kann in der göttlichen Schöpfung nicht die Rede sein. Jedes Planetendasein hat eine ganz bestimmte Aufgabe. Unsere Erde hat die Mission, daß die Wesen, die sich auf ihr entwickeln sollen, das Element der Liebe bis zur höchsten Entfaltung auszubilden haben. Liebe soll die Erde ganz und gar durchdringen, wenn die Erde am Ende ihrer Entwickelung angekommen ist. – Machen wir uns klar, was das heißt: Die Erde ist der planetarische Zustand für die Entwickelung der Liebe.

Wir sagen in der Geisteswissenschaft, der Erde ging der alte Mond voran. Dieser alte Mond hatte als planetarische Stufe auch eine Mission. Er hatte noch nicht die Aufgabe, die Liebe auszubilden, er sollte der Planet oder der Kosmos der Weisheit sein. Vor unserem Erdenzustand hat unser Planet durchgemacht die Stufe der Weisheit. Eine einfache, man möchte sagen, logische Betrachtung kann Ihnen das veranschaulichen. Sehen Sie sich um in der Natur unter allen ihren Wesenheiten. Nicht mit Ihrem bloßen Verstande sehen Sie sie an, sondern mit Ihren Herzens- und Gemütskräften, und Sie werden überall Weisheit linden, die in der Natur ausgeprägt ist.

Diese Weisheit, von der hier gesprochen wird, ist so gemeint, daß sie wie eine Art geistiger Substanz allem zugrunde liegt. Betrachten Sie alles, was Sie wollen, in der Natur. Nehmen Sie zum Beispiel ein Stück Oberschenkelknochen, da werden Sie sehen: Das ist nicht eine massive Masse, sondern eine feine, hin und her gehende Reihe von Balken, die zu einem wunderbaren Gerüst angeordnet sind. Und wer nachforscht, nach welchem Gesetze sie aufgebaut sind, der findet, daß das Gesetz befolgt ist, nach welchem mit dem kleinsten Aufwand von Material die größte Kraft entfaltet wird, um Träger des Oberleibes des Menschen zu sein. Unsere Ingenieurkunst ist noch nicht so weit, ein solches kunstvolles Gerüst auszubauen, wie es die alles durchwaltende Weisheit da aufgebaut hat. Solche Weisheit wird der Mensch erst später haben. Göttliche Weisheit durchsetzt die ganze Natur; menschliche Weisheit kommt erst nach und nach dazu. Im Laufe der Zeit wird menschliche Weisheit innerlich das erreichen, was göttliche Weisheit in die Erde hineingeheimnißt hat.

Aber in demselben Sinne, wie die Weisheit auf dem Monde vorbereitet worden ist, so daß sie sich jetzt überall auf der Erde findet, wird auf der Erde die Liebe vorbereitet. Könnten Sie hellseherisch zurückblicken auf den alten Mond, so könnten Sie sehen, daß nicht in allen Dingen damals eine solche Weisheit war; manche Dinge würden Sie noch unweise finden. Erst durch die ganze Mondenentwickelung hindurch prägte sich die Weisheit hinein in die Dinge, und als der Mond in seiner Entwickelung fertig war, da war alles so davon durchzogen, daß überall Weisheit darinnen war.

Die innerliche Weisheit zog in den Menschen erst ein auf der Erde mit dem Ich. Diese innerliche Weisheit muß aber der Mensch erst nach und nach entwickeln. Ebenso wie sich auf dem Monde die Weisheit entwickelt hat, so daß sie jetzt da ist in den Dingen, so entwickelt sich jetzt die Liebe. Zuerst trat sie in der niedrigsten Gestalt, in der sinnlichen, während der lemurischen Zeit ins Dasein. Im Laufe des Erdendaseins wird sie sich aber immer mehr und mehr vergeistigen, bis zuletzt, wenn die Erde am Ende ihrer Entwickelung angelangt sein wird, das ganze Dasein von Liebe durchzogen sein wird – wie es heute von Weisheit durchzogen ist – durch das Wirken der Menschen, wenn diese ihre Aufgabe erfüllen werden.

Und die Erde wird übergehen in einen künftigen planetarischen Zustand. Diesen nennen wir Jupiter. Die Wesen aber, die auf dem Jupiter so herumwandeln werden wie die Menschen auf der Erde, die werden ebenso in allen Wesen die Liebe herausduftend finden, die sie als Mensch selbst hineingelegt haben während des Erdendaseins, wie die Menschen heute die Weisheit in allen Dingen finden. Dann werden die Menschen ebenso die Liebe aus ihrem Innern heraus entwickeln, wie jetzt die Menschen nach und nach die Weisheit herausentwickeln werden. Die große kosmische Liebe wird dann die Dinge durchdringen, die jetzt auf der Erde ihr Dasein beginnt.

Der materialistische Sinn glaubt nicht an die kosmische Weisheit, sondern nur an die menschliche. Wenn die Menschen mit unbefangenem Sinn hineinsehen würden in den Lauf der Entwickelung, so würden sie sehen, daß alle kosmische Weisheit am Anfange so weit war, wie die menschliche Weisheit erst am Ende der Erde sein wird. In den Zeiten, in denen man mit Benennungen noch genauer war als gegenwärtig, nannte man die im Menschen wirkende subjektive Weisheit Intelligenz, im Gegensatze zur objektiven kosmischen Weisheit. Gar nicht achtet der Mensch darauf, daß dasjenige, was er im Laufe des Erdendaseins erfindet, die göttlich-geistigen Wesenheiten sich bereits während des Mondendaseins erobert und der Erde eingepflanzt haben. Nehmen wir ein Beispiel dafür.

Wie wird den Kindern in der Schule schon eingetrichtert der große Fortschritt, den die Menschen gemacht haben, durch die Erfindung des Papiers zum Beispiel. Nun, die Wespen erzeugten das Papier schon viele tausend Jahre vorher; denn das, was die Wespen in ihren Nestern bauen, besteht aus genau derselben Substanz, aus der das menschliche Papier hergestellt wird, und das wird genau auf dieselbe Weise erzeugt, nur durch den Lebensprozeß. Der Wespengeist, die

Gruppenseele der Wespen, die ein Teil ist der göttlich-geistigen Substanz, ist die Erfinderin des Papiers schon viel früher gewesen. – So tappt der Mensch eigentlich immer hinter der Weltenweisheit nach. Im Prinzip ist alles, was der Mensch im Laufe der Erdenentwickelung erfinden wird, schon in der Natur enthalten. Was aber der Mensch wirklich der Erde geben wird, das ist die Liebe, die sich von der sinnlichsten zur vergeistigtsten Art entfalten wird. Das ist die Aufgabe der Erdenentwickelung. Die Erde ist der Kosmos der Liebe.

Was ist denn aber, so fragen wir, notwendig zur Liebe? Was gehört denn dazu, daß ein Wesen ein anderes lieben kann? Dazu ist nötig, daß dieses Wesen sein volles Selbstbewußtsein habe, ganz selbständig sei. Kein Wesen kann ein anderes im vollen Sinne lieben, wenn diese Liebe nicht eine freie Gabe ist gegenüber dem anderen Wesen. Meine Hand liebt nicht meinen Organismus. Nur ein Wesen, das selbständig ist, das losgeschnürt ist von dem anderen Wesen, kann dieses lieben. Dazu mußte der Mensch zu einem Ich-Wesen werden. Das Ich mußte der dreifachen menschlichen Leiblichkeit eingepflanzt werden, damit die Erde ihre Mission der Liebe durch den Menschen ausführen kann. Deshalb werden Sie verstehen, daß in der christlichen Esoterik gesagt wird: Ebenso, wie andere Kräfte, zuletzt die Weisheit während des Mondendaseins, von den Göttern heruntergeströmt sind, strömt die Liebe während des Erdendaseins in dieses ein; und der Träger der Liebe kann nur das selbständige Ich sein, das sich nach und nach im Laufe der Erdenentwickelung herausbildet. Aber der Mensch muß zu allem ganz langsam vorbereitet werden, auch zu der gegenwärtigen Art seines Bewußtseins. Setzen wir den Fall, gleich in der alten lemurischen Zeit würde der Mensch untergetaucht sein in seinen physischen Leib, er hätte damals schon die volle äußere Wirklichkeit gesehen. Er hätte sich dann in diesem schnellen Tempo die Liebe nicht einpflanzen können! Er mußte nach und nach erst zu seiner Erdenmission herangeführt werden. Ohne daß er schon sein volles Selbstbewußtsein hatte, ohne daß er schon so weit war, im hellen Tagesbewußtsein die Gegenstände um sich herum wahrzunehmen, wurde ihm in seinem dämmerhaften Bewußtsein unbewußt der erste Unterricht der Liebe gegeben. So sehen wir, daß während der ganzen Zeiten, während der Mensch noch ein altes, traumhaftes Hellseherbewußtsein hatte, während die Seele also lange Zeit außerhalb des Leibes war, dem Menschen in einem dämmerhaften, noch nicht selbstbewußten Zustande die Liebe eingepflanzt wird. Stellen wir ihn uns einmal so recht vor die Seele, diesen Menschen der alten Zeit, der noch nicht auf der Höhe des vollen Selbstbewußtseins angelangt ist.

Der Mensch schläft des Abends ein; aber kein schroffer Übergang vom Wachen zum Schlafen findet statt. Bilder tauchen auf, lebendige Traumbilder, die aber einen lebendigen Bezug haben zu der geistigen Welt. Das heißt, der Mensch lebte sich während des Einschlafens in die geistige Welt ein. Da träufelte ihm in das dämmerhafte Bewußtsein der göttliche Geist die ersten Keime alles Liebeswirkens ein. Was sich durch die Liebe im Laufe der Erdenentwickelung offenbaren soll, das strömt zuerst während der Nacht in den Menschen ein. Der Gott, der die eigentliche Erdenmission auf die Erde bringt, offenbart sich zuerst zu nächtlicher Zeit dem dumpfen, alten hellseherischen Bewußtsein, bevor er sich dem hellen Tagesbewußtsein offenbaren kann. Dann, langsam und allmählich, werden die Zeiten, in denen der Mensch in dem dumpfen hellseherischen Zustande ist, kürzer, das Tagesbewußtsein immer länger, die aurischen Säume um die Gegenstände werden immer unbedeutender, die Gegenstände bekommen immer festere Grenzen. Vorher hat der Mensch die Sonne, den Mond mit einem mächtigen Hof gesehen, alles wie in einer Nebelmasse liegend. Langsam erst reinigt sich der ganze Anblick, und es treten feste Grenzen an den Dingen auf. In diesen Zustand ist der Mensch allmählich gekommen. Was da der Mensch äußerlich sieht, während die Sonne die Erde bescheint und ihm durch das sichtbare Licht das ganze Erdendasein, Mineralien, Pflanzen und Tiere offenbart, das empfindet der Mensch als die Offenbarungen des Göttlichen in dem Äußeren.

Was ist denn im Sinne der christlichen Esoterik das, was im hellen Tagesbewußtsein sichtbar wird, woraus sich die Erde im weiten Umfange zusammensetzt? Es ist eine Offenbarung der göttlichen Kräfte, eine äußere materielle Offenbarung des innerlich Geistigen! Wenn Sie den Blick hinaus auf die Sonne richten oder auf das, was Sie auf der Erde finden: Es ist eine Offenbarung des Göttlich-Geistigen. Dieses Göttlich-Geistige in der heutigen Gestalt, wie es allem zugrunde liegt, was dem hellen Tagesbewußtsein erscheint, die unsichtbare Welt hinter dieser ganzen sichtbaren Tageswelt, das nennt die christliche Esoterik den «Logos» oder das «Wort». Denn wie der Mensch zuletzt das Wort in sich selber aussprechen kann, so ist zuerst alles, das Tierreich, Pflanzenreich, Mineralreich, aus dem Logos entstanden. Alles ist eine Verkörperung dieses Logos. Und so, wie Ihre Seele unsichtbar in Ihrem Innern waltet und sich äußerlich einen Leib schafft, so schafft sich in der Welt ein jedes Seelische den ihm passenden äußeren Leib und offenbart sich durch irgendein Physisches.

Wo ist denn nun der physische Leib des Logos, von dem das Johannes-Evangelium spricht und den wir uns heute immer mehr zum Bewußtsein bringen wollen? Wo ist der physische Leib des Logos? Am reinsten erscheint dieser äußere physische Leib des Logos zunächst im äußeren Sonnenlicht. Das Sonnenlicht ist nicht bloß materielles Licht. Für die geistige Anschauung ist es ebenso das Kleid des Logos, wie Ihr äußerer physischer Leib das Kleid für Ihre Seele ist. Wenn Sie ebenso zu einem Menschen stehen, wie heute die Mehrzahl der Menschen zur Sonne steht, so können Sie nicht den anderen Menschen kennenlernen; da würden Sie sich zu jedem Menschen, der eine fühlende, denkende, wollende Seele hat, so stellen, daß Sie nicht ein Seelisch-Geistiges bei ihm voraussetzen, sondern bloß einen physischen Leib abtasten und glauben, daß der dann auch aus Papiermaché sein könnte. Wenn Sie aber durchdringen wollen zu dem Geistigen im Sonnenlicht, dann müssen Sie es so betrachten, wie wenn Sie von der leiblichen Seite eines

Menschen aus das Innere kennenlernen. Wie Ihr Leib sich zu Ihrer Seele verhält, so verhält sich das Sonnenlicht zu dem Logos. In dem Sonnenlichte strömt ein Geistiges der Erde zu. Dieses Geistige ist, wenn wir nicht nur den Sonnenleib, sondern auch den Sonnengeist zu fassen vermögen, dieser Geist ist die Liebe, die herunterströmt auf die Erde. Nicht allein weckt das physische Sonnenlicht die Pflanzen, so daß diese verkümmern müßten, wenn das physische Sonnenlicht nicht auf sie wirkte, sondern mit dem physischen Sonnenlichte strömt die warme Liebe der Gottheit auf die Erde; und die Menschen sind dazu da, die warme Liebe der Gottheit in sich aufzunehmen, zu entwickeln und zu erwidern. Das können sie aber nur dadurch, daß sie selbstbewußte Ich-Wesen werden. Nur dann können sie die Liebe erwidern.

Als die Menschen anfingen in der ersten Zeit, zuerst nur kurze Zeit in ihrem Tagesleben zu verweilen, da konnten sie nichts vernehmen von dem Lichte, das zugleich die Liebe entzündete. Das Licht schien in die Finsternis, aber die Finsternis konnte noch nichts begreifen von dem Lichte. Und wäre dem Menschen dieses Licht, das zugleich die Liebe des Logos ist, nicht anders geoffenbart worden als nur durch die kurzen Tagesstunden, der Mensch hätte dieses Licht der Liebe nicht begriffen. Aber in dem dumpfen hellseherischen Traumbewußtsein jener alten Zeit strömte doch die Liebe in den Menschen ein. Und jetzt blicken wir hinter das Dasein auf ein großes Mysterium der Welt, unserer Erde, auf ein wichtiges Mysterium.

Fassen wir es einmal, daß sozusagen die Lenkung der Welt für unsere Erde so war, daß eine Zeit hindurch auf unbewußte Art dem Menschen die Liebe einströmte durch ein dämmerhaftes Hellseherbewußtsein und ihn innerlich vorbereitete zur Aufnahme der Liebe im vollen hellen Tagesbewußtsein. – Wir haben gesehen, daß unsere Erde allmählich der Kosmos geworden ist, der die Mission der Liebe durchzuführen hat. Die Erde wird beschienen von der heutigen Sonne. Wie der Mensch die Erde bewohnt und die

Liebe nach und nach sich aneignet, so bewohnen die Sonne andere, höhere Wesen, weil die Sonne auf einer höheren Stufe des Daseins angekommen ist. Der Mensch ist Erdenbewohner, und Erdenbewohner sein, bedeutet ein Wesen sein, das sich die Liebe aneignet während der Erdenzeit. Ein Sonnenbewohner in unserer Zeit bedeutet ein Wesen, welches die Liebe entzünden kann, welches die Liebe einströmen lassen kann. Nicht würden die Erdenbewohner die Liebe entwickeln, sie nicht aufnehmen können, wenn nicht die Sonnenbewohner ihnen die reife Weisheit schicken würden mit den Lichtstrahlen. Indem das Licht der Sonne auf die Erde herunterströmt, entwickelt sich auf der Erde die Liebe. Das ist eine ganz reale Wahrheit. Die Wesenheiten, die so hoch stehen, daß sie die Liebe ausströmen können, haben die Sonne zu ihrem Schauplatze gemacht.

Es waren da, als der Mond fertig war mit seiner Entwickelung, sieben solcher Hauptwesenheiten, die so weit waren, daß sie Liebe ausströmen konnten. Hier berühren wir ein tiefes Mysterium, das die Geheimwissenschaft enthüllt. – Da ist im Beginne der Erdenentwickelung der kindliche Mensch, der die Liebe aufnehmen sollte und bereit war zur Aufnahme des Ich, und auf der anderen Seite die Sonne, die sich abspaltete und zu einem höheren Dasein aufstieg. Auf dieser Sonne konnten sich entwickeln sieben Hauptlichtgeister, die zu gleicher Zeit die gebenden Geister der Liebe waren. Nur sechs von ihnen nahmen auf der Sonne Wohnung; und das, was uns im Lichte der Sonne physisch zuströmt, enthält in sich die geistigen Liebeskräfte dieser sechs Lichtgeister oder der sechs Elohim, wie wir sie in der Bibel finden. Einer spaltete sich ab und ging einen anderen Weg zum Heile des Menschen, er wählte sich nicht die Sonne, sondern den Mond zu seinem Aufenthalte. Und dieser eine der Lichtgeister, der freiwillig auf das Sonnendasein verzichtete und sich den Mond wählte, ist kein anderer als derjenige, den das Alte Testament «Jahve» oder «Jehova» nennt. Dieser eine, der sich den Mond zum Aufenthalt wählte, ist derjenige, der vom Monde aus die reife Weisheit auf die Erde strömte und dadurch die Liebe vorbereitete.

Jetzt schauen Sie einmal auf dieses Mysterium, das hinter den Dingen ist. Die Nacht gehört dem Monde, und sie gehörte in einem viel größeren Maße dem Monde in jener alten Zeit, als der Mensch noch nicht von der Sonne die Kraft der Liebe empfangen konnte, als er noch nicht im direkten Lichte diese Kraft der Liebe empfangen konnte. Da empfing er die reflektierte Kraft der reifen Weisheit vom Mondenlichte. Sie strömte ihm zu von dem Mondenlicht während der Zeit des Nachtbewußtseins. Jahve nennt man daher den Regierer der Nacht, der den Menschen vorbereitete auf die Liebe, die später während des vollen Tagbewußtseins entstehen sollte. So schauen wir zurück auf die alte Menschheitszeit, wo geistig der Vorgang stattfand, der durch die Himmelskörper nur symbolisiert wird, wo Sie die Sonne auf der einen Seite, den Mond auf der anderen Seite haben.

Während der Nacht, zu gewissen Zeiten, sendet uns der Mond die reflektierte Sonnenkraft zu. Es ist dasselbe Licht, das uns auch von der Sonne zukommt. So strahlte zurück in den alten Zeiten Jahve oder Jehova die Kraft der reifen Weisheit, die Kraft der sechs Elohim, und diese Kraft strömte er während der Zeit des Nachtschlafens in die Menschen ein und bereitete sie vor, so daß sie fähig wurden, auch später die Kraft der Liebe nach und nach während des tagwachen Bewußtseins zu bekommen.

Die Zeichnung soll in symbolischer Weise andeuten den tagwachen Menschen, wo physischer Leib und Ätherleib abhängig sind vom Göttlichen, und das Ich und der Astralleib auf dem physischen Plane im physischen Leibe und Ätherleibe sind; da wird von außen das ganze System des Menschen beschienen von der Sonne. Von der Nacht wissen Sie jetzt, daß sie eine viel längere war und viel wirkungsvoller für den Menschen uralter Vorzeit. Da sind Astralleib und Ich aus physischem Leib und Ätherleib heraus; da ist das Ich ganz in der astralischen Welt, und der astralische Leib wird von

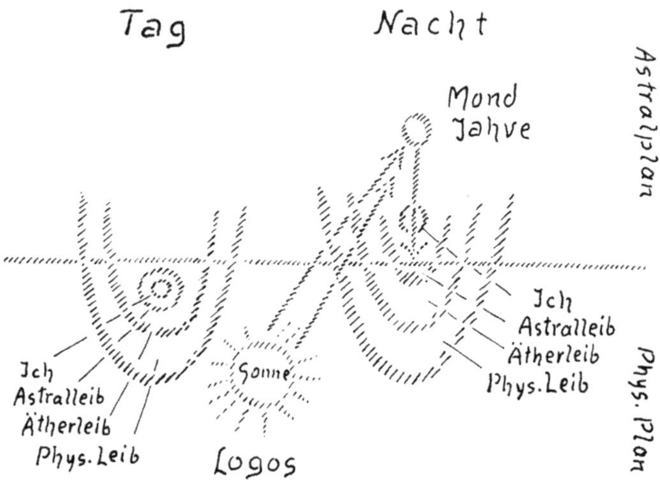

außen hineingesenkt in den physischen Leib so, daß er aber seiner ganzen Wesenheit nach doch in das Geistig-Göttliche eingebettet ist. Da kann die Sonne nicht direkt auf den menschlichen Astralleib scheinen und in ihm die Kraft der Liebe entzünden. Da wirkt der Mond, der das Sonnenlicht reflektiert, durch Jahve oder Jehova. Der Mond ist das Symbolum für Jahve oder Jehova, und die Sonne ist nichts anderes als das Symbolum für den Logos, der die Summe der anderen sechs Elohim ist. Nur symbolisch soll diese Zeichnung, die Sie studieren mögen, über die Sie meditieren mögen, das andeuten. Und wenn Sie darüber nachdenken, werden Sie finden, welch tiefe Mysterienwahrheiten darin dargestellt sind: daß lange Zeit hindurch dem nächtlichen Bewußtsein durch Jahve die Kraft der Liebe dem Menschen eingepflanzt wurde auf unbewußte Art. So wurde der Mensch vorbereitet, damit er nach und nach selbst den Logos, die Kraft seiner Liebe empfangen konnte. Wie war das möglich? Wie konnte denn das geschehen? – Jetzt kommen wir zu der anderen Seite des Mysteriums.

Wir haben uns gesagt, daß der Mensch zur selbstbewußten Liebe auf der Erde berufen war. Er mußte also einen Führer, einen Lehrer während des hellen Tagesbewußtseins haben, der ihm so gegenübertrat, daß er ihn wahrnehmen konnte. Nur während der Nacht, im dämmerhaften Bewußtsein konnte ihm die Liebe eingepflanzt werden. Nach und nach aber mußte etwas eintreten, etwas mit voller Tatsächlichkeit eintreten, was dem Menschen möglich machte, außen, physisch das Wesen der Liebe selber zu sehen. Wodurch konnte das eintreten? Das konnte nur dadurch eintreten, daß das Wesen der göttlichen Liebe, des Logos, ein Wesen auf der Erde wurde – ein fleischliches Wesen auf der Erde, wie es der Mensch auf der Erde durch seine Sinne wahrnehmen konnte. Weil der Mensch zur Wahrnehmung durch seine äußeren Sinne sich entwickelte, mußte der Gott, der Logos, selbst ein Sinneswesen werden. Er mußte in einem fleischlichen Leibe auftreten. Das geschah durch den Christus Jesus, und die historische Erscheinung des Christus Jesus bedeutet nichts anderes, als daß die Kräfte der sechs Elohim oder des Logos sich verkörpert haben in dem Jesus von Nazareth im Anfange unserer Zeitrechnung, – in ihm real da waren in der Welt der Sichtbarkeit. Darauf kommt es an. Das, was in der Sonne an innerer Kraft liegt, die Kraft der Logosliebe, nahm physische Menschengestalt an in dem Leibe des Jesus von Nazareth. Denn so wie ein anderer äußerer Gegenstand, wie ein anderes Wesen, so mußte dem Menschen auf der Erde für sein Sinnesbewußtsein der Gott in leibhaftiger Gestalt entgegentreten. Was ist daher diese Wesenheit, die uns im Beginne unserer Zeitrechnung als der Christus Jesus entgegentrat? Sie ist nichts anderes als die Verkörperung des Logos, der sechs anderen Elohim, denen vorbereitend der eine, der Jahve-Gott vorangegangen ist. Und diese eine Gestalt des Jesus von Nazareth, in welcher der Christus oder der Logos inkarniert war, bringt daher das, was früher immer nur von der Sonne auf die Erde herniederströmte, was nur im Sonnenlichte enthalten ist, sie bringt es in das Menschenleben, in die Menschheitsgeschichte selbst hinein: «Der

Logos ward Fleisch». Das ist das, worauf das Johannes-Evangelium den größten Wert legt.

Und es mußte der Schreiber des Johannes-Evangeliums gerade auf diese Tatsache den größten Wert legen. Denn wahr ist es: Nachdem einige der eingeweihten Christus-Schüler verstanden hatten, um was es sich handelt, da traten auch andere auf, die das nicht im vollen Maße verstehen konnten. – Die zwar voll verstanden, daß allem Materiellen, allem, was uns stofflich entgegentritt, ein Seelisch-Geistiges zugrunde liegt; was sie aber nicht begreifen konnten, war, daß sich in einem einzelnen Menschen für die physisch-sinnliche Welt physisch sichtbar der Logos selbst einmal verfleischlichte. Das konnten sie nicht verstehen. Dadurch unterscheidet sich das, was uns in den ersten christlichen Jahrhunderten als die «Gnosis» entgegentritt, von dem wahren esoterischen Christentum. Der Schreiber des Johannes-Evangeliums hat mit kräftigen Worten darauf hingewiesen: Nein, nicht sollt ihr ansehen den Christus als übersinnliches, unsichtbar bleibendes Wesen, das allem Stofflichen zugrunde liegt, sondern ihr sollt Wert darauf legen, daß das Wort Fleisch geworden ist, daß es unter uns gewohnet hat! Das ist der feine Unterschied zwischen dem esoterischen Christentum und der ursprünglichen Gnosis. Die Gnosis kennt den Christus ebenso wie das esoterische Christentum, aber nur als eine geistige Wesenheit, und sieht höchstens in dem Jesus von Nazareth einen mehr oder weniger an diese geistige Wesenheit gebundenen menschlichen Verkünder. Sie will festhalten an dem unsichtbar bleibenden Christus. Dagegen ist das esoterische Christentum immer im Sinne des Johannes-Evangeliums gewesen, das auf dem festen Boden des Wortes stand:

> «Und der Logos ist Fleisch geworden und hat unter uns gewohnet.» (1, 14)

Und derjenige, der da in der sichtbaren Welt war, ist eine wirkliche Verkörperung der sechs anderen Elohim, des Logos!

Damit also ist die Erdenmission, das, was aus der Erde werden sollte durch das Ereignis von Palästina, erst richtig in die Erde eingetreten. Vorher war alles Vorbereitung. Als was mußte sich also der Christus, der in dem Leibe des Jesus von Nazareth wohnte, vorzugsweise bezeichnen?

Er mußte sich vorzugsweise bezeichnen als den großen Bringer und den Verlebendiger des selbstbewußten freien menschlichen Wesens. Fassen wir diese lebendige Christus-Lehre einmal in kurze, paradigmatische Sätze. Dann müssen wir sagen: Die Erde ist dazu da, dem Menschen das volle Selbstbewußtsein, das «Ich-bin» zu geben. Vorher war alles nur Vorbereitung zu diesem Selbstbewußtsein, zum «Ich-bin»; und der Christus ist derjenige, der den Impuls gibt, daß die Menschen alle – jeder als einzelnes Wesen – empfinden können das «Ich-bin». Jetzt erst ist der mächtige Impuls gegeben, der die Menschen auf der Erde mit einem gewaltigen Ruck nach vorwärts bringt. Wir können das verfolgen beim Vergleich des Christentums mit der alttestamentlichen Lehre. In der alttestamentlichen Lehre fühlte der Mensch noch nicht vollständig das «Ich-bin» in seiner eigenen Persönlichkeit. Er hatte noch einen Rest dessen, was geblieben war von der alten Zeit des träumerischen Bewußtseins, wo der Mensch sich nicht als ein Selbst fühlte, sondern als Glied der göttlichen Wesenheit, wie das Tier heute noch ein Glied der Gruppenseele ist. Von der Gruppenseele sind die Menschen ausgegangen, und zum individuellen selbständigen Dasein, das in jedem Einzelmenschen das «Ich-bin» fühlt, sind sie fortgeschritten. Und der Christus ist die Kraft, die die Menschen zu diesem freien «Ich-bin»-Bewußtsein gebracht hat. Überschauen wir das einmal in seiner vollen innerlichen Bedeutung.

Der Bekenner des Alten Testaments fühlte sich noch nicht so abgeschlossen in seiner einzelnen Persönlichkeit wie der Bekenner des Neuen Testaments. Der Bekenner des Alten Testaments sagte noch nicht in seiner Persönlichkeit: Ich bin ein Ich. Er fühlte sich in dem ganzen alten jüdischen Volke und fühlte das «Gruppen-Volks-

Ich». Versetzen wir uns einmal lebendig in das Bewußtsein eines solchen alttestamentlichen Bekenners. So, wie der wirkliche Christ das «Ich-bin» fühlt und allmählich immer mehr fühlen lernen wird, so fühlte der Bekenner des Alten Testaments nicht das «Ich-bin». Er fühlte sich als ein Glied des ganzen Volkes und schaute hinauf zu der Gruppenseele, und wenn er das aussprechen wollte, sagte er: Mein Bewußtsein reicht hinauf bis zum Vater des ganzen Volkes, bis zu Abraham; wir – ich und Vater Abraham – sind eins. Ein gemeinsames Ich umfaßt uns alle; und da erst fühle ich mich geborgen in der geistigen Substantialität der Welt, wenn ich in der ganzen Volkssubstanz mich ruhen fühle. – So sah der Bekenner des Alten Testaments hinauf bis zum Vater Abraham und sagte: Ich und der Vater Abraham sind eins. In meinen Adern fließt dasselbe Blut wie in Abrahams Adern. – Und den Vater Abraham fühlte er wie die Wurzel, aus der jeder einzelne Abrahamite als ein Glied hervorging.

Da kam der Christus Jesus und sagte zu seinen nächsten intimsten Eingeweihten: Bisher haben die Menschen bloß geurteilt nach dem Fleisch, nach der Blutsverwandtschaft; die war für sie das Bewußtsein, daß sie in einem höheren, unsichtbaren Zusammenhange ruhten. Ihr aber sollt an einen viel geistigeren Zusammenhang glauben, an den, der weiter geht als die Blutsverwandtschaft. Ihr sollt an einen geistigen Vatergrund glauben, in dem das Ich wurzelt, der geistiger ist als jener Grund, der das jüdische Volk als Gruppenseele verbindet. Ihr sollt glauben an dasjenige, was in mir und in jedem Menschen ruht, und das ist nicht nur eins mit Abraham, das ist eins mit dem göttlichen Weltengrunde! Daher betonte der Christus Jesus im Sinne des Johannes-Evangeliums:

«Bevor der Vater Abraham war, war das ‹Ich-bin›!» (8, 58)

Nicht nur bis zu dem Vater-Prinzip, das bis zu Abraham reicht, geht mein Ur-Ich hinauf, sondern mit dem, was den ganzen Kosmos durchpulst, ist das Ich eins; bis zu dem geht meine Geistigkeit hinauf.

«Ich und der Vater sind eins!» (10, 30)

Das ist das wichtige Wort, das man fühlen muß; dann wird man den Ruck fühlen, der die Menschen ergriff und die Menschheitsentwickelung weiter brachte durch jenen Impuls, den das Erscheinen des Christus Jesus gab. Der Christus Jesus war der große Beleber des «Ich-bin».

Und nunmehr versuchen wir ein wenig darauf hinzuhorchen, was seine intimsten Eingeweihten sagten, wie sie das ausdrückten, was sich ihnen da offenbarte. Sie sagten: Bisher hat keine einzelne fleischliche Menschlichkeit existiert, der man diesen Namen des «Ich-bin» so beilegen durfte, als der, der als der erste die ganze Bedeutung des «Ich-bin» in die Welt gebracht hat. Und daher nannten sie das «Ich-bin» den *Namen* des Christus Jesus. Das war der Name, in dem sich die intimsten Eingeweihten verbunden fühlten, in dem Namen, den sie also verstanden, den Namen «Ich-bin».

So müssen Sie sich in die wichtigsten Kapitel des Johannes-Evangeliums vertiefen. Wenn Sie also jenes Kapitel nehmen, wo das Wort steht: «Ich bin das Licht der Welt!», da müssen Sie das wörtlich nehmen, ganz wörtlich. Das «Ich-bin», das da zum ersten Male im Fleische auftrat, was ist es? Dasselbe, was im Sonnenlichte als Logoskraft der Erde zuströmt. Überall haben Sie in dem ganzen 8. Kapitel, vom 12. Vers angefangen, das gewöhnlich überschrieben ist «Jesus, das Licht der Welt», die Umschreibung dieser tiefen Wahrheit von der Bedeutung des «Ich-bin». Lesen Sie das Kapitel so, daß Sie überall das «Ich» oder das «Ich-bin» betonen und wissen, daß das «Ich-bin» der *Name* war, auf den sich die Eingeweihten verbunden fühlten. Dann verstehen Sie es, dann erscheint Ihnen dies Kapitel so, daß Sie es etwa in der Art lesen müßten:

«Da redete Jesus zu seinen Jüngern und sprach: Was ‹Ich-bin› zu sich sagen kann, das ist die Kraft des Lichtes der Welt; und wer mir nachfolgt, der wird bei hellem lichtern Tagesbewußtsein dasjenige sehen, was diejenigen nicht sehen, die in der Finsternis wandeln.»

Diese aber, die dem alten Glauben anhingen, daß nur auf eine nächtliche Art das Licht der Liebe dem Menschen eingepflanzt werden kann, die da die Pharisäer genannt wurden, die antworteten: «Du berufst dich auf dein ‹Ich-bin›, wir aber berufen uns auf den Vater Abraham. Da fühlen wir die Kraft, die uns berechtigt, als selbstbewußte Wesen aufzutreten; da fühlen wir uns stark, wenn wir einsinken in den gemeinsamen Ichgrund, der bis zum Vater Abraham hinaufführt.»

«Jesus sprach: Wenn man in dem Sinne vom ‹ich› redet, wie ich rede, da ist das Zeugnis wahr; denn ich weiß, daß dieses ‹Ich› von dem Vater, von dem gemeinsamen Urgrund der Welt kommt, und wohin es wieder geht.» (8, 14)

Und nun der wichtige Satz, Kap. 8, Vers 15, den Sie wörtlich in folgender Weise übersetzen müssen:

«Ihr beurteilt alles nach dem Fleische. Ich aber beurteile nicht das Nichtige, das im Fleische ist. Und wenn ich urteile, so ist mein Urteil ein wahres. Denn dann ist das Ich nicht allein für sich, sondern das Ich ist vereint mit dem Vater, von dem das Ich herstammt.» (8, 15-16)

Das ist der Sinn dieser Stelle. So sehen Sie überall den Hinweis auf den gemeinsamen Vater. Und wir werden den Vaterbegriff noch genauer uns vor die Seele führen können. – So sehen Sie, wie das Wort: «Ehe denn der Vater Abraham war, war das ‹Ich-bin›» die Quintessenz der christlichen Lehrworte lebendig in sich enthält.

Wir haben uns heute vertieft in die Worte des Johannes-Evangeliums, mehr, als wir es hätten tun können, wenn ich sie in äußerer Weise interpretiert hätte. Wir haben diese Worte aus der Geistesweisheit hergeleitet, insofern wir auf einige wichtige

Worte des Johannes-Evangeliums angespielt haben, die gerade das Wesentliche des Christentums bezeichnen. Wir werden sehen, wie uns gerade dadurch, daß wir erst solche Kern- und Urworte des Evangeliums verstehen, Licht und Klarheit in das ganze Johannes-Evangelium hineinkommen wird.

Nehmen Sie das alles als etwas, was als Lehre in der christlichen esoterischen Schule gelehrt worden ist, die der Schreiber des Johannes-Evangeliums auf die Art, wie wir das besprechen werden, aufgeschrieben hat, um sie der Nachwelt zu überliefern für diejenigen, die da wirklich eindringen wollen in dessen Sinn.

Wie man das wirklich noch tiefer tun kann, davon in dem nächsten Vortrag.

VIERTER VORTRAG

HAMBURG, 22. MAI 1908

Es dürfte aus den drei bisherigen Vorträgen einigermaßen hervorgegangen sein, daß man im Johannes-Evangelium die geisteswissenschaftlichen Wahrheiten wiederzufinden in der Lage ist. Aber ebenso dürfte klar geworden sein, daß es notwendig ist, um diese Wahrheiten zu finden, jedes Wort dieses Johannes-Evangeliums wirklich auf die Goldwaage zu legen. Es kommt bei dieser religiösen Urkunde in der Tat darauf an, daß der wirkliche, echte Wortlaut absolut verstanden wird. Denn alles ist in dieser Urkunde, wie wir noch an verschiedenen Fällen sehen werden, von der denkbar tiefsten Bedeutung. Aber nicht nur der Wortlaut dieses oder jenes Satzes kommt in Betracht, sondern es kommt auch noch etwas anderes in Betracht. Das ist die Gliederung, die Komposition, die Zusammensetzung der Urkunde. Für solche Dinge hat eigentlich der heutige Mensch nicht mehr ganz die rechte Empfindung. Viel mehr von architektonischem Aufbau, von innerer Gliederung haben die alten – wenn wir sie so nennen dürfen – Schriftsteller in ihre Werke hineingelegt, als man gewöhnlich glaubt. Sie brauchen sich nur an einen verhältnismäßig späten Dichter zu erinnern, um das bekräftigt zu finden: an Dante. Wie ist in der «Göttlichen Komödie» alles architektonisch aufgebaut in Gliedern, denen die Dreizahl zugrunde liegt. Und nicht umsonst schließt ein jeder Teil von Dantes Komödie mit den Worten «Sterne». Das nur, um anzuführen, wie architektonisch die alten Schriftsteller ihre Sache aufgebaut haben. Und insbesondere dürfen wir bei den großen religiösen Urkunden diesen architektonischen Aufbau niemals aus den Augen verlieren, denn er bedeutet unter Umständen sehr viel. Man muß diese Bedeutung allerdings erst herausfinden.

Da ist zu erinnern, daß am Ende des 10. Kapitels des Johannes-Evangeliums ein Satz steht, den wir in der Erinnerung behalten wollen. Da heißt es im 41. Vers:

«Und viele kamen zu ihm und sprachen: Johannes tat kein Zeichen, aber alles, was Johannes von diesem gesagt hat, das ist wahr.»

Das heißt, wir finden in diesem Vers des 10. Kapitels einen Hinweis darauf, daß das Zeugnis, das über den Christus Jesus abgegeben wird durch Johannes, wahr ist; es wird durch ein besonderes Wort das ausgedrückt, daß dies Zeugnis wahr ist. – Und nun kommen wir an den Schluß des Johannes-Evangeliums und finden da einen entsprechenden Vers. Da heißt es im 24. Vers des 21. Kapitels:

«Dies ist der Jünger, der von diesen Dingen zeuget, und hat dies geschrieben; und wir wissen, daß sein Zeugnis wahrhaftig ist.»

Da haben wir also am Schluß des Ganzen eine Angabe darüber, daß das Zeugnis dessen, der berichtet, ein wahrhaftiges ist. Solche Kongruenzen und Harmonien, daß da oder dort mit einem Wort etwas Besonderes gesagt wird, sind niemals ohne Bedeutung in den alten Schriften; und gerade hinter dieser Kongruenz verbirgt sich etwas Bedeutsames. Und wir werden unsere Betrachtungen in das rechte Licht rücken, wenn wir auf dessen Grund hinweisen.

Es steht in der Mitte des Johannes-Evangeliums eine Tatsache, ohne deren Verständnis überhaupt das Johannes-Evangelium nicht begriffen werden kann. Unmittelbar hinter der Stelle, wo dieses Wort zur Bekräftigung des Wahrheitszeugnisses angeführt wird, steht das Kapitel über die Auferweckung des Lazarus. Durch dieses Kapitel über die Auferweckung des Lazarus zerfällt das ganze Johannes-Evangelium in zwei Teile. Und es ist hingewiesen am Ende des ersten Teiles darauf, daß für alles dasjenige, was behauptet wird, was bekräftigt werden soll über den Christus Jesus, das Zeugnis des Täufers Johannes gelten soll; und es ist ganz am Ende darauf hingewiesen, daß für alles das, was nach dem Kapitel über die Auferweckung des Lazarus steht, das Zeugnis des Jüngers gelten soll, von dem wir öfter hören die Worte: «den der Herr lieb hatte»

(13, 23). Was bedeutet denn überhaupt die «Auferweckung des Lazarus»?

Ich erinnere Sie daran, daß nach der Erzählung über die Auferweckung des Lazarus ein scheinbar rätselhafter Satz im Johannes-Evangelium steht. Stellen Sie sich einmal die ganze Situation vor: Der Christus Jesus vollbringt das, was man im gewöhnlichen Sinne ein Wunder, im Evangelium selbst ein «Zeichen» nennt: die Auferweckung des Lazarus. Und nachher stehen mehrere Sätze, die da besagen: «Dieser Mensch tut viele Zeichen» (11, 47), und alles folgende weist darauf hin, daß die Ankläger keine Gemeinschaft mit ihm haben wollen wegen dieser Zeichen. Wenn Sie diese Worte lesen, wie sie auch immer übersetzt sein mögen – es ist auch schon in meinem «Christentum als mystische Tatsache» von mir darauf hingewiesen worden –, so müssen Sie fragen: Was liegt denn da eigentlich zugrunde? Die Auferweckung eines Menschen bestimmt gerade die Gegner, gegen den Christus Jesus aufzutreten. Warum regt die Gegner gerade die Auferweckung des Lazarus so auf? Warum beginnt gerade da die Verfolgung? – Ein jeder, der zu lesen versteht, muß einsehen, daß sich in diesem Kapitel ein Mysterium verbirgt. Dieses Mysterium, das sich dahinter verbirgt, ist nichts anderes als die Mitteilung darüber, wer eigentlich der wirkliche Autor des Johannes-Evangeliums ist, wer eigentlich das alles sagt, was im Johannes-Evangelium gesagt wird. Um das zu verstehen, müssen wir einmal einen Blick werfen auf das, was wir die «Einweihung» in den alten Mysterien nennen. Wie ging diese Einweihung in den alten Mysterien vor sich?

Ein Mensch, der eingeweiht worden war, konnte selbst Erlebnisse, Erfahrungen haben in den geistigen Welten, so daß er ein Zeuge werden konnte der geistigen Welten. Diejenigen, die reif befunden wurden, eingeweiht zu werden, wurden in diese Mysterien hineingezogen. Überall – in Griechenland, bei den Chaldäern, bei den Ägyptern, bei den Indern – gab es solche Mysterien. Da wurden die Einzuweihenden lange unterrichtet ungefähr in den

Dingen, die wir heute in der Geisteswissenschaft lernen; und wenn sie genügend unterrichtet waren, folgte das, was ihnen den Weg öffnete, um selbst zu schauen. Aber in den alten Zeiten konnte das auf keine andere Weise bewirkt werden als dadurch, daß der Mensch in bezug auf seine vier Glieder: physischen Leib, Ätherleib, Astralleib und Ich, in einen ganz besonderen Zustand versetzt wurde. Was da geschah mit dem Einzuweihenden, war, daß er durch den Initiator, durch den Einweihenden, der die Sache verstand, dreieinhalb Tage in einen totenähnlichen Zustand versetzt wurde. Das geschah aus folgendem Grunde. Wenn der Mensch nämlich im heutigen Entwickelungszyklus im gewöhnlichen Sinne schläft, so liegen sein physischer Leib und Ätherleib im Bette, das Ich mit dem Astralleib ist herausgehoben. Der Mensch kann dann nicht irgendwelche geistigen Ereignisse um sich herum wahrnehmen, weil sein Astralleib noch nicht die geistigen Sinnesorgane hat, um in der Welt, in der der Mensch dann ist, wahrzunehmen. Erst wenn sein astralischer Leib und sein Ich wieder hineinschlüpfen in seinen physischen und Ätherleib, sich wieder der Augen und der Ohren bedienen, nimmt der Mensch wieder die physische Welt, das heißt überhaupt eine Umwelt wahr. Durch das, was die Einzuweihenden gelernt hatten, wurden sie fähig, die geistigen Sinnesorgane ihres astralischen Leibes herauszubilden. Wenn sie nun so weit waren, daß ihr astralischer Leib diese Sinnesorgane ausgebildet hatte, mußte dafür gesorgt werden, daß alles, was der astralische Leib in sich aufgenommen hatte, sich in den Ätherleib eindrückt, wie die Worte eines Petschafts sich in den Siegellack eindrücken. Das ist das, worauf es ankommt. Alle Vorbereitungen für die Einweihung beruhten darauf, daß der Mensch sich solchen inneren Vorgängen hingab, welche seinen astralischen Leib umorganisierten. Der Mensch war auch seinem physischen Leibe nach einmal so, daß er keine Augen und Ohren hatte wie heute, sondern gleichgültige Organe an dieser Stelle; wie Tiere, die nie dem Licht ausgesetzt waren, keine Augen haben. Das Licht formt heraus das Auge, der Ton bildet heraus das

Ohr. Was der Mensch durch Meditation, Konzentration übt, und was er dadurch innerlich erlebt, wirkt so wie Licht auf das Auge, Ton auf das Ohr. Dadurch wird der astralische Leib umgeformt, und dadurch werden herausgeholt die Erkenntnisorgane, um zu schauen in der astralischen, der höheren Welt. Jetzt sind sie aber noch nicht fest genug in dem Ätherleibe; sie werden dadurch fest, daß das, was im astralischen Leibe zunächst sich bildet, eingeprägt wird in den Ätherleib. Solange aber der Ätherleib im physischen Leibe steckt, ist es nicht möglich, daß das, was durch die Übungen erreicht wird, sich auch wirklich abdrückt im Ätherleibe. Dazu mußte ehedem der Ätherleib herausgehoben werden aus dem physischen Leibe. Wenn also in den dreieinhalb Tagen des totenähnlichen Schlafes der Ätherleib herausgehoben war aus dem physischen Leibe, drückte sich alles das, was im Astralleibe vorbereitet war, ab. Der Mensch erlebte die geistige Welt. Wurde er dann wieder durch den Priester-Initiator zurückgerufen in den physischen Leib, so war er ein Zeuge dessen, was in den geistigen Welten vorgeht, durch sein eigenes Zeugnis.

Diese Prozedur ist eben durch die Erscheinung des Christus Jesus unnötig geworden. Dieser dreieinhalb Tage lange todähnliche Schlaf kann nunmehr durch die von Christus ausgehende Kraft ersetzt werden. Denn wir werden gleich sehen, daß im Johannes-Evangelium die starken Kräfte liegen, daß heute der Astralleib, auch wenn der Ätherleib im physischen Leibe drinnen ist, die Stärke hat, trotzdem abzudrücken, was vorher in ihm vorbereitet war. Dazu mußte aber erst der Christus Jesus da sein. Vorher waren die Menschen nicht so weit, daß ohne die charakterisierte Prozedur das, was im astralischen Leibe durch Meditation und Konzentration vorgebildet war, im Ätherleibe hätte abgedruckt werden können. – Das war ein Vorgang, der sich oft in den Mysterien abgespielt hat: Ein einzuweihender Mensch wird durch den Priester-Initiator in einen todähnlichen Schlaf gebracht; darauf wird der Betreffende durch die höheren Welten geführt; dann wird er wieder zurückgerufen durch den Priester-Initiator in seinen physischen Leib, und nunmehr ist er durch sein eigenes Erlebnis ein Zeuge der geistigen Welten.

Das wurde immer im tiefsten Geheimnis vollbracht, und nichts wußte die äußere Welt von den Vorgängen in den alten Mysterien. Durch den Christus Jesus sollte an die Stelle der alten Einweihung eine neue treten, durch jene Kräfte hervorgebracht, von denen wir noch zu sprechen haben. Es sollte gleichsam der Schlußpunkt gemacht werden mit der alten Form der Einweihung. Aber es sollte ein Übergang gemacht werden von der alten in die neue Zeit! Für den Übergang sollte jemand noch einmal auf die alte Art eingeweiht werden, aber in die christliche Esoterik. Das konnte nur der Christus Jesus selbst tun – und es sollte der Einzuweihende jener sein, der da *Lazarus* genannt wird. «Diese Krankheit ist nicht zum Tode» (11,4), heißt es da; sie ist der dreieinhalbtägige todähnliche Schlaf. Darauf wird deutlich hingewiesen. Sie werden sehen, daß es zwar in einer sehr verschleierten Darstellung geschieht, daß sie sich aber für den, welcher eine solche verschleierte Art überhaupt entziffern kann, als Einweihung darstellt.

Die Individualität des Lazarus sollte so eingeweiht werden, daß dieser Lazarus ein Zeuge von den geistigen Welten werden konnte. Und es wird uns ein Wort gesagt, das in der Mysteriensprache ein sehr bedeutsames ist, es wird uns gesagt, «daß der Herr den Lazarus lieb hatte». Was bedeutet «lieb haben» in der Mysteriensprache? Es drückt aus das Verhältnis des Schülers zum Lehrer. «Den der Herr lieb hatte» ist der intimste, der eingeweihteste Schüler. Den Lazarus hat der Herr selbst eingeweiht, und als ein Eingeweihter erhob sich Lazarus aus dem Grabe, das heißt aus seiner Einweihungsstätte. Und dasselbe Wort «den der Herr lieb hatte» wird uns immer später von Johannes gesagt – oder sagen wir besser – von dem Verfasser des Johannes-Evangeliums; denn der Name «Johannes» wird nicht genannt, es ist eben derjenige, der der Lieblingsjünger ist, und auf den das Johannes-Evangelium zurückzuführen ist. Das ist der auferweckte Lazarus selbst. Und der Schreiber des Johannes-Evangeliums wollte damit sagen: Was ich zu sagen habe, habe ich zu sagen kraft der Einweihung, die mir von dem Herrn selbst zuteil geworden ist. – Daher unterscheidet der Schreiber des Johannes-Evangeliums wohl, was *vor* der Auferweckung des Lazarus, und das, was *nach* der Auferweckung des Lazarus geschieht. Vor der Auferweckung des Lazarus wird ein alter Eingeweihter angeführt, ein solcher, der gekommen ist zu der Erkenntnis des Geistes, und es wird betont, daß sein Zeugnis wahr ist. – Was aber über die tiefsten Dinge zu sagen ist, über das Mysterium von Palästina, darüber spreche ich selbst, ich, der Auferweckte; darüber kann ich aber erst nach der Auferweckung sprechen. – Daher haben wir in dem ersten Teile des Johannes-Evangeliums das Zeugnis des *alten* Johannes, in dem zweiten Teil das Zeugnis des *neuen* Johannes, den der Herr selbst eingeweiht hat. Denn derselbe ist der auferweckte Lazarus. So erfassen wir dies Kapitel erst seinem wirklichen Sinne nach. Es steht da, weil Johannes sagen wollte: Ich berufe mich auf mein übersinnliches Sehen, nicht auf mein Wahrnehmen in der physischen Welt; ich erzähle euch, was ich gesehen habe in der geistigen Welt dadurch, daß mir der Herr die Einweihung hat zuteil werden lassen.

So müssen wir die Charakteristik des Christus Jesus, wie sie uns entgegentritt in den ersten Kapiteln des Johannes-Evangeliums bis zum Schluß des 10. Kapitels, zurückführen auf die Erkenntnis, die sozusagen auch einer haben konnte, der nicht im tiefsten Sinne schon eingeweiht war durch den Christus Jesus selbst.

Nun werden Sie sagen: Ja, wir haben doch selbst in diesen Vorträgen die tiefen Worte über den Christus Jesus gehört als den verkörperten Logos, als das Licht der Welt und so weiter. – Das ist nicht weiter verwunderlich, daß diese tiefen Worte über den Christus Jesus schon in den ersten Kapiteln ausgesprochen werden. Denn in den alten Mysterien war der Christus Jesus, das heißt der Christus, der in Zukunft erscheinen sollte in der Welt, nicht etwa eine unbekannte Wesenheit. Und alle Mysterien wiesen hin auf Einen, der da kommen sollte. Daher nennt man die alten Eingeweihten «Propheten», weil sie über ein Künftiges zu prophezeien hatten. Darum hatten gerade die Einweihungen den Zweck, klar erkennen zu lassen, daß sich in der Zukunft der Menschheit der Christus enthüllen werde. So ging aus dem, was er damals schon wissen konnte, für den Täufer die Wahrheit hervor, die ihn prophezeien lassen konnte, daß derjenige, von dem gesprochen worden ist in den Mysterien, vor ihm stehe in dem Christus Jesus.

Wie nun das Ganze zusammenhängt, wie der sogenannte Täufer selbst zu dem Christus Jesus steht, das wird sich uns am klarsten zeigen, wenn wir uns zweierlei Fragen beantworten.

Die eine ist die: Wie stellt sich der Täufer selbst in seine Zeit hinein? Und die andere geht zurück auf die Erklärung verschiedener Dinge im Anfang des Johannes-Evangeliums.

Wie stellt sich der Täufer in seine Zeit hinein? Was ist der Täufer eigentlich? Er ist einer, der – ebenso wie die anderen, die etwas in den Einweihungen gehört haben – den Hinweis erhalten hat auf den kommenden Christus, der aber als der Einzige hingestellt wird, dem gegenüber dem Christus Jesus das rechte Geheimnis aufgeht: daß der Erschienene eben der Christus ist. Nun sahen die, welche mit «Pharisäer» oder mit anderen Namen bezeichnet wurden, in dem Christus Jesus einen solchen, der eigentlich ihrem alten Einweihungsprinzip widerstrebte, der in ihren Augen etwas tat, was sie in ihrem konservativen Sinne nicht zugeben konnten. Sie sagten, weil sie eben konservativ waren: Es muß bei dem alten Einweihungsprinzip bleiben! – Und dieser Widerspruch: immer von dem zukünftigen Christus zu sprechen, aber niemals den Zeitpunkt eintreten zu lassen, wo er wirklich da sei, das ist es eben, was ihrem Konservatismus zu Grunde liegt. Daher mußten sie, als der Christus Jesus den Lazarus einweihte, es als einen Bruch mit der alten Mysterien-Tradition ansehen. «Der Mensch tut viele Zeichen!» Mit dem können wir keine Gemeinschaft haben! – Er hat nach ihrer Auffassung die Mysterien verraten, dasjenige zu einem Öffentlichen gemacht, was in den Tiefen der Mysterien-Geheimnisse eingeschlossen sein sollte. Und jetzt begreifen wir, daß dies ihnen wie ein Verrat war und als der Grund erschien, daß sie gegen ihn auftreten müßten. Daher beginnt damit der Umschlag, die Verfolgung des Christus Jesus.

Als was erweist sich nun der Täufer in den ersten Kapiteln des Johannes-Evangeliums?

Erstens als ein solcher, welcher die Mysterienwahrheit von dem Christus, der da kommen sollte, gar wohl weiß, so gut weiß, daß dies alles der Schreiber des Johannes-Evangeliums selber wiederholen kann, was auch schon der Täufer hat wissen können, wovon er sich überzeugt hat durch das, was wir kennenlernen werden.

Wir haben gesehen, was die allerersten Worte des Johannes-Evangeliums bedeuten. Wir wollen jetzt auf das ein wenig Rücksicht nehmen, was über den Täufer selbst gesagt wird. Legen wir es uns aber in möglichst richtiger Übersetzung noch einmal vor. Nur die ersten Worte haben wir bis jetzt gehört.

> «Im Urbeginne war das Wort, und das Wort war bei Gott, und ein Gott war das Wort. Dieses war im Urbeginne bei Gott. Alles ist durch dasselbe geworden, und außer durch dieses ist nichts von dem Entstandenen geworden. In diesem war das Leben, und das Leben war das Licht der Menschen. Und das Licht schien in die Finsternis, aber die Finsternis hat es nicht begriffen. Es ward ein Mensch; gesandt war er von Gott, mit seinem Namen Johannes. Dieser kam zum Zeugnis, auf daß er Zeugnis ablege von dem Lichte, und daß durch ihn alle glauben sollten. Er war nicht das Licht, sondern ein Zeuge des Lichtes. Denn das wahre Licht, das alle Menschen erleuchtet, sollte in die Welt kommen. Es war in der Welt, und die Welt ist durch es geworden, aber die Welt hat es nicht erkannt. In die einzelnen Menschen kam es (bis zu den Ich-Menschen kam es); aber die einzelnen Menschen (die Ich-Menschen) nahmen es nicht auf. Die es aber aufnahmen, die konnten sich durch es als Gottes Kinder offenbaren. Die seinem

Namen vertrauten, sind nicht aus Blut, nicht aus dem Willen des Fleisches, und nicht aus menschlichem Willen, sondern aus Gott geworden. Und das Wort ist Fleisch geworden und hat unter uns gewohnt, und wir haben seine Lehre gehöret, die Lehre von dem einigen Sohn des Vaters, erfüllt von Hingabe und Wahrheit. Johannes leget Zeugnis für ihn ab und verkündet deutlich: Dieser war es, von dem ich sagte: Nach mir wird derjenige kommen, der vor mir gewesen ist. Denn er ist mein Vorgänger. Denn aus dessen Fülle haben wir alle genommen Gnade über Gnade. Denn das Gesetz ist durch Moses gegeben, die Gnade und die Wahrheit aber ist durch Jesus Christus entstanden. Gott hat niemand bisher mit Augen geschaut. Der eingeborene Sohn, welcher im Innern des Weltenvaters war, er ist der Führer in diesem Schauen geworden.» (1, 1–18)

Das sind diejenigen Worte, die ungefähr den Sinn dieser ersten Sätze des Johannes-Evangeliums wiedergeben. Dazu müssen wir, ehe wir an ihre Erklärung gehen, noch eines fügen. Als was erklärt sich denn Johannes selber? – Sie erinnern sich, daß geschickt wird, um auszukundschaften, wer Johannes der Täufer sei. Priester und Leviten kommen, die ihn fragen sollen, wer er sei. Warum nun die vorhergehende Antwort gegeben wird, werden wir noch sehen. Jetzt wollen wir nur berücksichtigen, was er selber sagt. Er sprach:

«Ich bin die Stimme eines Rufers in der Einsamkeit.» (1, 23)

Das sind die Worte, die da stehen. «Ich bin die Stimme eines Rufers in der Einsamkeit!» In der Einsamkeit steht da – ganz wörtlich – ἐν τῇ ἐρήμῳ Im Griechischen bedeutet das Wort «Eremit» «der Einsame». Nun werden Sie es begreifen, daß es richtiger ist, zu sagen: «Ich bin die Stimme eines Rufers in der Einsamkeit» – als: «Ich bin die Stimme eines Predigers in der Wüste.» Und wir werden alles, was in den Anfangsworten des Johannes-Evangeliums angeführt ist, besser verstehen, wenn wir diese Selbstcharakteristik des Johannes uns vor Augen führen. Warum nennt er sich «die Stimme eines Rufers in der Einsamkeit»?

In dem Entwickelungsgange der Menschheit haben wir gesehen, daß die eigentliche Erdenmission die Entwickelung der Liebe ist, daß sie aber nur denkbar ist, wenn sie als freiwillige Gabe von selbstbewußten Menschen gegeben wird, und daß sich der Mensch nach und nach sein Ich erobert und daß das Ich langsam und allmählich sich hineinsenkt in die Menschennatur. Wir wissen, daß die Tiere als solche kein einzelnes Ich haben. Wenn der einzelne Löwe «Ich» sagen könnte, wäre damit nicht das einzelne Tier gemeint, sondern das Gruppen-Ich in der astralischen Welt; alle Löwen würden dazu «Ich» sagen. So sagen ganze Gruppen von gleichgeformten Tieren zu dem im Astralischen übersinnlich-wahrnehmbaren Gruppen-Ich «Ich». Das ist der große Vorzug des Menschen vor den Tieren, daß der Mensch ein individuelles Ich hat. Aber das individuelle Ich entwickelt sich erst nach und nach. Der Mensch fing auch an mit einem Gruppen-Ich, mit einem Ich, welches einer ganzen Gruppe von Menschen angehörte.

Wenn Sie zurückgehen würden zu alten Völkern, zu alten Rassen, überall würden Sie finden, daß die Menschen ursprünglich kleine Gruppen bildeten. Bei den germanischen Völkern brauchten Sie gar nicht einmal weit zurückzugehen. In den Schriften des Tacitus können Sie mit Händen greifen, daß der einzelne Germane mehr hält von seinem ganzen Stamm als von seiner Individualität. Der einzelne fühlt sich mehr als Glied des Cheruskerstammes oder des Sigambrerstammes denn als eine einzelne Persönlichkeit, und daher tritt auch der einzelne ein für das Schicksal des ganzen Stammes; es ist auch gleichgültig, wer aus dem Stamme eine Beleidigung rächt, wenn einem einzelnen Gliede oder dem Stamme eine Beleidigung widerfahren ist. Dann tritt im Laufe der Zeit das ein, daß einzelne Leute heraustreten aus der Stammeszusammengehörigkeit, so daß die Stämme durchbrochen werden und nicht mehr kompakt bleiben. Aus dem Gruppenseelencharakter hat sich auch der Mensch entwickelt und nach und nach sich hinaufgeschwungen dazu, in der Einzelpersönlichkeit das Ich zu empfinden.

Wir können gewisse Dinge, besonders die religiösen Urkunden, nur verstehen, wenn wir dies Geheimnis von den Gruppenseelen, von den Gruppen-Ichen wissen. Bei den Völkern, bei denen es schon zu einer gewissen Wahrnehmung des eigenen Ich gekommen war, gab es noch immer ein Ich, das sich nicht nur über räumliche, gleichzeitig lebende Gruppen, sondern auch über zeitliche Gruppen ausdehnte. Heute ist das Gedächtnis der Menschen so, daß sich der einzelne nur noch an seine Jugendzeit erinnert. Aber es gab eine Zeit, in der noch ein anderes Gedächtnis vorhanden war, wo sich der Mensch nicht nur an *seine* Taten erinnerte, sondern wo er sich auch an die Taten seines Vaters, seines Großvaters erinnerte wie an seine eigenen. Das Gedächtnis reichte hinüber, weit in die Blutsverwandtschaft der Ahnen bis zum Stammvater, dessen Blut herunterfloß durch die Generationen. Jahrhundertelang erhielt sich mit dem Blute das Gedächtnis, und ein Enkel oder ein Sproß eines Stammes sagte zu den Taten, zu den Gedanken seiner Vorfahren «Ich» wie zu sich selber. Man empfand sich da nicht eingeschlossen zwischen Geburt und Tod, sondern man empfand sich als Glied der Generationenreihe, deren Mittelpunkt der Ahne war. Denn das ist der Zusammenhalt des Ich, daß man sich eben der Taten des Vaters, des Großvaters und so weiter erinnerte. In alten Zeiten wurde das schon äußerlich durch die Namengebung ausgedrückt. Der Sohn erinnerte sich nicht nur an seine eigenen Taten, sondern auch an die des Vaters, Großvaters und so weiter. Das Gedächtnis ging durch die Generationen weit hinauf. Alles, was so das Gedächtnis umfaßte, hieß in alten Zeiten zum Beispiel «Noah», hieß «Adam». Damit sind nicht die einzelnen Menschen, sondern die Iche gemeint, die jahrhundertelang das Gedächtnis bewahrten. Dies Geheimnis verbirgt sich auch hinter den Patriarchennamen. Warum lebten die Patriarchen so lange? Es wäre einem in alten Zeiten gar nicht eingefallen, den einzelnen Menschen, der zwischen Geburt und Tod steht, mit einem Namen zu benennen. Adam erhielt sich jahrhundertelang im Gedächtnis, weil gerade die räumliche und zeitliche Begrenzung für die alte Namengebung gar nicht in Betracht kam.

So löste sich nach und nach langsam das menschliche Einzel-Ich aus der Gruppenseele, aus dem Gruppen-Ich heraus; der Mensch kam nach und nach zum Bewußtsein seines Einzel-Ichs. Vorher fühlte er sein Ich in der Stammeszugehörigkeit, in der Gruppe von Menschen, mit denen er blutsverwandt war, entweder im Raume oder in der Zeit; daher der Ausspruch: «Ich und der Vater Abraham sind eins!», das heißt, sind *ein* Ich. Und da fühlte sich der einzelne geborgen in einem Ganzen, weil das gemeinsame Blut durch alle Adern hinunterrollte, durch alle Mitglieder des betreffenden Volkes. Aber die Entwickelung ging vorwärts. Die Zeit wurde reif, wo gerade innerhalb dieser Völker die Menschen ihr Einzel-Ich empfinden sollten.

Den Menschen das zu geben, was sie brauchten, um sich sicher und fest zu fühlen in diesem einzelnen individuellen Ich, das war die Mission des Christus. So müssen wir auch das Wort auffassen, das so leicht mißverstanden werden kann: «Wer nicht verleugnet Weib und Kind, Vater und Mutter, Bruder und Schwester, der kann nicht mein Jünger sein!» (Mark. 10, 29). Das müssen wir nicht in dem trivialen Sinn auffassen, daß jemand eine Anweisung erhält, der Familie davonzulaufen; sondern es ist gemeint: Ihr sollt fühlen, daß ein jeder von euch ein Einzel-Ich ist und daß dieses Einzel-Ich unmittelbar mit dem geistigen Vater, der durch die Welt flutet, eins ist. Früher sagte der Bekenner des Alten Testaments: «Ich und der Vater Abraham sind eins», weil das Ich sich in der Blutsverwandtschaft ruhen fühlte. Jetzt sollte frei werden das Sich-eins-Fühlen mit dem geistigen Vatergrunde. Nicht mehr sollte die Blutsverwandtschaft die Gewähr bilden, daß der Mensch zu einem Ganzen gehört, sondern das Wissen von dem rein geistigen Vaterprinzip, mit dem alle eins sind.

So soll uns durch das Johannes-Evangelium gesagt werden, daß der Christus der große Impulsgeber ist für das, was der Mensch braucht, um sich ewig in seinem einzelnen, individuellen Ich zu fühlen. Das ist der Umschwung von dem alten Bunde zu dem neuen Bunde, daß der alte Bund immer etwas von Gruppenseelenhaftigkeit hat, wo das eine Ich sich zugesellt fühlt zu den anderen Ichen und weder sich noch die andern Iche recht fühlt, dafür aber das, worin sie gemeinsam geborgen sind, das Volks-Ich oder Stammes-Ich mitempfindet.

Wie mußte sich denn nun ein Ich fühlen, das so weit reif geworden war, um nicht mehr den Zusammenhang mit den anderen individuellen Persönlichkeiten der Gruppenseele zu fühlen? Wie mußte das vereinzelte Ich empfinden in einer Zeit, in der man sagen konnte: Nicht mehr ist die Zeit, in der man als eine wirkliche menschliche Lebenswahrheit empfinden kann die Zusammengehörigkeit mit anderen Personen, mit allen Ichen, die zu einer Gruppenseele gehören; aber der muß erst kommen, der der Seele das geistige Lebensbrot gibt, wodurch das einzelne Ich seine Nahrung erhält. – Das Einzel-Ich mußte sich einsam fühlen, und der Vorgänger des Christus mußte sagen: Ich bin ein Ich, das sich herausgeschält hat, sich einsam fühlt. Und gerade weil ich gelernt habe, mich einsam zu fühlen, fühle ich mich als ein Prophet, dem das Ich in der Einsamkeit die richtige Geistes-Nahrung gibt. – Deshalb mußte sich der Verkünder als ein Rufer in der Einsamkeit bezeichnen, das heißt als das schon vereinsamte, von der Gruppenseele vereinsamte Ich, das da schreit nach dem, wodurch das Einzel-Ich Nahrung bekommen kann. «Ich bin die Stimme eines Rufers in der Einsamkeit.» Da hören wir wieder die tiefe Wahrheit: Jedes menschliche individuelle Ich ist ein ganz auf sich gestelltes; ich bin die Stimme des Ich, das losgelöst ist und das seinen Grund sucht, auf dem es als losgelöstes Ich stehen kann. Jetzt verstehen wir die Stelle: «Ich bin die Stimme eines Rufers in der Einsamkeit.»

Um genau die Worte des Johannes-Evangeliums zu verstehen, müssen wir uns ein wenig hineinfinden in die Art und Weise, wie überhaupt damals Namen und Bezeichnungen gegeben worden sind. So abstrakt und nichtssagend wie heute war die Namengebung damals nicht. Und wenn die Ausleger der biblischen Urkunden nur ein klein wenig bedenken wollten, wieviel damit gesagt wird, dann würde manche triviale Auslegung nicht ans Tageslicht treten. Ich habe schon darauf hingewiesen, daß, wenn der Christus sagt: «Ich bin das Licht der Welt» (8, 12), damit wirklich gemeint ist, daß er der erste war, der für das «Ich-bin» den Ausdruck und Impuls gegeben hat. Daher muß immer da, wo das «Ich-bin» steht in den ersten Kapiteln, dieses «Ich-bin» ganz besonders betont werden. Alle Namen und Bezeichnungen in den alten Zeiten sind in einer gewissen Weise durchaus real und zu gleicher Zeit tief symbolisch gebraucht.

Nach zwei Richtungen hin werden hier oft gewaltige Irrtümer begangen. Nach oberflächlicher Betrachtung könnte mancher sagen: Ja, nach einer solchen Auffassung ist ja vieles symbolisch gemeint, und auf eine solche Auslegung, wo alles nur symbolisch gemeint sein soll, lassen wir uns nicht ein, da verflüchtigt ihr ja die historischen biblischen Ereignisse! Und diejenigen, die ganz und gar nichts verstehen von den geschichtlichen Ereignissen, mögen sagen: Das ist alles nur symbolisch gemeint. – Aber diejenigen, die so sprechen, verstehen eben nichts von dem Evangelium. Nicht die historische Realität wird durch eine symbolische Erläuterung geleugnet, sondern es muß betont werden, daß die esoterische Erklärung beides umfaßt: die Auffassung der Tatsachen als historische, und indem sie historisch sind, bedeuten sie selbst zugleich das, was wir ihnen beilegen. Freilich, wer nur die brutalen äußeren Tatsachen sieht, nämlich einen Menschen, der irgendwo zu einer Zeit geboren ist, der wird nicht begreifen, daß dieser Mensch noch etwas anderes ist als bloß ein Mensch mit dem betreffenden Namen, dessen Biographie man schreiben kann. Wer aber den geistigen Zusammenhang kennt, der wird verstehen lernen, daß der Mensch, der geboren ist an einem bestimmten Orte, daß dieser lebendige Mensch außerdem noch ein Symbolum für seine Zeit ist, und daß man durch seinen

Namen ausdrückt seine ganze Bedeutung für die Entwickelung der Menschheit.

Symbolisch und historisch zugleich, nicht nur das eine und nicht nur das andere, das ist es, um was es sich handelt bei der wirklichen Evangelien-Erklärung. Und so werden wir bei fast allen Ereignissen und Hinweisungen sehen, daß der Johannes oder der Schreiber des Johannes-Evangeliums, der eigentlich in übersinnlichen Wahrnehmungen sieht, zugleich die Ereignisse und die Offenbarung tiefer geistiger Wahrheiten sieht: Er hat im Auge die historische Gestalt des Täufers, er sieht auf die historische Gestalt hin; zugleich ist ihm aber auch die wirkliche historische Gestalt das Symbolum für alle Menschen, die in den alten Zeiten schon berufen waren, das Ich sich einzuprägen, die aber erst auf dem Wege dazu waren, denen hineinscheinen konnte das Licht der Welt ins einzelne Ich, nicht aber für diejenigen, die noch nicht in der Lage waren, das Licht der Welt in ihrer Finsternis zu begreifen. Das, was als Leben, als Licht und Logos in dem Christus Jesus erschienen ist, es hat schon immer in der Welt geleuchtet; nicht aber haben die es erkannt, die erst im Reifwerden begriffen waren. Immer war das Licht da. Denn wäre das Licht nicht dagewesen, so hätte überhaupt nicht die Anlage zu dem Ich entstehen können. Noch auf dem Monde war von dem heutigen Menschen nur vorhanden physischer Leib, Ätherleib und astralischer Leib; kein Ich war darinnen. Nur weil sich das Licht so umgewandelt hat, wie es auf der Erde scheint, hatte es die Kraft, die einzelnen Iche zu entzünden und langsam zum Heranreifen zu bringen: «Das Licht schien in die Finsternis; aber die Finsternis konnte es noch nicht begreifen» (1, 5). «In die einzelnen Menschen kam es», bis zu den Ich-Menschen kam es; denn die Ich-Menschen hätten gar nicht entstehen können, wenn es nicht in sie durch den Logos gegossen worden wäre. «Aber die Ich-Menschen nahmen es nicht auf.» Nur einzelne nahmen es auf die Eingeweihten; die erhoben sich zu den geistigen Welten; die trugen immer den Namen «Kinder Gottes», weil sie eine Erkenntnis hatten von dem Logos, von dem Licht und

Leben, und immer davon Zeugnis ablegen konnten. Einzelne waren es, die immer schon durch die alten Mysterien wußten von den geistigen Welten. Was lebte denn in ihnen? Es lebte in ihnen dasjenige, was im Menschen ewig ist. Ganz bewußt lebte das in ihnen. Sie fühlten schon vor das große Wort: «Ich und der Vater sind Eins» (10, 30), nämlich Ich und der große Urgrund sind Eins! Und das Tiefste, was sie im Bewußtsein trugen, ihr eigenes Ich, das hatten sie nicht von Vater und Mutter, sondern sie hatten es durch die Initiation in die geistige Welt. Nicht aus dem Blute und nicht aus dem Fleische und nicht aus eines Vaters oder einer Mutter Willen, sondern «aus Gott», das heißt aus der geistigen Welt hatten sie es. – Da haben Sie die Erklärung der Worte, daß die große Anzahl der Menschen, trotzdem sie schon die Anlage zum Ich-Menschen hatten, das Licht nicht aufnahmen, daß es wohl herab kam bis zu dem Gruppen-Ich, daß aber die einzelnen es nicht aufnahmen. Diejenigen, die es aber aufnahmen – das waren nur wenige –, die konnten sich durch es zu Gottes Kindern machen; die ihm aber vertrauten, sind es aus Gott geworden durch die Einweihung. Das gibt uns ein klares Bild. Damit aber alle Menschen mit Erdensinnen den daseienden Gott erkennen konnten, mußte er in der Art auf der Erde erscheinen, daß man ihn mit leiblichen Augen sieht, das heißt er mußte eine fleischliche Gestalt annehmen, weil eine solche Gestalt nur mit den leiblichen Augen gesehen werden kann. Früher konnten ihn nur die Eingeweihten in den Mysterien sehen; jetzt aber hatte er zum Heile aller Fleischgestalt angenommen: «Das Wort oder der Logos war Fleisch geworden» (1, 14). So knüpft der Schreiber des Johannes-Evangeliums die historische Erscheinung des Christus Jesus an die ganze Evolution an. «Wir haben seine Lehre gehört, die Lehre von dem eingeborenen Sohne des Vaters» (1, 14). Was ist das für eine Lehre? Was sind denn die andern Menschen für geborene?

Man nannte in den alten Zeiten, in denen die Evangelien geschrieben wurden, «zweigeboren» diejenigen, die vom Fleische geboren sind. Sie nannte man zweigeboren, sagen wir durch die

Vermischung des Blutes von Vater und Mutter. Was nicht aus dem Fleische geboren ist und nicht durch die Menschenwirkung und nicht durch die Vermischung des Blutes entstanden ist, das ist «aus Gott geboren»; das ist «eingeboren». Diejenigen, die früher «Gotteskinder» genannt wurden, waren immer schon in gewisser Weise die «Eingeborenen»; und die Lehre von dem Gottessohn ist die Lehre von dem «Eingeborenen». Der physische Mensch ist der «Zweigeborene», der Geistesmensch ist der «Eingeborene». Das dürfen Sie nicht so auffassen, als ob es hieße «hineingeboren», nein, eingeboren ist der Gegensatz zu zweigeboren. Und das Wort deutet darauf hin, daß der Mensch außer der physischen Geburt auch eine geistige Geburt durchmachen kann, nämlich die Vereinigung mit dem Geiste, die Geburt, durch die er eingeboren, ein Kind oder Sohn der Gottheit wird. Und eine solche Lehre – gehört werden konnte sie erst durch den, der das Fleisch gewordene Wort darstellte. Durch ihn wurde die Lehre allgemein, «die Lehre von dem eingeborenen Sohne des Vaters, erfüllt von Hingabe und Wahrheit» (1, 14). «Hingabe» muß hier besser übersetzt werden, weil man es zu tun hat zwar mit einem Herausgeborenwerden aus der Gottheit, aber mit einem Zusammenbleiben und zu gleicher Zeit mit der Hinwegnahme aller Illusion. Diese letztere kommt nur aus dem Zweigeboren-Sein und umschließt den Menschen mit Sinnestäuschungen, im Gegensatz zu dieser einen Lehre, die die Wahrheit bringt in dem Christus Jesus, wie er stand und wohnte unter den Menschen als der verkörperte Logos. Johannes aber nannte sich – das bedeutet es wörtlich –: der Vorläufer, Vorgänger, der, der vorangeht zur Verkündigung des Ich. Johannes bezeichnet sich selbst als den, der zwar wußte, daß dies Ich in dem einzelnen selbständig werden muß, der aber Zeugnis abzulegen hatte von dem, der da kommen wird, um dies zu bewirken. Er sagte deutlich: Der, der da kommen wird, ist das «Ich-bin», das ewig ist, das wirklich von sich sagen kann: Bevor Abraham war, war «Ich-bin». Johannes konnte sagen: Das Ich, von dem hier die Rede ist, es ist vor mir gewesen; es ist zu gleicher Zeit, trotzdem ich sein Vorgänger bin, mein Vorgänger; ich lege Zeugnis ab von dem, was vorher in jedem Menschen war; «nach mir wird der kommen, der vor mir gewesen ist» (1, 15).

Und nun werden bedeutsame Worte gesagt: «Denn aus dessen Fülle haben wir alle entnommen Gnade über Gnade» (1, 16). Viele Menschen gibt es, die sich Christen nennen und die über das Wort «Fülle» hinweglesen, die sich bei diesem Wort nichts besonders Genaues denken. «Pleroma» heißt nach dem Griechischen «die Fülle». Das steht auch im Johannes-Evangelium: «Denn aus dem Pleroma haben wir alle entnommen Gnade über Gnade!» Ich sagte, jedes Wort des Johannes-Evangeliums muß man, wenn man es überhaupt verstehen will, auf die Goldwaage legen. Was ist denn nun Pleroma, die Fülle? Nur der kann es verstehen, der da weiß, daß man in den alten Mysterien von dem Pleroma oder der Fülle als von etwas ganz Bestimmtem gesprochen hat. Denn man hat damals schon die Lehre vertreten, daß, als sich zuerst offenbarten diejenigen geistigen Wesenheiten, die bis zur Göttlichkeit aufgestiegen waren während des alten Mondes, die Elohim, einer sich von ihnen trennte: Einer blieb auf dem Mond und strahlte von dort zurück die Kraft der Liebe, bis die Menschen genügend reif waren für das Licht der übrigen sechs Elohim. So unterschied man Jahve, den Einzelgott, den Rückstrahler und die aus sechs bestehende Fülle der Gottheit, «Pleroma». Da aber mit dem Gesamtbewußtsein des Sonnenlogos der Christus gemeint ist, mußte man, wenn man auf ihn hindeutete, sprechen von der Fülle der Götter. Diese tiefe Wahrheit verbirgt sich dahinter: «Denn aus dem Pleroma haben wir alle entnommen Gnade über Gnade.»

Nun gehen wir weiter, indem wir uns zurückversetzen in die Gruppenseelenzeit, wo der einzelne sein Ich fühlte als Gruppen-Ich. Betrachten wir nun, was als soziale Ordnung in der Gruppe lebte. Die Menschen leben ja doch, insofern sie sichtbare Menschen waren, als einzelne. Sie fühlen zwar das Gruppen-Ich, aber für die Sinne waren sie einzelne. Da sie sich noch nicht als einzelne fühlten, konnten sie auch noch nicht die Liebe in vollem Maße innerlich haben. Der eine liebt den anderen, weil er blutsverwandt mit ihm ist. Die Blutsverwandtschaft ist die Grundlage aller Liebe. Die Blutsverwandten liebten sich zuerst, und aus der Blutsverwandtschaft geht auch die Liebe hervor, sofern sie nicht Geschlechtsliebe ist. Von dieser Gruppenseelenliebe sollen sich die Menschen immer mehr und mehr befreien und die Liebe als freie Gabe des Ich darbringen. Am Ende der Erdenentwickelung werden die Menschen es erreichen, daß eine Zeit kommt, in welcher das selbständig gewordene Ich in seinem Innersten aus voller Hingabe den Impuls hat, das Rechte und das Gute zu tun. Weil das Ich diesen Impuls hat, tut es das Rechte, tut es das Gute. Wenn die Liebe so vergeistigt ist, daß niemand anderes wollen wird, als zu tun, was das Richtige ist, dann ist das erfüllt, was der Christus Jesus in die Welt bringen wollte. Denn das ist eines der Geheimnisse des Christentums, daß es lehrt: Schaut hin auf Christus, erfüllt euch mit der Kraft seiner Gestalt, versucht zu werden wie er, ihm nachzufolgen; dann wird euer befreites Ich so, daß es kein Gesetz braucht, daß es als ein in seinem Innersten freies Wesen das Gute, das Rechte tut. So ist Christus der Impulsbringer der Freiheit vom Gesetz, so daß das Gute nicht wegen des Gesetzes, sondern als Impuls der im Innern lebenden Liebe getan wird.

Dieser Impuls wird aber noch den ganzen Rest der Erdenzeit zu seiner Entwickelung brauchen. Der Anfang dazu ist durch den Christus Jesus gemacht worden, und immer wird die Christusgestalt die Kraft sein, welche die Menschen dazu erziehen wird. Solange die Menschen nicht reif waren, ein selbständiges Ich zu empfangen, solange sie als Glieder einer Gruppe existierten, mußten sie durch ein äußerlich geoffenbartes Gesetz sozial geregelt werden. Und auch heute sind die Menschen noch nicht in allen Dingen über die Gruppen-Iche hinaus. In wie vielen Dingen ist der Mensch heute durchaus nicht individueller Mensch, sondern ein Gruppenwesen! Der Mensch, der heute schon ein freies Wesen wäre – man nennt ihn den «Heimatlosen» auf einer gewissen Stufe der esoterischen Schülerschaft –, der ist doch noch ein Ideal! Wer sich freiwillig hineinstellt in das Weltenwirken, der ist individuell, der wird nicht durch das Gesetz geregelt. Im Christus-Prinzip liegt die Überwindung des Gesetzes: «Denn das Gesetz ist durch Moses gegeben; die Gnade aber durch Christus» (1, 17). Als Gnade bezeichnete man im christlichen Sinne die Fähigkeit der Seele, aus dem Innern heraus das Gute zu tun. Die Gnade und die im Innern erkannte Wahrheit ist durch Christus entstanden. Sie sehen, wie tief eingreifend dieser Gedanke für die ganze Menschheitsevolution ist.

Früher wurden diejenigen, die eingeweiht wurden, zu höheren geistigen Wahrnehmungsorganen gebracht. Mit äußeren Augen hat vorher niemals einer einen Gott gesehen. Der eingeborene Sohn, der im Innern des Vaters ruht, der ist der erste, der uns dahin geführt hat, auf die Weise einen Gott zu schauen, wie Menschen auf der Erde mit Erdensinnen ihre Umgebung sehen. Vorher war der Gott unsichtbar geblieben. Er offenbarte sich im Übersinnlichen durch den Traum oder durch etwas anderes in den Einweihungsstätten. Jetzt war der Gott historisch-sinnliche Tatsache, eine fleischliche Gestalt geworden. Das liegt in den Worten: «Gott hat bisher noch niemand gesehen. Der eingeborene Sohn, welcher im Innern des Weltenvaters war, er ist der Führer in diesem Schauen geworden» (1, 18). Er hat die Menschen dazu gebracht, mit den Erdensinnen einen Gott zu sehen.

So sehen wir allerdings, wie scharf und bedeutsam im Johannes-Evangelium auf das historische Ereignis in Palästina hingewiesen wird und mit welch paradigmatischen, fest umrissenen Worten, die aber durchaus auf die Goldwaage gelegt werden müssen, wenn wir sie zum Verständnisse des esoterischen Christentums benutzen wollen. Und nun werden wir in den nächsten Vorträgen sehen, wie dieses Thema weiter ausgeführt und zugleich gezeigt wird, daß der Christus nicht nur der Führer derjenigen ist, die mit der Gruppenseele zusammenhängen, sondern wie er in jeden einzelnen Menschen kommt und gerade das individuelle Ich mit seinem Impuls ausstatten will. Die Blutsverwandtschaft bleibt ja bestehen, aber die Geistigkeit der Liebe tritt hinzu. Und dieser Liebe, die vom freien Ich zum freien Ich geht, gibt er den Impuls. Für den in der Einweihung Begriffenen enthüllt sich Tag für Tag eine Wahrheit nach der anderen. Eine wichtige Wahrheit enthüllt sich immer am dritten Tage. Das ist die, wo man völlig verstehen lernt, daß in der Entwickelung der Erde ein Punkt ist, wodurch sich die an das Blut geknüpfte materielle Liebe immer mehr vergeistigt. Das ist das Ereignis, das veranschaulichen soll den Übergang von der reinen Blutsliebe zu der geistigen Liebe. Darauf wird hingewiesen mit bedeutungsvollen Worten von dem Christus Jesus, wenn er sagt: Es wird eine Zeit kommen, die meine Zeit ist, wo die wichtigsten Dinge geschaffen werden durch Menschen, die nicht mehr durch Blutsverwandtschaft zusammenhängen, sondern durch solche, die als einzelne für sich stehen. Diese Zeit muß aber erst kommen. – Der Christus selber, der den ersten Impuls gibt, sagt bei einer wichtigen Gelegenheit, daß sich dieses Ideal einmal erfüllen wird, daß aber seine Zeit noch nicht gekommen ist. Er deutet prophetisch darauf hin, als die Mutter dasteht und ihn auffordert, etwas zu tun für die Menschheit, als sie gleichsam darauf anspielt, sie habe ein Recht, ihn zu veranlassen zu einer wichtigen Tat für die Menschen. Da erwidert er: Ja, was wir heute tun können, das hat noch etwas zu tun mit den Blutsbanden, mit dem Verhältnis von «mir und dir»; «denn meine Zeit ist noch nicht gekommen» (2, 4). Daß eine solche Zeit kommt, wo der Einzelne für sich stehen muß, ist mit der Erzählung der Hochzeit zu Kana ausgedrückt; und die Aufforderung «Sie haben nicht Wein!» (2, 3) wird von Jesus so beantwortet, daß er sagt: «Das ist etwas, was noch mit ‹mir und dir› zu tun hat; meine Zeit, die ist noch nicht gekommen.» Daher stehen da die Worte «von mir zu dir» und «meine Zeit ist noch nicht gekommen». Was da steht im Text, deutet auf dieses Geheimnis hin. Wie vieles andere ist auch diese Stelle immer recht grob übersetzt worden. Nicht «Weib, was habe ich mit dir zu schaffen?» sollte dastehen, sondern «Was geht da von mir zu dir?». So fein und subtil ist der Text, aber bloß verständlich für die, die ihn verstehen wollen. Wenn aber immer wieder diese religiösen Urkunden heute von allerlei Leuten erklärt werden, möchte man doch fragen: Haben denn die, welche sich Christen nennen, gar keine Empfindung dabei, wenn sie Christus – nach unrichtiger Übersetzung – den Ausspruch tun lassen: «Weib, was habe ich mit dir zu schaffen?»

Bei vielem, was sich heute Christentum nennt und sich beruft auf das Evangelium, muß man fragen: Haben sie denn das Evangelium? Es handelt sich darum, daß man das Evangelium erst habe. Und bei einer solch tiefen Urkunde, wie es das Johannes-Evangelium ist, handelt es sich wirklich darum, daß man erst jedes Wort auf die Goldwaage legt, um es in seinem rechten Werte zu erkennen.

FÜNFTER VORTRAG

HAMBURG, 23. MAI 1908

Bei den Betrachtungen über das Johannes-Evangelium dürfen wir nirgends die ganz prinzipielle Auseinandersetzung außer acht lassen, die wir gestern gepflogen haben, nämlich, daß wir es in dem ursprünglichen Verfasser des Johannes-Evangeliums zu tun haben mit dem von dem Christus Jesus selbst eingeweihten Lieblingsschüler. Es könnte jemand nun natürlich fragen: Ja, ist denn, ganz abgesehen von dem okkulten Wissen, auch vielleicht ein äußeres Zeugnis dafür vorhanden, durch welches der Verfasser des Johannes-Evangeliums erraten läßt, daß er zu der höheren Art des Wissens über den Christus durch die Auferweckung, durch die Einweihung, die im sogenannten Lazaruswunder dargestellt ist, gekommen sei? – Wenn Sie das Johannes-Evangelium sorgfältig lesen, werden Sie eines bemerken. Sie werden bemerken, daß nirgends im Johannes-Evangelium, aber auch gar nirgends vor jenem Kapitel, das die Auferweckung des Lazarus behandelt, von dem Jünger, «den der Herr lieb hatte» (13, 23), die Rede ist; das heißt, der eigentliche Verfasser des Johannes-Evangeliums will sagen: Dasjenige, was vorher ist, das stammt noch nicht aus dem Wissen, das mir durch die Einweihung geworden ist, da müßt ihr noch zunächst von mir absehen. Nachher erwähnt er erst den Jünger, «den der Herr lieb hatte». Dadurch also zerfällt das Johannes-Evangelium in zwei wichtige Teile: in einen ersten Teil, wo der Jünger, den der Herr lieb hatte, noch nicht erwähnt wird, weil er noch nicht eingeweiht war; und erst nach der Auferweckung des Lazarus, da wird dieser Jünger erwähnt. Nirgends in der Urkunde selbst werden Sie einen Widerspruch finden mit dem, was in den letzten Vorträgen angeführt worden ist. Natürlich liest ein das Evangelium nur äußerlich betrachtender Mensch leicht darüber hinweg, beachtet es nicht; und man muß heute, wo alles popularisiert wird, wo allerlei Weisheit zu den Menschen dringt, das eigentümliche Schauspiel erleben, daß wirklich oft recht Zweifelhaftes unter dieser Weisheit ist.

Wer würde es nicht als einen Segen betrachten, daß durch solche billige Literatur, wie es die «Reclamsche Universal-Bibliothek» ist, allerlei Wissen unter das Volk getragen wird. Nun ist unter den letzten Heften auch eines erschienen über «Die Entstehung der Bibel». Der Verfasser nennt sich auf dem Titel einen Doktor der Theologie, er ist also Theologe. Er meint, daß auf den Verfasser des Johannes-Evangeliums eigentlich durch alle Kapitel des Johannes-Evangeliums hindurch, von dem 35. Vers an im ersten Kapitel auf den Johannes hingewiesen würde. Als mir dieses Büchlein zur Hand kam, traute ich wirklich meinen Augen nicht und sagte mir: Da muß doch eigentlich etwas ganz Sonderbares vorliegen, was gegen alle bisherigen okkulten Ansichten – daß der Lieblingsschüler nicht vor der Auferweckung des Lazarus erwähnt werde – verstößt. Aber ein Theologe sollte es doch wissen! Nun, um nicht gar zu schnell abzuurteilen, nehmen Sie das Johannes-Evangelium in die Hand und sehen Sie, was da steht: «Des andern Tages stund abermal Johannes und zween seiner Jünger» (1, 35). Johannes wird erwähnt, der Täufer, und von zweien seiner Jünger wird gesprochen. Das Günstigste, das für diesen Theologen angenommen werden kann, ist, daß sein Bewußtsein erfüllt ist von einer alten exoterischen Tradition, die da besagt: unter den zweien Jüngern sei der eine der Johannes. Diese Tradition stützt sich auf Matthäus 4, 21. Aber man darf das Johannes-Evangelium nicht durch die anderen Evangelien erklären. Ein Theologe hat es also zustande gebracht, ein direkt schädliches Buch hineinzubringen in die populäre Literatur; und wenn man weiß, wie das weiter frißt, was gerade auf diese Weise durch eine solche billige Literatur unter das Volk kommt, dann kann man den Schaden abmessen, der daraus entspringt. Das sollte nur eine Zwischenbemerkung sein, damit eine gewisse Schutzwand aufgerichtet wird gegen allerlei Einwände, die etwas anführen könnten gegen das, was hier gesagt wird.

Nun wollen wir einmal ins Auge fassen, daß das, was der Auferweckung des Lazarus vorangeht, zwar die Mitteilung ganz gewaltiger Dinge ist, daß sich aber der Verfasser erst für die Kapitel nach der Auferweckung des Lazarus die allertiefsten Dinge aufbewahrt hat. Dennoch wollte er überall darauf hinweisen, daß der Inhalt seines Evangeliums etwas ist, worüber nur derjenige Bescheid weiß, der bis zu einem gewissen Grade eingeweiht ist. Daher deutet er an verschiedenen Stellen darauf hin, daß man in den Dingen, die in den ersten Kapiteln mitgeteilt sind, es zu tun habe mit einer Art von Einweihung bis zu einem gewissen Grade. Es gibt eben Einweihungen verschiedener Grade. Man unterschied zum Beispiel in einer gewissen Form morgenländischer Einweihung sieben Grade der Einweihung, und diese sieben Grade der Einweihung benannte man mit allerlei symbolischen Namen. Der erste Grad war der Grad des «Raben», der zweite der des «Okkulten», der dritte der des «Streiters», der vierte der des «Löwen». Der fünfte Grad wird nun bei den verschiedenen Völkern, die noch eine Art von Blutzusammengehörigkeit fühlten als den Ausdruck ihrer Gruppenseele, bezeichnet mit dem Namen des Volkes; also bei den Persern zum Beispiel wird ein im fünften Grade Eingeweihter erst im okkulten Sinne ein «Perser» genannt. Wenn wir uns klarmachen, was diese Namen bedeuten, wird uns die Berechtigung dieser Benennungen bald erscheinen.

Ein im ersten Grade Eingeweihter ist derjenige, der die Vermittelung zwischen dem okkulten und dem äußeren Leben bildet, der hin und her gesandt wird. Auf der ersten Stufe hat sich der Mensch noch mit voller Hingebung dem äußeren Leben zu widmen, aber das, was er erkundet, hat er hineinzutragen in die Einweihungsstätten. Von «Raben» spricht man also da, wo Worte von außen nach innen irgend etwas zu vermitteln haben. Erinnern Sie sich an die Raben des Elias oder an die Raben des Wotan, selbst noch an die Raben in der Barbarossa-Sage, wo sie erkunden sollen, ob es schon Zeit ist, herauszukommen. Der im zweiten Grade Eingeweihte stand schon voll im okkulten Leben. Einer, der im dritten Grade war, durfte für das Okkulte eintreten; der Grad des «Streiters» bedeutet nicht einen Menschen, der da streitet, sondern einen, der für die okkulten Lehren eintreten darf, für das, was das okkulte Leben zu geben vermag. Derjenige, der ein «Löwe» ist, ist ein solcher, der das okkulte Leben in sich verwirklicht; so daß er nicht bloß mit Worten für das Okkulte eintreten darf, sondern auch mit Taten, das heißt mit einer Art magischer Taten. Der sechste Grad ist der Grad des «Sonnenhelden», und der siebente Grad ist der Grad des «Vaters». Für uns kommt der fünfte Grad in Betracht.

Der Mensch stand ja besonders in alten Zeiten innerhalb seiner Gemeinschaft und fühlte sich deshalb auch, wenn er sein Ich fühlte, mehr als Mitglied einer Gruppenseele. Wer aber Eingeweihter des fünften Grades war, hatte ein gewisses Opfer dargebracht, seine Persönlichkeit so weit abgestreift, daß er in seine Persönlichkeit das Wesen des Volkes aufnahm. Wie der andere Mensch seine Seele in der Volksseele fühlte, so hatte er die Volksseele in sich aufgenommen, weil alles, was Persönlichkeit war, für ihn nicht in Betracht kam, sondern nur der allgemeine Volksgeist. Deshalb bezeichnete man einen solchen Eingeweihten mit dem Namen des betreffenden Volkes. – Nun wissen wir, daß uns im Johannes-Evangelium gesagt wird, daß unter den ersten Jüngern des Christus Jesus auch Nathanael ist. Er wird dem Christus vorgeführt. Er ist nicht so hoch eingeweiht, daß er den Christus zu durchschauen vermöchte. Der Christus ist natürlich der Geist des umfassenden Wissens, der von einem Nathanael, einem im fünften Grade Eingeweihten, nicht durchschaut werden kann. Aber der Christus durchschaut den Nathanael. Das zeigt sich durch zwei Tatsachen. Wie bezeichnet er selbst ihn?

«Das ist ein rechter Israeliter!» (1, 47)

Da haben Sie die Bezeichnung nach dem Namen des Volkes. Wie man bei den Persern einen im fünften Grade Eingeweihten einen

«Perser» nannte, so nannte man einen solchen bei den Israeliten einen «Israeliter». Daher nennt Christus den Nathanael einen «Israeliter». Und dann sagt er ihm:

> «Ehe denn dich Philippus rief, da du unter dem Feigenbaum warest, sah ich dich!» (1, 48)

Das ist eine symbolische Bezeichnung für einen Eingeweihten, geradeso wie das Sitzen Buddhas unter dem Bodhi-Baum. Der Feigenbaum ist ein Symbol der ägyptisch-chaldäischen Einweihung. Er will ihm damit sagen: Oh, ich weiß wohl, daß du ein in gewissem Sinne Eingeweihter bist und gewisse Dinge durchschauen kannst, denn ich sah dich. Und nun erkennt ihn Nathanael:

> «Nathanael antwortet und spricht zu ihm: ‹Meister, du bist Gottes Sohn und ein König in Israel.›» (1, 49)

Das Wort «König» bedeutet in dieser Zusammensetzung: Du bist ein Höherer als ich, denn sonst könntest du nicht sagen: «Da du unter dem Feigenbaum saßest, sah ich dich.» Und der Christus antwortet darauf:

> «Du glaubest mir, weil ich dir gesagt habe, daß ich dich gesehen habe unter dem Feigenbaum; du wirst noch Größeres denn das sehen.» (1, 50)

Die Worte «wahrlich, wahrlich» werden wir noch zu besprechen haben. Dann sagt er:

> «Ich sage euch, ihr werdet die Engel des Himmels auf den Menschensohn auf- und niedersteigen sehen!» (1, 51)

Größeres, als sie schon gesehen haben, werden die noch sehen, die Christus zu erkennen vermögen. Was ist das wieder für ein bedeutsames Wort?

Um es zu erklären, erinnern wir uns daran, was der Mensch zunächst eigentlich ist. Wir haben gesagt, daß der Mensch ein verschiedener ist bei Tag und bei Nacht. Bei Tag sind die vier Glieder des Menschen: physischer Leib, Ätherleib, astralischer Leib und Ich, in einer festen Verbindung miteinander. Sie wirken aufeinander. Wir dürfen sagen, wenn der Mensch wacht bei Tage, dann wird in einer gewissen Weise seine physische Körperlichkeit und seine ätherische Leiblichkeit von seinem Astralisch-Geistigen und von seinem Ich-Geistigen durchdrungen und versorgt. Aber wir haben auch gezeigt, wie in dem Ätherisch-Leiblichen und in dem Physisch-Körperlichen noch etwas anderes wirksam sein muß, damit der Mensch überhaupt bestehen kann in seiner heutigen Entwickelungsphase. Denn wir haben uns darauf besonnen, daß der Mensch jede Nacht dasjenige, was selbst seinen physischen Leib und seinen Ätherleib versorgt, nämlich Astralleib und Ich, herauszieht und so seinen physischen Leib und Ätherleib die ganze Nacht über ihrem eigenen Schicksale überläßt. Treulos verlassen Sie alle jede Nacht Ihren physischen Leib und Ihren Ätherleib. Daraus werden Sie erkennen, daß die Geisteswissenschaft mit einem gewissen Recht darauf hinweist, daß göttlich-geistige Mächte und Kräfte in der Nacht diesen physischen Leib, diesen Ätherleib durchströmen, so daß also Ihr physischer Leib und Ätherleib sozusagen in die göttlich-geistigen Kräfte und Wesenheiten eingeschaltet sind. Wir haben auch darauf hingewiesen, daß gerade, wenn der astralische Leib und das Ich in alten Zeiten – in den Zeiten, die wir die Jahve- oder Jehovazeit nannten – außerhalb des physischen Leibes und Ätherleibes waren, daß da Jehova inspirierend wirkte. Das wahre Licht aber, die Fülle der Gottheit oder der Elohim, das Pleroma, ist es, was auch den physischen Leib und den Ätherleib immer durchstrahlt; nur kann es der Mensch nicht erkennen, weil er ja von dem Christus-Prinzip noch nicht den dazu notwendigen Impuls erhalten hat vor dem Erscheinen dieses Prinzipes auf der Erde. Diejenigen Prinzipien, die im physischen Leibe zum Ausdruck kommen sollen, sie wohnen im höheren Geistigen, im Devachan. Die geistigen Wesenheiten und Mächte, die auf den physischen Leib wirken, sind zu Hause in den höheren himmlischen Sphären, in dem höheren Devachan; und diejenigen Mächte, die auf den Ätherleib wirken, sind in den niederen himmlischen Sphären zu Hause. So können wir sagen: In diesen physischen Leib hinein wirken fortwährend Wesenheiten aus den höchsten Regionen des Devachan, und auf den Ätherleib wirken fortwährend Wesenheiten aus den niederen Regionen des Devachan. Sie kann der Mensch erst erkennen, wenn er die Impulse des Christus in sich aufnimmt: Lernt ihr den Menschensohn wirklich erkennen, dann werdet ihr erkennen, wie die geistigen Kräfte am Menschen auf- und niedersteigen aus den himmlischen Sphären. Das wird euch kund werden durch den Impuls, den der Christus der Erde gibt!

Auf das, was nun folgt, ist schon gestern hingewiesen worden. Es ist die Hochzeit zu Kana in Galiläa, was man oft auch nennt «das erste der Wunder», besser würde man sagen «das erste der Zeichen», die der Christus Jesus tut (2, 1–11). Um nun zu verstehen das Gewaltige, das darin liegt, müssen wir vieles zusammenfassen von dem, was wir in den letzten Vorträgen gehört haben.

Zunächst ist hier die Rede von einer Hochzeit. Warum aber eine Hochzeit in Galiläa? Wir werden verstehen, warum es eine Hochzeit in Galiläa ist, wenn wir uns die ganze Mission des Christus noch einmal vor die Seele rufen. Seine Mission besteht darin, dem Menschen die volle Kraft des Ich, die innere Selbständigkeit in die Seele zu bringen. Das einzelne Ich sollte sich in völliger Selbständigkeit und Abgeschlossenheit, in völligem Stehen-in-sich-Selber fühlen, und durch die Liebe, die als eine freie Gabe gegeben wird, soll Mensch mit Mensch zusammengeführt werden. Eine Liebe also soll durch das Christus-Prinzip in die Erdenmission hineinkommen, die immer mehr und mehr über das Materielle erhaben ist und immer mehr und mehr in Geistiges aufsteigt. Ausgegangen ist die Liebe von ihrer niedersten Form, die an die Sinnlichkeit gebunden ist. Dasjenige liebte sich in den ursprünglichen Menschheitszeiten, was durch Blutsbande miteinander verbunden war, und man hielt ungemein viel darauf, daß die Liebe diese materielle Basis der Blutsverwandtschaft habe. Der Christus war gekommen, um diese Liebe zu vergeistigen, um auf der einen Seite die Liebe loszureißen von den Banden, in die sie durch die Blutsverwandtschaft hineinverschlungen wird, und auf der anderen Seite die Kraft, den Impuls zu der geistigen Liebe zu geben. Innerhalb der Bekenner des Alten Testamentes sehen wir im vollsten Sinne noch das ausgedrückt, was wir die Zugehörigkeit zur Gruppenseele als die Grundlage des einzelnen Ichs im Gesamt-Ich nennen können. Wir haben gesehen, der Ausspruch: «Ich und der Vater Abraham sind Eins» bedeutet etwas für den Bekenner des Alten Testaments; es bedeutet, sich geborgen zu fühlen in dem Bewußtsein, daß jenes Blut, welches schon geronnen hat in den Adern des Vaters Abraham, herunterrollte bis zu ihm, dem Bekenner. Da fühlte er sich in einem Ganzen geborgen; und nur diejenigen betrachtete man als zusammengehörig, welche aus einer solchen Art menschlicher Fortpflanzung hervorgegangen waren, die durch diese Blutsverwandtschaft aufrechterhalten blieb. Ganz im Anfange der Menschheitsentwickelung auf der Erde wurde überhaupt nur geheiratet in ganz engen Kreisen, in ganz blutsverwandten Familien. Die «Nah-Ehe» war das, woran man im Anfange der Menschheitsentwickelung festgehalten hat. Immer mehr erweiterten sich die engen Blutkreise. Man heiratete hinaus aus dem Stamm, aber noch nicht in ein anderes Volk hinüber. Das Volk des Alten Testamentes hielt ganz fest daran, daß die Volksblutsverwandtschaft aufrechterhalten wurde. Der ist ein «Jude», der dem Blute nach ein Jude ist.

An dieses Prinzip wendet sich der Christus Jesus nicht; er wendet sich an diejenigen, die dieses Prinzip der bloßen Blutsverwandtschaft durchbrechen, und er zeigt das Wichtige, was er zu zeigen hat, daher nicht zuerst innerhalb Judäas, sondern draußen in Galiläa. Galiläa war das Gebiet, wo Völker aus allen möglichen Stämmen und Völkern gemischt waren. Der «Galiläer» bedeutet der «Mischung». Zu den Galiläern geht der Christus Jesus, zu denen, die am meisten gemischt sind. Und aus dem, was solcher durch Mischung bewirkten Fortpflanzung der Menschheit zugrunde liegt, soll das hervorgehen, was eben nicht mehr an die materielle Grundlage der Liebe gebunden ist. Daher wird das, was er zu sagen hat, auf einer Hochzeit gesagt. Warum gerade auf einer Hochzeit? Weil durch die Hochzeit hingedeutet werden kann auf die Fortpflanzung der Menschheit. Und das, was er zeigen will, zeigt er nicht da, wo man nur heiratet in engeren Grenzen, wo man nur heiratet innerhalb der Blutsbande, sondern da, wo man unabhängig von den Blutsbanden heiratet. Deshalb wird das bei einer Hochzeit gesagt, und zwar bei einer Hochzeit in Galiläa. Und wenn wir verstehen wollen, was hier gezeigt wird, dann müssen wir wiederum einen Blick werfen auf die ganze Entwickelung der Menschheit.

Oft ist betont worden, daß es für den Okkultisten etwas Äußeres, bloß Materielles nicht gibt. Alles Materielle ist für ihn der Ausdruck eines Seelisch-Geistigen. Und wie Ihr Antlitz der Ausdruck für ein Seelisch-Geistiges ist, so ist das Licht der Sonne der Ausdruck für ein seelisch-geistiges Licht. Alles, was scheinbar bloß materiell geschieht, ist zu gleicher Zeit der Ausdruck tieferer geistiger Vorgänge. Der Okkultismus leugnet nicht das Materielle, ihm ist nur selbst das gröbste Materielle der Ausdruck eines Seelisch-Geistigen. So entsprechen den geistigen Entwickelungsvorgängen in der Welt immer parallel gehende materielle Tatsachen.

Wenn wir im Geiste zurückblicken auf die Entwickelung der Menschheit, als die Menschheit noch auf dem alten Kontinente zwischen Europa und Amerika war, auf der alten Atlantis, von da aus hinüberlebte in die spätere nachatlantische Zeit, und wie verschiedene Generationen endlich bis zu uns herauf geführt haben, dann können wir den ganzen Sinn dieser Entwickelung der Menschheit von der vierten Rasse zur fünften Rasse – wenn wir ihn vom Rassenstandpunkt aus betrachten – so ins Auge fassen, daß sozusagen aus der noch ganz und gar in die Gruppenseele getauchten Menschheit der Atlantis allmählich sich entwickeln, langsam heranreifen sollte das Einzel-Ich der menschlichen Persönlichkeit in der nachatlantischen Zeit. Was der Christus geistig brachte durch seinen mächtigen geistigen Impuls, das mußte langsam auch durch andere Impulse vorbereitet werden. Was Jahve getan hat, war, daß er in den astralischen Leib das Gruppenseelen-Ich hineingelegt und ihn so vorbereitet hat zur langsamen Reifung, um aufzunehmen das völlig selbständige «Ich-bin». Nicht anders aber konnte dieses Ich-bin von dem Menschen erfaßt werden, als wenn auch sein physischer Leib ein geeignetes Werkzeug wurde, um dieses Ich-bin zu beherbergen. Sie können sich leicht vorstellen, daß der astralische Leib noch so fähig sein könnte, ein Ich aufzunehmen – wenn der physische Leib so ist, daß er kein geeignetes Werkzeug ist, um das «Ich-bin» auch wirklich im Wachbewußtsein zu fassen, dann ist es eben nicht möglich, ein «Ich-bin» aufzunehmen. Es muß auch der physische Leib immer das geeignete Werkzeug sein für das, was sich auf Erden hier ausprägt. Also mußte der physische Leib, als der astralische Leib herangereift war, vorbereitet sein, um ein Werkzeug für das «Ich-bin» zu werden. Und das geschah auch in der menschlichen Entwickelung.

Wir können die Prozesse verfolgen, durch welche der physische Leib vorbereitet wurde, ein Träger des selbstbewußten, des «Ich-bin»-begabten Menschen zu werden. Sogar in der Bibel wird uns das angedeutet: daß derjenige, der Stammvater wird in einer gewissen Beziehung in der nachatlantischen Zeit, daß Noah der erste Weintrinker ist, als erster die Wirkung des Alkohols erlebt. Da kommen wir auf ein Kapitel, das wirklich für manchen schokkierend sein kann. Was in der nachatlantischen Zeit als ein besonderer Kultus hervortritt, ist der Dionysosdienst. Sie wissen alle, wie der Dionysoskult in Zusammenhang gebracht wird mit dem Wein. Dieser merkwürdige Stoff wird der Menschheit allerdings erst in der nachatlantischen Zeit zugeführt, und dieser Stoff wirkt auf die Menschheit. Sie wissen, jeder Stoff wirkt irgendwie auf die Menschen, und der Alkohol hat eine ganz bestimmte Wirkung auf den menschlichen Organismus. Er hatte nämlich eine Mission im Laufe der Menschheitsentwickelung; er hatte – so sonderbar das erscheint – die Aufgabe, sozusagen den menschlichen Leib so zu präparieren, daß dieser abgeschnitten wurde von dem Zusammenhang mit dem Göttlichen, damit das persönliche «Ich-bin» herauskommen konnte. Der Alkohol hat nämlich die Wirkung, daß er den Menschen abschneidet von dem Zusammenhang mit der geistigen Welt, in der der Mensch früher war. Diese Wirkung hat der Alkohol auch noch heute. Der Alkohol ist nicht umsonst in der Menschheit gewesen. Man wird in einer zukünftigen Menschheit im vollsten Sinne des Wortes sagen können, daß der Alkohol die Aufgabe hatte, den Menschen so weit in die Materie herunterzuziehen, damit der Mensch egoistisch wurde, und daß der Alkohol ihn dahin brachte, das Ich für sich zu beanspruchen und es nicht mehr in den Dienst des ganzen Volkes zu stellen. Also den entgegengesetzten Dienst, den die Gruppenseele der Menschheit geleistet hat, hat der Alkohol geleistet. Er hat den Menschen die Fähigkeit genommen, in höheren Welten sich mit einem Ganzen eins zu fühlen. Daher der Dionysoskult, der das Zusammenleben in einer Art äußeren Rausches pflegt. Ein Aufgehen in einem Ganzen, ohne zu schauen dieses Ganze. Die Entwickelung in der nachatlantischen Zeit ist deshalb mit dem Dionysoskult verbunden worden, weil dieser Kult ein Symbolum war für die Funktion und Mission des Alkohols. Jetzt, wo die Menschheit wiederum strebt, den Weg zurückzufinden, wo das Ich so weit entwickelt ist, daß der Mensch wieder den Anschluß finden kann an die göttlich-geistigen Mächte, jetzt ist die Zeit gekommen, wo, anfangs sogar aus dem Unbewußten heraus, eine gewisse Reaktion gegen den Alkohol eintritt. Diese Reaktion tritt aus dem Grunde ein, weil viele Menschen heute schon fühlen, daß so etwas, was einmal eine besondere Bedeutung hatte, nicht ewig berechtigt ist.

Es braucht niemand das, was jetzt gesagt worden ist über die Aufgabe des Alkohols in einer bestimmten Zeit, etwa als für den Alkohol gesprochen aufzufassen; sondern es geschah, um klarzumachen, daß diese Mission des Alkohols erfüllt ist und daß für die verschiedenen Zeiten sich eben Verschiedenes schickt. Aber es tauchte auch in derselben Epoche, wo die Menschheit durch den Alkohol am tiefsten in den Egoismus heruntergezogen worden ist, die stärkste Kraft auf, die dem Menschen den größten Impuls geben kann, um wieder den Zusammenschluß mit dem geistigen Ganzen zu finden. Auf der einen Seite mußte der Mensch bis zur tiefsten Stufe hinuntersteigen, um selbständig zu werden, auf der anderen Seite mußte dagegen die starke Kraft kommen, die wieder den Impuls geben konnte, um den Weg zum Ganzen zurückzufinden.

Dies mußte der Christus andeuten in dem ersten Zeichen für seine Mission. Er mußte erstens andeuten, daß das Ich selbständig werden sollte, und sodann, daß er sich an diejenigen wendet, die sich schon losgelöst haben von den Blutszusammenhängen. Er mußte sich wenden an eine solche Hochzeit, wo die Körper unter dem Einfluß des Alkohols standen; denn bei dieser Hochzeit wird Wein getrunken. Und der Christus Jesus zeigt, wie er es hält mit seiner Mission in bezug auf die verschiedenen Erdperioden. Wie oft wird es ganz sonderbar ausgedrückt, was die Verwandlung des Wassers in Wein hier für eine Bedeutung habe. Auch sogar von Kanzeln kann man es hören, daß damit nichts anderes gemeint sei, als daß das schale Wasser des Alten Testamentes abgelöst werden solle von dem kräftigen Wein des Neuen Testamentes. Es waren vermutlich Weinliebhaber, die diese Art der Auslegung immer wieder geliebt haben. Denn so einfach sind diese Symbole nicht. Es muß festgehalten werden, daß der Christus sagt: Meine Mission ist eine solche, daß sie in eine fernste Zukunft hinweist; und es soll den Menschen als selbständigen Menschen gebracht werden der Zusammenhang mit der Gottheit, die Liebe zur Gottheit als eine freie Gabe des selbständigen Ich. – Diese Liebe soll den Menschen in Freiheit an die Gottheit binden, wie ihn früher ein innerlicher Zwangsimpuls der Gruppenseele dieser Gottheit eingegliedert hatte.

Fassen wir jetzt im Sinne einer Stimmung auf, was so die Menschheit erlebte. Fassen wir vor allem die Gedanken, die man damals hatte. Man sagte: Der Mensch war einst mit der Gruppenseele verbunden und fühlte seinen Zusammenhang mit der Gottheit. Dann hat er sich herunterentwickelt. Das betrachtete man wie ein Verstricktwerden mit dem Materiellen, wie eine Degeneration, wie eine Art Abfall von dem Göttlichen, und man fragte: Woher ist denn das, was der Mensch jetzt hat, ursprünglich gekommen? Wovon ist er abgefallen? Je weiter wir in der Erdenentwickelung zurückgehen, desto mehr finden wir, daß die festen Stoffe immer mehr unter dem Einfluß von wärmeren Zuständen in Flüssiges übergehen. Wir wissen aber, daß damals, als die Erde noch ein flüssiger Planet war, der Mensch auch schon vorhanden war. Aber damals war der Mensch auch noch weniger von der Gottheit losgelöst als später. In demselben Maße, als sich die Erde verfestigte, vermaterialisierte sich auch der Mensch. Der Mensch war, als die Erde flüssig war, schon im Wasser enthalten; aber er konnte nur herumgehen auf einer Erde, die auch schon Festes abgesetzt hatte. Daher fühlte man das Sichverfestigen des Menschen so, daß man sagte: Aus der Erde, die noch Wasser war, wird der Mensch herausgeboren, aber da ist er noch ganz mit der Gottheit verbunden. Alles, was ihn in die Materie hineingebracht hat, hat ihn verunreinigt. Diejenigen, die sich dieses alten Zusammenhanges mit dem Göttlichen erinnern sollten, wurden mit der Wassertaufe getauft. Diese sollte das Symbolum dafür sein: Werdet euch bewußt eures alten Zusammenhanges mit der Gottheit, und daß ihr verunreinigt seid, heruntergekommen seid zu dem heutigen Zustand! – So taufte auch der Täufer, um auf diese Weise den Menschen den Zusammenhang mit der Gottheit nahezubringen. Und so war alle Taufe in den alten Zeiten gemeint. Es ist ein radikaler Ausdruck, aber ein Ausdruck, der uns das, was gemeint ist, zum Bewußtsein bringt.

Der Christus Jesus sollte mit etwas anderem taufen. Er sollte die Menschen nicht auf die Vergangenheit weisen, sondern durch die Entwickelung der Geistigkeit in ihrem Innern auf die Zukunft.

Durch den «heiligen», durch den ungetrübten Geist sollte des Menschen Geistiges zusammenhängend werden mit der Gottheit. Die Wassertaufe war eine Erinnerungstaufe. Die Taufe aber mit dem «heiligen Geist» ist eine prophetische Taufe, die hinweist in die Zukunft. Jener Zusammenhang, der ganz verlorengegangen ist, an den erinnern sollte die Wassertaufe, ist mit verlorengegangen auch in dem, was ausgedrückt wurde im Symbolum des Weines, des Opferweines. Dionysos ist der zerstückelte Gott, der in die einzelnen Seelen eingezogen ist, so daß die einzelnen Teile nichts mehr voneinander wußten. In viele Stücke zersplittert, in die Materie geworfen ist der Mensch durch das, was durch den Alkohol – das Symbol für Dionysos – der Menschheit gebracht worden ist. Aber in der Hochzeit von Kana ist ein großes Prinzip festgehalten. Das ist das pädagogische Evolutionsprinzip. Es gibt zwar absolute Wahrheiten, aber sie können der Menschheit nicht ohne weiteres zu jeder Zeit überliefert werden. Jede Zeit muß ihre besonderen Verrichtungen, ihre besonderen Wahrheiten haben.

Warum dürfen wir heute über Reinkarnation und so weiter sprechen? Warum dürfen wir in einer solchen Versammlung zusammensitzen und Geisteswissenschaft pflegen? Wir dürfen das, weil alle die Seelen, die heute in Ihnen sind, in so und so vielen Körpern so und so oft auf der Erde inkarniert waren. Gar manche von den Seelen, die heute in Ihnen sind, haben einstmals gelebt innerhalb der germanischen Länder, wo die Druidenpriester unter sie getreten sind und das, was geistige Weisheit ist, in Form von Mythen und Sagen an die Seele herangebracht haben. Und weil die Seele das dazumal in jener Form aufgenommen hat, ist sie heute in der Lage, das in einer anderen Form, in anthroposophischer Form aufzunehmen. Damals im Bilde, heute in der Form der Anthroposophie. Aber nicht hätte damals die Wahrheit in der heutigen Form vorgetragen werden können. Sie dürfen nicht glauben, daß der alte Druidenpriester die Wahrheit hätte in dieser Form verkünden können, wie es heute geschieht. Aber Anthroposophie ist diejenige Form, die für die heutigen oder unmittelbar kommenden Menschen taugt. In späteren Inkarnationen wird in ganz anderen Formen die Wahrheit verkündet und für sie gewirkt werden, und das, was man heute Anthroposophie nennt, wird als eine Erinnerung erzählt werden, wie man heute die Sagen und Märchen erzählt. So unsinnig darf der Anthroposoph nicht sein, zu sagen: Es hat in alten Zeiten nur Dummheiten und kindliche Anschauungen gegeben, und «nur wir haben es heute so herrlich weit gebracht». – Das tun zum Beispiel diejenigen, die vorgeben, Monisten zu sein. Wir aber arbeiten in der Geisteswissenschaft, um die nächste Epoche vorzubereiten. Denn würde unsere Epoche nicht da sein, so würde die nächste eben auch nicht kommen. Aber auch keiner darf die Gegenwart mit der Zukunft entschuldigen. Auch mit der Reinkarnationslehre wird da viel Unfug getrieben. Es sind mir Menschen vorgekommen, die gesagt haben, sie brauchten in ihrer heutigen Inkarnation noch keine anständigen Menschen zu sein, dafür hätten sie noch später Zeit. Wenn man aber heute damit nicht beginnt, dann wird die Folge davon gerade in der nächsten Inkarnation eintreten.

So müssen wir uns klar sein, daß es etwas Absolutes in den Formen der Wahrheit nicht gibt, sondern daß jedesmal das erkannt wird, was einer gewissen Epoche der Menschheit entspricht. Es mußte sozusagen der höchste Impuls heruntersteigen bis zu den Lebensgewohnheiten der damaligen Zeit. Denn er mußte das, was höchste Wahrheit ist, in die Worte und die Verrichtungen kleiden, welche dem Verständnis der betreffenden Epoche angemessen waren. So mußte der Christus durch eine Art Dionysos- oder Weinopfer sagen, wie die Menschheit sich zur Gottheit erheben solle. Man darf nicht zelotisch sagen: Warum verwandelt Christus das Wasser in Wein? Es muß die Zeit berücksichtigt werden. Durch eine Art Dionysosopfer mußte Christus vorbereiten das, was kommen sollte. Christus geht zu den Galiläern, die zusammengewürfelt sind aus allerlei Nationen, die nicht durch Blutsbande verknüpft sind, und tut da das erste Zeichen seiner Mission; und er schickt sich so weit in ihre Lebensgewohnheiten, daß er ihnen das Wasser in Wein verwandelt.

Halten wir fest, was der Christus da eigentlich sagen will: Ich will auch diejenigen Menschen zu einem geistigen Zusammenhange führen, die herabgestiegen sind bis zu der Stufe von Materialität, welche durch das Weintrinken symbolisiert wird. Und er will nicht nur für solche da sein, die durch das Symbol der Wassertaufe sich erheben können. Es ist sehr bedeutsam, daß wir geradezu darauf hingewiesen werden, daß hier sechs Reinigungskrüge stehen (2, 6). Auf die Zahl kommen wir noch einmal zurück. «Reinigung» ist das, was durch die Taufe bewirkt wird. Man sprach in den Zeiten, aus denen das Evangelium herstammt, wenn man die Tatsache des Taufens ausdrückte, vom «Taufen» als von einer Reinigung. Man sprach aber niemals eigentlich das Wort «Taufe» aus, sondern sagte «taufen»; und das, was bewirkt wurde durch die Taufe, nannte man die «Reinigung». Niemals werden Sie in dem Johannes-Evangelium das entsprechende Wort, also *βαπτίζειν* anders als in Form des Zeitwortes finden. Wenn es aber als Hauptwort gebraucht wird, wird immer die Reinigung, die Wirkung ausgedrückt, damit sich der Mensch an seinen Reinigungszustand erinnern soll, an seinen Zusammenhang mit der Gottheit. Also selbst in den symbolischen Krügen für das Reinigungsopfer nimmt der Christus Jesus das Zeichen vor, durch das er – der Zeitepoche entsprechend – auf seine Mission hinweist.

So wird uns gerade etwas von der tiefsten Mission des Christus in der Hochzeit zu Kana in Galiläa ausgedrückt. Und da mußte er sagen: Es wird meine Zeit kommen in der Zukunft; jetzt aber ist sie noch nicht da. Was ich hier zu wirken habe, hängt zum Teil noch mit dem zusammen, was überwunden werden muß durch meine Mission. – Er steht in der Gegenwart und weist zugleich in die Zukunft hinein und zeigt dadurch, wie er nicht im absoluten, sondern im kulturpädagogischen Sinne für die Zeit wirkt. Die Mutter ist es daher, die ihn auffordert und sagt: «Sie haben nicht Wein.»

Er aber sagt: Das, was ich jetzt zu vollbringen habe, hängt noch mit den alten Zeiten zusammen, mit «mir und dir»; denn meine eigentliche Zeit, wo der Wein zurückverwandelt wird in Wasser, ist noch nicht gekommen. Wie hätte es auch überhaupt einen Sinn, zu sagen: «Weib, was habe ich mit dir zu schaffen?», wenn er dann doch das befolgt, was die Mutter gesagt hat?! Es hat nur dann einen Sinn, wenn wir darauf hingewiesen werden sollen, daß durch die Blutsverwandtschaft der gegenwärtige Zustand der Menschheit herbeigeführt worden ist, und daß ein Zeichen gegeben wird im Sinne der alten Gebräuche, die noch des Einschlages des Alkohols bedürfen, um hinzudeuten auf die Zeit, da aus den Blutsbanden das selbständige Ich sich herausgestaltet, daß man also vorläufig mit dem Alten, das im Wein symbolisiert wird, noch rechnen muß, daß aber eine spätere Zeit kommen wird, die «seine Zeit» sein wird.

Und Kapitel für Kapitel wird uns jetzt im Johannes-Evangelium ein Zweifaches gezeigt: erstens, daß das, was mitgeteilt wird, für diejenigen mitgeteilt wird, die in einer gewissen Weise okkulte Wahrheiten zu begreifen vermögen. Heute wird ja exoterisch Geisteswissenschaft vorgetragen, damals aber konnten geisteswissenschaftliche Wahrheiten nur diejenigen verstehen, die in einer gewissen Weise bis zu diesem oder jenem Grade wirklich eingeweiht waren. Wer konnte etwas von dem verstehen, was an tieferen Tatsachen der Christus Jesus zu sagen hatte? Derjenige nur konnte es verstehen, welcher vermochte, außerhalb des Leibes wahrzunehmen, wer heraustreten aus dem Leibe und in der geistigen Welt bewußt werden konnte. Wollte der Christus Jesus zu Menschen reden, die ihn verstehen konnten, so mußten es solche sein, die eingeweiht waren in einer gewissen Weise, die schon in einer gewissen Weise geistig sehen konnten. Wenn er zum Beispiel spricht von der Wiedergeburt der Seele in dem Kapitel über das Gespräch mit Nikodemus; da wird uns gezeigt, daß er diese Wahrheit einem solchen verkündet, der mit geistigen Sinnen sieht. Sie brauchen nur zu lesen:

> «Es war aber ein Mensch unter den Pharisäern, mit Namen Nikodemus, ein Oberster unter den Juden; der kam zu Jesu bei der Nacht ...» (3, 1–2)

Gewöhnen wir uns nur daran, die Worte auf die Goldwaage zu legen! Es wird uns angedeutet, daß Nikodemus zu Jesu «bei der Nacht» kommt, das heißt, daß er außerhalb des physischen Leibes dasjenige aufnimmt, was ihm da der Christus Jesus mitzuteilen hat. «Bei der Nacht», das heißt, indem er sich seiner geistigen Sinne bedient, kommt er zu dem Christus Jesus. So wie Nathanael und der Christus Jesus sich als Eingeweihte verständigen durch die Rede vom Feigenbaum, so wird auch hier eine Verständigungsfähigkeit angedeutet.

Und das andere, was uns gezeigt wird, ist, daß der Christus immer eine Mission erfüllen will, die absieht von den bloßen Blutsbanden. Es wird uns das ganz deutlich gezeigt dadurch, daß er hingeht zu der Samariterin am Brunnen. Er gibt ihr die Unterweisung, die er denen geben will, deren Ich herausgehoben ist aus der Blutsgemeinschaft.

> «Da kam er in eine Stadt Samarias, die heißet Sichar, nahe bei dem Feld, das Jakob seinem Sohne Joseph gab. Es war aber daselbst Jakobs Brunnen. Da nun Jesus müde war von der Reise, setzte er sich also auf den Brunnen; und es war um die sechste Stunde. Da kommt ein Weib aus Samaria, Wasser zu schöpfen. Jesus spricht zu ihr: Gib mir zu trinken. Denn seine Jünger waren in die Stadt gegangen, daß sie Speise kauften. Spricht nun das samaritische Weib zu ihm: Wie bittest du von mir zu trinken, so du ein Jude bist und ich ein samaritisch Weib? (Denn die Juden hatten keine Gemeinschaft mit den Samaritern.)» (4, 5–9)

Darauf wird hingewiesen, daß es etwas Besonderes ist, daß der Christus zu einem Volke geht, dessen Iche aus der Gruppenseele herausgehoben, entwurzelt sind. Das ist das Wichtige, worauf es ankommt.

Aus der Erzählung von dem Königischen ergibt sich weiter: Nicht nur das, was sich durch die Blutsbande zusammenschließt in Volksheiraten, sondern auch das, was nach Blutsbanden sich in Stände sondert, durchbricht der Christus. Zu denen kommt er, deren Ich sozusagen entwurzelt ist: Er heilt den Sohn des Königischen, der ihm eigentlich nach Auffassung der Juden fremd ist. Überall werden Sie darauf hingewiesen, daß Christus der Missionar ist von dem selbständigen Ich, das sich in jeder Menschenindividualität findet. Daher darf er auch sagen: Ich spreche, wenn ich von mir spreche, in höherem Sinne gar nicht von meinem in mir darin sitzenden Ich, sondern wenn ich von dem «Ich-bin» spreche, so spreche ich von einer Wesenheit,von etwas, was jeder in sich findet. Mein Ich ist eins mit dem Vater; aber das Ich überhaupt, das in jeder Persönlichkeit ist, ist eins mit dem Vater. – Das ist auch der tiefere Sinn der Unterweisung, die der Christus der Samariterin am Brunnen gibt.

Ich möchte Sie vor allem an ein Wort erinnern, das Ihnen ein tiefes Verständnis eröffnen kann, wenn Sie es richtig verstehen: die Stelle des 31. bis 34. Verses im 3. Kapitel, die natürlich so gelesen werden muß, daß man sich bewußt ist, Johannes der Täufer sagt diese Worte:

> «Der von oben herkommt, ist über alle. Wer von der Erde ist, der ist von der Erde und redet von der Erde. Der vom Himmel kommt, der ist über alle und zeuget, was er gesehen und gehöret hat; und sein Zeugnis nimmt niemand an. Wer es aber annimmt, der besiegelt es, daß Gott wahrhaftig sei. Denn welchen Gott gesandt hat, der redet Gottesworte; denn Gott gibt den Geist nicht nach dem Maß.»

Ich möchte einmal den Menschen kennenlernen, der diese Worte nach dieser Übersetzung wirklich versteht. Was ist das für ein Gegensatz: «Der von Gott kommt, redet Gottesworte, denn Gott gibt den Geist nicht nach dem Maß!» Was ist der Sinn dieser Sätze?

Durch unzählige Reden will Christus sagen: Wenn ich von dem Ich spreche, so spreche ich von dem ewigen Ich im Menschen, das eins ist mit dem geistigen Urgrund der Welt. Wenn ich von diesem Ich spreche, spreche ich von etwas, was im Allerinnersten der Menschenseele wohnt. Hört mich jemand an – und jetzt redet er nur vom niederen Ich, das von dem Ewigen nichts fühlt –, der nimmt mein Zeugnis nicht an, der versteht mich gar nicht. Denn ich kann nicht von etwas sprechen, das von mir zu ihm hinüberfließt. Dann wäre er nicht selbständig. Jeder muß den Gott, den ich verkünde, in sich selbst als seinen ewigen Grund finden. – Nur ein paar Verse zurück finden Sie die Stelle:

> «Johannes aber taufte auch noch zu Enon, nahe bei Saum, denn es war viel Wassers daselbst; und sie kamen dahin und ließen sich taufen. Denn Johannes war noch nicht ins Gefängnis gelegt. Da erhub sich eine Frage unter den Jüngern des Johannes mit den Juden über die Reinigung» (3, 23–25),

das heißt über die Form der Taufe. Wenn man eine solche Frage in diesem Kreise erhob, sprach man immer vom Zusammenhange mit dem Göttlichen und von dem Untertauchen des Menschen in die Materie, und wie man nach der alten Gottesidee mit dem Göttlichen durch die Gruppenseele verbunden war. Da kamen die anderen und sagten zu Johannes: Der Jesus tauft aber auch! Und da muß ihnen Johannes erst klarmachen, daß das, was durch den Jesus in die Welt kommt, etwas ganz Besonderes ist. Und er macht es ihnen klar dadurch, daß er sagt: Der Jesus lehrt nicht jenen Zusammenhang, der durch die alte Taufe symbolisiert wird, sondern er lehrt, wie der Mensch durch die freie Gabe des selbständig gewordenen Ichs selbst geführt wird; und jeder muß in sich selbst das «Ich-bin», den Gott, entdecken, nur dadurch kommt er in die Lage, das Göttliche in sich zu finden. – Wenn diese Worte so gelesen werden, dann wird der Zuhörer gewahr, daß Er selbst, daß das «Ich-bin» von Gott gesandt ist. Ein solcher, der von Gott gesandt ist, der entsendet wird zum

Entzünden des «Gottes» in dieser Art, der verkündet auch den Gott in dem wahren Sinne, nicht mehr nach der Blutsverwandtschaft.

Und jetzt übersetzen wir uns diese Stelle, wie sie wirklich heißt. Wir bekommen die Materialien dazu, wenn wir uns klar sind, wie die Lehren der Alten waren. Die waren in vielen Büchern kunstvoll aufgeschrieben. Wir brauchen uns nur an die Psalmen zu erinnern, wo in schön gefügten Reden im Alten Testamente das Göttliche verkündet worden ist. Da redet man nur von den alten Blutzusammenhängen als dem Zusammenhange mit einem Gotte. Man konnte alles das lernen, aber man lernte durch alles das nie mehr, als daß man mit dieser alten Gottheit zusammenhängt. Wollte man aber den Christus verstehen, so brauchte man all die alten Gesetze, alle die alten Künstlichkeiten nicht. Was der Christus lehrte, konnte man in dem Maße ergreifen, als man in sich das geistige Ich erfaßte. Dann konnte man zwar noch kein volles Wissen von der Gottheit haben, aber man konnte das verstehen, was man von den Lippen des Christus Jesus hörte. Dann hatte man die Vorbedingung zum Verständnis. Man brauchte dann alle Psalmen nicht, alle kunstvoll gefügten Lehren nicht, sondern man brauchte nur das Einfachste, und das waren lallende Ausdrücke. Man braucht nur zu lallen in seinen Worten, und man wird von dem Gotte zeugen. Das konnte man selbst in den einfachsten lallenden Worten, es brauchten nur einzelne Worte zu sein, die gar kein «Maß» haben. Wer nur lallte, wer fühlte in seinem Ich, daß er von Gott gesandt ist, der konnte das verstehen, was der Christus sprach. Wer nur den irdischen Zusammenhang mit Gott weiß, der redet im Versmaß der Psalmen, aber all sein Metrum führt ihn zu nichts anderem als zu den alten Göttern. Derjenige aber, der sich in den geistigen Welten gegründet fühlt, der ist über alle, und er kann Zeugnis geben von dem, was er gesehen und gehört hat in den geistigen Welten. Aber sein Zeugnis nehmen diejenigen, die nur in der gewohnten Weise ein Zeugnis annehmen, nicht an. Wenn es solche gibt, die es annehmen, dann zeigen sie eben durch ihre Annahme, daß sie als gottgesandt sich fühlen. Sie glauben nicht nur, sie verstehen, was ihnen der andere sagt, und sie besiegeln durch ihr Verstehen selbst ihre Worte. «Wer das Ich fühlt, offenbart selbst im Lallen Gottes Worte.» Das bedeutet es. Denn der Geist, der hier gemeint ist, braucht sich durch kein Metrum, durch kein Silbenmaß auszusprechen; sondern in der einfachsten lallenden Weise kann er sich ausdrücken. Es werden leicht solche Worte als Freibrief genommen für ein Recht auf Unweisheit. Wer aber die Weisheit ablehnt, weil sich nach seiner Meinung die höchsten Geheimnisse in der schlichtesten Form aussprechen lassen müssen, der tut dies – allerdings oft unbewußt nur aus einem gewissen Hang zur seelischen Bequemlichkeit. Wenn gesagt wird: «Gott gibt den Geist nicht nach dem Maß», so ist eben nur gemeint, daß das Maß nicht zum Geist verhilft; wo aber der Geist wirklich ist, da entsteht auch das Maß. Nicht ein jeder, der das Maß hat, hat den Geist; wer aber den Geist hat, kommt gewiß zum Maß. Man darf natürlich gewisse Dinge nicht umkehren: Es ist nicht schon ein Zeichen für das Geist haben, wenn man *kein* Maß hat, obschon auch umgekehrt das Maßhaben nicht ein Zeichen für den Geist ist. Wissenschaft ist sicherlich kein Zeichen für Weisheit, aber Unwissenheit sicherlich auch nicht.

So wird uns also gezeigt, daß der Christus an das selbständig gewordene Ich in jeder Menschenseele appelliert. «Maß» müssen Sie hier ähnlich nehmen wie «Silbenmaß», wie kunstvoll aufgebaute Sprache. – Und der vorhergehende Satz heißt wörtlich: «Der, der Gott im ‹Ich-bin› erfaßt, bezeugt selbst im Lallen göttliche oder Gottes Sprache und findet den Weg zum Gotte.»

SECHSTER VORTRAG

HAMBURG, 25. MAI 1908

Es ist in diesen Vorträgen bereits darauf hingewiesen worden, daß wir in dem Gespräch des Christus Jesus mit Nikodemus die Unterredung zu sehen haben des Christus mit einer Persönlichkeit, die imstande ist, dasjenige wahrzunehmen, was man außerhalb des physischen Leibes durch bis zu einem gewissen Grade entwickelte höhere Erkenntnisorgane wahrnimmt. Klar und deutlich für den, der solche Dinge versteht, ist dies angedeutet im Evangelium dadurch, daß uns gesagt wird: Nikodemus kam zu dem Christus Jesus «bei der Nacht», das heißt in einem Bewußtseinszustand, innerhalb welchem sich der Mensch nicht seiner äußeren Sinnesorgane bedient. Wir wollen uns nicht auf triviale Erklärungen einlassen, die über dieses «bei der Nacht» von diesen oder jenen Leuten abgegeben worden sind. Nun wissen Sie, daß in diesem Gespräch die Rede davon ist, daß es eine Wiedergeburt des Menschen gibt – «aus Wasser und Geist». Es sind sehr wichtige Worte, die der Christus zu Nikodemus von der Wiedergeburt spricht im 3. Kapitel, Vers 4 und 5:

> «Nikodemus spricht zu ihm: Wie kann ein Mensch wiedergeboren werden, wenn er alt ist? Kann er auch wiederum in seiner Mutter Leib gehen und geboren werden? Jesus antwortete: Wahrlich, wahrlich, ich sage dir: Es sei denn, daß jemand geboren werde aus Wasser und Geist, so kann er nicht in das Reich Gottes kommen!»

Daß diese Worte mit der Goldwaage zu wiegen sind, haben wir bereits gesagt, und es muß durchaus festgehalten werden, daß auf der einen Seite gilt: Die Worte einer solchen religiösen Urkunde müssen im buchstäblichen Sinne genommen werden; aber auf der anderen Seite gilt auch das: Wir müssen diesen buchstäblichen Sinn erst finden, erst kennen. Es wird oftmals der Satz zitiert: «Der Buchstabe tötet, der Geist aber macht lebendig» (2. Kor. 3, 6). Diejenigen

Menschen, die diesen Satz zitieren, wenden ihn oftmals in einer sonderbaren Weise an. Sie betrachten diesen Satz als einen Freibrief, ihre eigene Phantasie, die sie den «Geist der Sache» nennen, aus diesen Worten herauszulesen, und sagen dann zu jemandem, der sich Mühe gibt, erst den Buchstaben zu kennen, ehe man zum Geist kommt: Ach, was geht uns der Buchstabe an; der Buchstabe tötet, der Geist aber macht lebendig! – Wer so redet, steht ungefähr auf der selben Höhe wie ein Mensch, der da sagen würde: Der Geist ist das eigentlich Lebendige, der Körper ist ein Totes; also zerschlagen wir den Körper, dann wird der Geist lebendig werden! – Wer so redet, weiß nicht, daß der Geist sich stufenweise bildet, daß der Mensch die Organe seines physischen Leibes benutzen muß, um das, was er in der physischen Welt erfährt, aufzunehmen und es dann in den Geist hinaufzutragen. Erst müssen wir also den Buchstaben kennen; dann können wir auch den Buchstaben töten, wie der Menschenleib vom Menschengeiste abfällt, wenn der menschliche Geist alles aus dem Leibe herausgeholt hat.

Es liegt gerade in diesem Kapitel des Johannes-Evangeliums etwas außerordentlich Tiefes. Wir können in den Sinn dieses Kapitels nur eindringen, wenn wir die Evolution des Menschen noch weiter zurückverfolgen, als wir das schon zu denjenigen Zwecken getan haben, die bisher bei der Betrachtung des Johannes-Evangeliums die unsrigen waren. Wir müssen heute den Menschen in noch viel frühere Zeiträume der Erdenentwickelung zurückverfolgen.

Damit Sie aber von Anfang an nicht gar zu sehr schockiert werden über das, was in bezug auf diese frühen Menschheitszustände zu sagen ist, möchte ich Sie noch einmal erst in die alte atlantische Zeit zurückführen.

Wir haben ja schon darauf aufmerksam gemacht, daß unsere Menschenvorfahren vor jener großen Umwälzung auf unserer Erde, die in den Sintflutsagen erhalten ist, drüben im Westen lebten auf einem Ländergebiete, das heute nicht mehr existiert, sondern den Boden des Atlantischen Ozeans bildet. Dieser Kontinent, den wir die alte Atlantis nennen, beherbergte unsere Vorfahren. Wenn wir die letzten Zeiten dieser atlantischen Menschheitsperiode durchforschen, finden wir allerdings in diesen sehr weit zurückliegenden Zeiten, daß der Mensch wenigstens nicht gar zu unähnlich war seiner heutigen Gestalt. Aber wenn wir in die ersten Zeiten dieser Atlantis zurückgehen, würden wir schon eine ganz und gar von der heutigen verschiedene Menschengestalt finden. Nun können wir noch weiter zurückgehen.

Vor der atlantischen Zeit hat der Mensch in einem Lande gelebt, das man nach heutigem Sprachgebrauche Lemurien nennt. Es ist ebenfalls durch mächtige Umwälzungen unserer Erde zugrunde gegangen. Es lag ungefähr an derjenigen Stelle, die heute zwischen dem südlichen Asien, Afrika und Australien liegt. Wenn wir die Menschengestalten prüfen, die in Lemurien gelebt haben, soweit sie sich dem hellseherischen Blicke darbieten, so sind sie sehr verschieden von den heutigen Menschen, und es ist nicht notwendig, daß ich Ihnen diese lemurischen Menschengestalten und diejenigen der ersten atlantischen Zeit genau beschreibe. Selbst wenn Sie sich manches schon gefallen lassen an Schilderungen in der Geisteswissenschaft, so würde Ihnen doch die grundverschiedene Gestalt dieser alten lemurischen Menschen von den heutigen wirklich recht unwahrscheinlich vorkommen. Aber in einer gewissen Beziehung müssen wir sie doch, wenn wir verstehen wollen, was mit dem Menschen im Laufe der Erdenentwickelung sich zugetragen hat, wenn auch recht äußerlich, beschreiben.

Nehmen Sie einmal an – was ja in Wirklichkeit nicht möglich ist, aber wir wollen es einmal zum Verständnis annehmen –, Sie könnten mit Ihren heutigen Sinnen, die Sie damals natürlich nicht gehabt haben, in die letzte lemurische und in die erste atlantische Zeit der Menschheit hineinsehen und die Erdoberfläche an ihren verschiedenen Teilen betrachten. Wenn Sie erwarten würden, daß für solche sinnliche Wahrnehmung der Mensch auf der Erde zu finden wäre, dann würden Sie sich täuschen. Der Mensch war damals noch nicht in einer solchen Form vorhanden, daß Sie ihn mit heutigen Sinnen hätten sehen können. Es würde sich Ihnen zwar der Anblick darbieten, daß gewisse Gebiete unserer Erdoberfläche schon annähernd so wie Inseln herausragen aus der im übrigen noch flüssigen, entweder vom Meerwasser umgebenen oder in Dampf gehüllten Erde. Aber diejenigen Gebiete, die als Inselgebiete herausragen, waren doch noch nicht solche feste Länder wie unsere heutigen Festländer, sondern weiche Erdmassen, zwischen denen Feuergewalten spielten, so daß solche Inselgebiete fortdauernd durch die damaligen vulkanischen Gewalten heraufgetrieben werden und wiederum untergehen. Kurz, es ist noch ein im Feuer tätiges Element in der Erde, lebendig flutet noch alles, wandelt sich. Sie würden finden, daß auf gewissen Gebieten, die schon da sind, die bis zu einem solchen Grade schon abgekühlt sind, Vorläufer unserer heutigen Tierwelt leben. Von denen könnten Sie da oder dort schon etwas wahrnehmen: groteske Gestalten würden Sie finden, Vorläufer unserer Reptilien und Amphibien. Aber vom Menschen würden Sie nichts sehen können, weil der Mensch in der damaligen Zeit einen so dichten, festen physischen Leib gar nicht hatte. Sie müßten den Menschen ganz woanders suchen, sozusagen in den Wassermassen und Dampfmassen, wie wenn Sie heute etwa ins Meer hinausschwimmen und von gewissen niederen Tieren kaum etwas sehen als eine weiche, schleimige Masse. So würden Sie eingebettet finden in den Wasserdampfgebieten den damaligen menschlichen physischen Leib. Je weiter Sie zurückkommen, desto dünner, ähnlicher seiner dampfförmigen, wässerigen Umgebung ist der Mensch dieser Epoche. Erst während der atlantischen Zeit verdichtet er sich immer mehr; und wenn man den ganzen Werdegang mit Augen verfolgen könnte, so könnte man sehen, wie dieser Mensch sich aus dem Wasser heraus verdichtet und immer mehr auf den Erdboden herunterkommt. So daß es in der Tat richtig ist, daß der physische Mensch verhältnismäßig spät den Boden unserer Erdoberfläche betrat. Er stieg aus dem Wasser-Luftraum herab, kristallisierte sich aus dem Wasser-Luftraum nach und nach heraus. So haben wir uns ein skizzenhaftes Bild dafür verschafft, daß es einen Menschen geben kann, der sich sozusagen noch gar nicht von seiner Umgebung unterscheidet, der aus demselben Elemente besteht, in dem er lebt. Wenn wir ganz weit zurückgehen in der Erdenentwickelung, finden wir, daß dieser Menschenleib immer dünner und dünner wird.

Gehen wir nun zurück bis an den Anfang unseres heutigen Erdenplaneten. Wir wissen, daß unser Erdenplanet hervorgegangen ist aus dem alten Monde. Wir haben den alten Mond den «Kosmos der Weisheit» genannt. Dieser alte Mond hatte auf einer gewissen Stufe seiner Entwickelung das nicht, was wir heute Erde, feste Erde nennen; denn wir müssen uns durchaus klar sein, daß auf der der Erde vorangehenden Verkörperung des Planeten auch die physischen Verhältnisse ganz andere waren. Wenn wir zurückgehen bis zum alten Saturnzustande, dürfen wir nicht die Vorstellung haben, daß es da so ausgesehen hätte wie heute auf unserer Erde, daß da Felsen gewesen wären, auf die Sie hätten treten können, Bäume, auf die Sie hätten klettern können. Das alles war gar nicht vorhanden. Wenn Sie aus dem Weltenraum von weit her sich dem alten Saturn genähert hätten im mittleren Zustande seiner Entwickelung, dann hätten Sie nicht etwa irgendeinen besonderen Weltenkörper schweben sehen, sondern Sie hätten etwas Sonderbares gespürt, nämlich, daß Sie in eine Region hineingekommen wären, wo Sie so etwas gefühlt hätten, wie wenn Sie in einen Backofen hineingekrochen wären. Die einzige Wirklichkeit des Saturn war die, daß er einen anderen Wärmezustand hatte als seine Umgebung. Durch etwas anderes hätte man ihn nicht wahrnehmen können.

Der Okkultismus unterscheidet nicht so, wie die gegenwärtige triviale Physik, drei Zustände der Materie, sondern er unterscheidet noch mehr solcher Zustände. Der Physiker sagt: Gegenwärtig gibt es feste, flüssige und gasförmige Körper. Aber der Saturn war noch nicht einmal gasförmig. Der gasförmige Zustand ist viel dichter als der festeste Zustand des Saturn. Wir unterscheiden im Okkultismus noch den Wärmezustand, der nicht ein bloßer Bewegungszustand der Materie ist, sondern ein vierter substantieller Zustand. Nur aus Wärme bestand dieser Saturn; und wenn wir vom Saturn zur Sonne aufrücken, erleben wir zugleich eine Verdichtung dieses alten feurigen Planeten. Die Sonne ist die erste Verkörperung unseres Planeten, die gasig ist. Die Sonne erst ist ein gasförmiger oder luftförmiger Körper. Der Mond verdichtet sich dann weiter. Er ist ein flüssiger Körper, der später, als ihn die Sonne verläßt, erst einen dichteren Zustand annimmt; aber der eigentliche mittlere Zustand, wo er noch mit der Sonne vereinigt ist, ist der flüssige Zustand. Das aber, was wir die heutige mineralische Erde nennen, was Mineralien, Felsmassen sind, was Ackerkrume ist, das ist auf dem alten Mond noch nicht vorhanden gewesen. Das kommt erst auf unserer Erde, kristallisiert sich da heraus.

Als die Erde mit ihrer Entwickelung anfängt, muß sie noch einmal all die früheren verschiedenen Zustände wiederholen. Stets wiederholt jeder Körper und ein jedes Wesen im Kosmos auf einer neuen Entwickelungsstufe die früheren Zustände, so daß unsere Erde rasch durchläuft den Saturnzustand, den Sonnenzustand und den Mondenzustand. Als sie den Mondenzustand durchläuft, besteht sie aus Wasser mit Wasserdampf gemischt, nicht heutiges Wasser, aber wasserförmige, das heißt flüssige Substantialität; zum flüssigen Zustand bringt sie es als zum dichtesten. Diese wässerige Kugel, die im Weltenraume schwebte, ist nicht Wasser wie heute, aber Wasser mit Wasserdampf gemischt, also Gasiges und Flüssiges durcheinander, und da ist der Mensch schon darinnen. Weil noch keine festen Substanzen sich abgesetzt haben, kann der Mensch in dieser wässerigen Kugel darinnen sein. Vom heutigen Menschen ist darin sein Ich und sein astralischer Leib. Aber dieses Ich und dieser astralische Leib fühlen sich noch nicht als abgesonderte Wesenheit, sondern wie eingebettet im Schoß göttlich-geistiger Wesenheiten; sie fühlen sich noch nicht herausgelöst aus einer Wesenheit, deren Leib die wässerige, dampfförmige Erde ist.

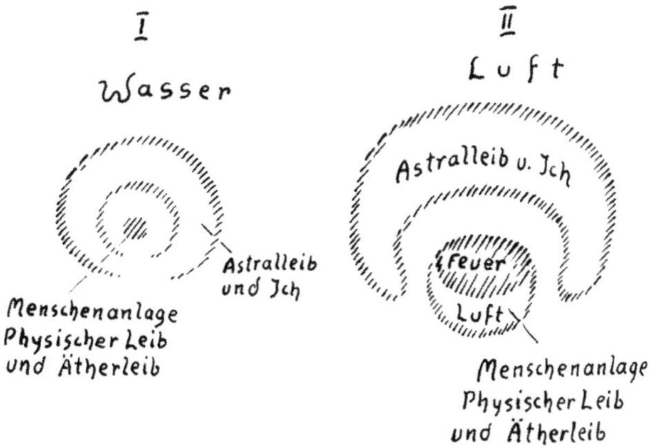

Hyperboräische und lemurische Zeit

Nun bilden sich in diesen astralischen Leibern, die mit dem Ich ausgestattet sind, Einschlüsse, ganz dünne, feine Menschenanlagen. Das ist auf der ersten Figur gezeichnet. Was da oben ist, soll darstellen die für die äußere Betrachtung unsichtbaren astralischen Leiber und Iche, die so eingebettet sind in die wässerige Erdenkugel; und diese holen aus sich heraus die erste Anlage zum physischen Menschenleib, der mit dem Ätherleib in ganz, ganz dünnem Zustand da ist. Das gliedert sich da heraus. Wenn Sie das hellseherisch verfolgen würden, so würden Sie die erste Anlage des physischen und Ätherleibes sehen wie umgeben von astralischem Leib und Ich, wie das an der ersten Figur gezeichnet ist. Dasjenige, was heute, wenn Sie schlafen, von Ihnen im Bette liegen bleibt, Ihr physischer Leib und Ätherleib, das bildet sich in seinen ersten Anlagen in diesem Erdenzustand als erster Menschenkeim, der noch ganz umhüllt ist von Astralleib und Ich. Die wässerige Dampfmasse verdichtet sich da. Der Astralleib mit dem Ich geben Veranlassung, daß sich da überall die erste Menschenanlage eingliedert in dieser ursprünglichen Wassererde. Den Gang der Tiere und Pflanzen können wir dabei nicht weiter verfolgen.

Das nächste, was sich nun bildet, ist, daß sich das Wasser verdichtet und daß in einer gewissen Beziehung sich zeigen Luft und Wasser, so daß also nicht mehr Dampf und Wasser durcheinandergemischt sind, sondern Wasser und Luft sich voneinander scheiden. Die Folge davon ist, daß der Menschenleib – physischer und ätherischer Leib – wiederum etwas dichter wird, daß er, weil ja jetzt die Luft sich abgeschieden hat vom Wasser, selbst luftartig ist und in sich aufnimmt das Feuerelement, so daß dasjenige, was früher wasserartig war, jetzt luftförmig wird. Die physisch-ätherische Menschenanlage besteht jetzt aus Luft, die von Feuer durchströmt wird; astralischer Leib und Ich umgeben sie, und das alles bewegt sich in dem, was noch vom Wasser übrig geblieben ist, abwechselnd in Wasser und Luft hin und her (siehe Zeichnung II).

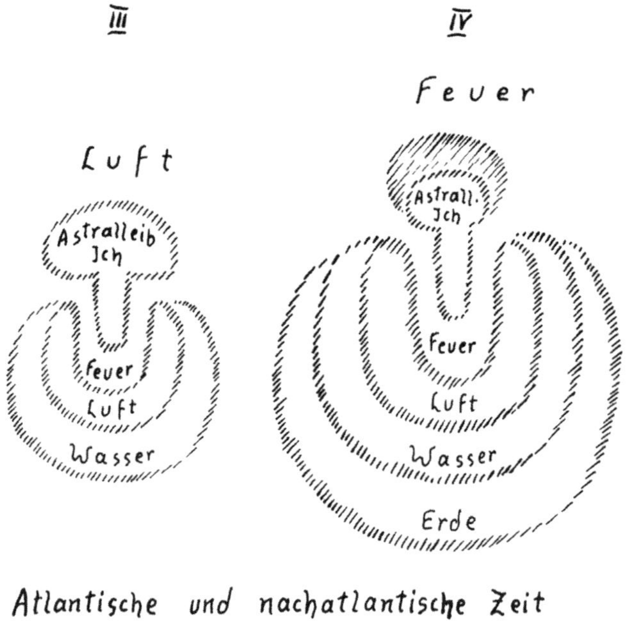

Atlantische und nachatlantische Zeit

Also wir haben den Menschen so vor uns, daß das, was heute beim schlafenden Menschen im Bette liegt, in einer solchen Anlage vorhanden ist, die selbst bis zur Luftdichte geraten und von Feuer durchglüht ist. Zu jedem solchen Feuermenschen gehört ein Astralleib und Ich. Die sind aber durchaus eingebettet in den Schoß der Gottheit, das heißt, sie fühlen sich auch noch nicht als ein besonderes Ich.

Sie müssen über solche Sachen tief nachdenken. Denn es unterscheiden sich diese Zustände so sehr von dem heutigen Erdenzustand, daß sie den Menschen schockieren und wie unbegreiflich erscheinen. – Nun werden Sie fragen: Was ist denn das Feuer, das da hineingezeichnet ist in die Luft? Dieses Feuer, das der Mensch damals schon hatte, lebt heute noch in Ihnen. Das ist das Feuer, das Ihr Blut durchpulst, ist die Blutwärme. Und auch die Reste der alten Luft leben noch in Ihrem Organismus. Wenn Sie einatmen und ausatmen, dann haben Sie in Ihrem sonst festen Leibe Luft, die aus- und einströmt. Denken Sie sich, Sie atmen ganz tief ein; dann wird diese Luft aufgenommen in Ihr Blut; dadurch ist das warme Luft. Jetzt denken Sie sich diese Luft durch den ganzen Körper dringend, überall dringt sie hinein. Denken Sie sich jetzt aber alles Feste und Flüssige fort, und denken Sie sich nur die Gestalt, die da bleibt: ein Mensch, der eben eingeatmet hat, das heißt den Sauerstoff bis in die äußersten Körperteile getrieben hat. Es bleibt Ihnen dann übrig eine Gestalt, die dem Menschen sehr ähnlich ist, die aber aus Luft besteht. Die Luft, die den Menschen durchströmt, nimmt ganz die Formen des Leibes an. Eine Art Schattenleib bleibt Ihnen übrig, bestehend aus Luft, mit Wärme durchzogen. Damals hatten Sie nicht diese Gestalt, aber ein solcher Mensch waren Sie: physischer und Ätherleib waren eingehüllt von dem mit dem Ich ausgestatteten Astralleibe. Dieser Zustand dauerte bis hinein in die atlantische Zeit. Derjenige, der sich der Illusion hingibt, daß in den ersten Zeiten der Atlantis die Menschen schon so wie heute umhergewandelt seien, der irrt sich. Die Menschen sind erst heruntergestiegen aus den Luftregionen in die dichtere materielle Region. Dazumal waren höchstens Tiere auf der Erde, die nicht warten konnten mit der Verkörperung im Physischen und die daher stehen geblieben sind, da die Erde noch nicht reif war, das Material für die Menschen herzugeben. Daher sind die Tiere auf niederen Formen stehen geblieben, weil sie nicht warten konnten mit dem Heruntersteigen.

Das nächste war, daß der Mensch seinem physischen Leibe nach sich gliederte in Luft und Wärme und flüssige Bestandteile, das heißt aber im okkulten Sinne: er wurde ein Wassermensch. Sie könnten nun sagen: Der Mensch war doch früher auch schon ein Wassermensch. Da würden Sie aber nicht ganz richtig sprechen. Früher war die Erde eine Wasserkugel, und darin waren – nur geistig – Astralleib und Ich; die schwammen im Wasser als geistige Wesenheiten; sie waren nicht abgesonderte Wesenheiten. Jetzt sind wir erst auf dem Punkt, wo Sie den physischen Menschenleib finden würden in dem Wasser enthalten, sozusagen quallenförmig darin. Sie könnten in diesem Urmeer schwimmen und würden darin finden aus dem Wasser heraus verdichtete Gestalten, durch die Sie hindurchschauen könnten. So waren sie zuerst, diese Menschen: sie haben erst einen Wasserleib, und indem sie den Wasserleib haben, ist noch immer ihr astralischer Leib und ihr Ich sehr eingebettet in die göttlich-geistigen Wesenheiten.

Dazumal, als der Mensch diesen Wasserleib hatte, war die Verteilung seiner Bewußtseinszustände eine ganz andere, als sie später geworden ist. So wie heute war die Verteilung von bewußtloser Nacht und bewußtem Tage nicht, sondern dazumal, als der Mensch noch eingebettet war in die göttlich-geistigen Wesenheiten, hatte er in der Nacht ein dämmerhaftes, astralisches Bewußtsein. Wenn er bei Tag untertauchte in seinen flüssigen physischen Leib, da wurde es für ihn Nacht; und wenn er wieder heraus war aus seinem physischen Leibe, da ging ihm das blendende astralische Licht auf. Wenn er untertauchte des Morgens in den physischen Leib, da wurde es dämmerig und trübe, da fing eine Art von Bewußtlosigkeit an. Immer mehr aber bildeten sich in seinem physischen Leibe die heutigen physischen Organe aus. Damit lernte der Mensch nach und nach sehen. Das Tagesbewußtsein wurde immer heller, und dadurch schnürte er sich ab von dem göttlichen Schoße. Und erst gegen die Mitte der atlantischen Zeit ist der Mensch so weit verdichtet, daß er Fleisch und Bein wird, nachdem sich zuerst die Knorpel verdichtet haben, die Knochen nach und nach herauskommen. Und damit wird außen die Erde auch immer fester, und der Mensch steigt herunter auf den Erdboden. Damit verschwindet immer mehr das Bewußtsein, das er gehabt hatte in den göttlich-geistigen Welten; er wird immer mehr ein Beobachter der äußeren Welt und bereitet sich vor, ein eigentlicher Erdenbürger zu werden. Im letzten Drittel der atlantischen Zeit wird dann die Menschengestalt immer ähnlicher der heutigen.

So steigt der Mensch buchstäblich, wörtlich aus Sphären herunter, die wir bezeichnen müssen als Wasser- und Wasserdampfsphären, Wasser- und Luftsphären usw. Solange er in den Wasser-Luft-Sphären war, war sein Bewußtsein eine astralisch-helle Wahrnehmungsfähigkeit, weil er, so oft er heraus war aus dem physischen Leibe, oben bei den Göttern war, aber durch das Dichtwerden des physischen Körpers schnürte er sich sozusagen von der göttlichen Substanz ab. Wie etwas, was eine Schale bekommt, so schnürte sich der Mensch langsam heraus aus dem früheren Zusammenhange, als er aufhörte, wasser- und luftförmig zu sein. Solange er wässerig und luftförmig war, war er oben bei den Göttern. Er hat zwar nicht sein Ich entwickeln können, aber hatte sich noch nicht losgelöst von dem göttlichen Bewußtsein. Indem er herunterstieg in das Physische, verdunkelte sich sein astralisches Bewußtsein immer mehr.

Wenn wir den Sinn dieser Entwickelung charakterisieren wollen, können wir sagen: Ehemals, als der Mensch noch bei den Göttern war, war der physische Leib und Ätherleib wässerig und luftförmig, und nach und nach hat er sich erst mit der Verdichtung der Erde verdichtet zu seiner heutigen Materialität. Das ist der Abstieg. Ebenso wie der Mensch heruntergestiegen ist, wird er auch wieder hinaufsteigen. Nachdem er das hier erfahren hat, was er in der festen Materie erfahren kann, wird er wieder hinaufsteigen in die Regionen, wo sein physischer Leib wässerig und luftförmig ist. Dieses Bewußtsein muß der Mensch in sich tragen, daß, wenn er sich wiederum verbinden will in seinem Bewußtsein mit den Göttern, sein wahres Sein in den Regionen sein wird, aus denen er entstammt. Herausverdichtet ist der Mensch aus Wasser und Luft; hineinverdünnen wird er sich wiederum. Geistig nur kann er sich diesen Zustand heute vorausnehmen, indem er sich innerlich das Bewußtsein von dem verschafft, was er später körperlich sein wird. Aber nur dadurch empfangen die Menschen die Kraft dazu, daß sie das bewußt heute aufnehmen. Wenn der Mensch sich dieses Bewußtsein erwirbt, wird er sein Erdenziel, seine Erdenmission erreichen. Was heißt denn das? Das heißt, der Mensch ist einstmals nicht geboren worden aus Fleisch und Erde, sondern aus Luft und Wasser. Und er muß später im Geiste wirklich wiedergeboren werden aus Luft und Wasser. – Der Sprachgebrauch der Zeiten, als die Evangelien entstanden sind, den wir auch studieren müssen, ist so, daß man «Wasser» auch Wasser genannt hat; aber «Pneuma», was heute als «Geist» gebraucht wird, war «Luft»; das Wort hatte dazumal durchaus eine solche Bedeutung. Man muß das Wort «Pneuma» übersetzen mit «Luft» oder mit «Dampf»; sonst ruft man ein Mißverständnis hervor. Man muß daher diesen Satz des Nikodemusgespräches so sagen:

> «Amen, Amen, ich sage dir: Es sei denn, daß jemand geboren werde aus Wasser und Luft, sonst kann er nicht in die Reiche der Himmel kommen.» (3, 5)

So weist der Christus auf den Zukunftszustand hin, in den der Mensch sich hineinentwickeln soll, und so haben wir in dieser Unterredung ein tiefes Geheimnis unserer Entwickelung vor uns.

Wir müssen nur die Worte richtig verstehen und sie anwenden durch das, was uns die Anthroposophie geben kann. In der trivialen Sprache ist noch etwas davon übriggeblieben, indem man leichtflüchtige Substanzen «Geister» nennt. Aber ursprünglich heißt das Wort «Pneuma»: Luft. – Sie sehen also, daß es sich recht sehr darum handelt, daß man die Worte in ganz genauem, exaktem Sinne auffaßt und auf die Goldwaage legt. Dann aber geht gerade aus dem buchstäblichen Sinne die wunderbarste geistige Bedeutung hervor.

Nun versuchen wir noch eine kleine Weile unseren geistigen Blick auf eine andere Tatsache der Evolution zu richten.

Blicken wir noch einmal weit zurück bis dahin, wo der menschliche Astralleib mit dem Ich eingesenkt waren in den Schoß des allgemein Göttlich-Astralischen. Die Herausentwickelung geschah ja so – wenn Sie diesen Gang der Entwickelung verfolgen –, daß wir sie uns schematisch beschreiben können. Da war ursprünglich Ihr ganzes Astralisches eingebettet in das allgemeine Astralische, und durch die Vorgänge, die wir eben geschildert haben, bildeten sich das Physische und Ätherische wie Schalen herum. Dadurch wurden die einzelnen Menschen als abgesonderte Partien aus dem allgemein Astralischen herausgeschnürt, wie wenn Sie eine flüssige Substanz vor sich haben, und Sie schöpfen Teile heraus. Parallel ging mit dieser Bildung des physischen Leibes die Abschnürung des einzelnen menschlichen Bewußtseins vom göttlichen Bewußtsein. So daß wir, je weiter wir vorwärtsschreiten, sagen können: Wir sehen, wie – in die Schale des physischen Leibes eingeschlossen – die einzelnen individuellen Menschen sich herausbilden als Partien, die sich absondern aus der allgemeinen Astralität. Freilich muß der Mensch dieses Selbständigwerden dadurch bezahlen, daß sein astralisches Bewußtsein verdunkelt wird; dafür schaut er aus der Schale seines physischen Leibes hinaus und sieht den physischen Plan. Aber das alte hellseherische Bewußtsein geht ihm nach und nach verloren.

So sehen wir das entstehen, was des Menschen Inneres ist, selbständiges individuelles Menscheninneres, was Ich-Träger ist. Wenn

Sie heute den schlafenden Menschen betrachten, haben Sie in dem physischen Leibe und Ätherleibe, die im Bette zurückbleiben, dasjenige, was aus diesen Schalen, die sich da gebildet hatten im Laufe der Zeit, durch die Verdichtung entstanden ist. Was sich früher abgesondert hat aus dem allgemein Astralischen, kehrt jede Nacht zurück, um sich zu stärken in der allgemeinen göttlichen Substanz. Es geht natürlich nicht so weit darin auf, als es dazumal darin aufgegangen war, sonst wäre es ja hellseherisch. Es bewahrt sich seine Selbständigkeit. Diese selbständige Individualität ist also etwas, was im Laufe der Erdentwickelung entstanden ist.

Wem verdankt denn dieses selbständige, individuelle Menscheninnere, welches außerhalb des physischen Leibes und Ätherleibes Stärkung sucht, sein Dasein? Es verdankt sein Dasein dem physischen Leibe und dem Ätherleibe des Menschen, der sich nach und nach im Laufe der Erdenentwickelung gebildet hat. Er hat das herausgeboren, was bei Tag untertaucht in die physischen Sinne und hinaussieht in die physische Welt, was aber bei Nacht in einen bewußtseinslosen Zustand untersinkt, weil es sich herausgelöst hat aus dem Zustande, in dem es früher war. Der okkulte Sprachgebrauch nennt das, was heute im Bette liegt, den eigentlichen Erdenmenschen. Das war der «Mensch». Und das, in dem das Ich drinnen steckt Tag und Nacht, was aber herausgeboren ist aus dem physischen und Ätherleib, nannte man das «Menschenkind» oder den «Menschensohn». Menschensohn ist Ich und astralischer Leib, wie sie herausgeboren sind im Laufe der Erdenevolution aus dem physischen und Ätherleibe. Dafür ist der technische Ausdruck «Menschensohn».

Wozu ist der Christus Jesus auf die Erde gekommen? Was sollte durch seinen Impuls der Erde mitgeteilt werden?

Dieser «Menschensohn», der sich losgeschnürt hat aus dem Schoße der Gottheit, der sich losgelöst hat aus dem Zusammenhange, worin er früher war, aber dafür sich das physische Bewußtsein erobert hat, er soll durch die Kraft des Christus, der auf der

Erde erschienen ist, wiederum zum Bewußtsein der Geistigkeit kommen. Er soll nicht nur sehen mit physischen Sinnen in der physischen Umgebung, sondern es soll ihm aufleuchten durch die Kraft seiner eigenen inneren Wesenheit, die ihm jetzt unbewußt ist, das Bewußtsein des göttlichen Daseins. Durch die Kraft des Christus, der auf die Erde gekommen ist, soll der Menschensohn wiederum zum Göttlichen erhöht werden. Vorher konnten nur einzelne Auserlesene auf die Art der alten Mysterien-Einweihung hineinschauen in die göttlich-geistige Welt. Für solche hatte man in alten Zeiten einen technischen Ausdruck. Die hineinschauen durften in die göttlich-geistige Welt und Zeugen werden konnten für sie, nannte man die «Schlangen». «Schlangen» sind diejenigen Menschen in alten Zeiten, die auf diese Weise in den Mysterien eingeweiht wurden. Diese «Schlangen» waren die Vorläufer der Tat des Christus Jesus. Moses zeigte seine Sendung dadurch, daß er vor seinem Volke das Symbolum aufrichtete der Erhöhung derjenigen, die hineinschauen konnten in die geistigen Welten: die Schlange erhöhte er (4. Mose 21, 8–9). Was diese Einzelnen waren, das sollte durch die Kraft des Christus auf der Erde ein jeglicher Menschensohn werden. Das drückt der Christus aus im weiteren Verfolg des Nikodemusgespräches, indem er sagt:

> «Wie einstmals durch Moses die Schlange ist erhöht worden, so soll der Menschensohn erhöht werden!» (3, 14)

Durchaus bedient sich der Christus Jesus der technischen Ausdrücke der damaligen Zeit. Man muß nur den Buchstabensinn seiner Worte erst erforschen; dann versteht man den wirklichen Sinn, der sich auch deckt mit der anthroposophischen Lehre. Daher konnte in alten Zeiten auch nur eine Vorherverkündigung jener «Ich-bin»-Lehre Platz greifen. Nur auf die äußere Autorität der Eingeweihten hin konnten die Völker etwas hören von der Kraft des Ich-bin, die in jedem Menschensohn angefacht werden sollte. Aber auch darüber werden wir genügend unterrichtet.

Wir haben gesehen, was das «Ich-bin» in dem Johannes-Evangelium bedeutet. Ist auch dieses «Ich-bin» dem Menschen nach und nach beigebracht worden? Ist es nach und nach angekündigt worden? Wird wirklich im Alten Testamente prophetisch hingewiesen und vorbereitet auf das, was durch das Herabkommen des verkörperten Ich-bin dem Menschen als Impuls gebracht wird?

Erinnern wir uns, daß alles, was im Laufe der Zeit geschieht, langsam und allmählich vorbereitet wird. Was durch den Christus Jesus gebracht wird, mußte – wie im Mutterschoße das Kind – langsam heranreifen in den alten Mysterien, in den Bekennern des Alten Testamentes. Und das, was da vorbereitet wurde in den Bekennern des Alten Testamentes, im alten jüdischen Volk, das reifte wiederum heran bei den alten Ägyptern. Und die Ägypter hatten tiefe Eingeweihte, die da wußten, was da kommen sollte auf Erden. Wir werden hören, wie bei den Ägyptern, die die dritte Unterrasse der nachatlantischen Rasse waren, sich nach und nach der volle Impuls des Ich-bin ausbildete, wie sie gleichsam den Mutterschoß, das äußere Gefüge zu dem Ich-bin hergaben, aber nicht so weit kamen, daß aus ihnen heraus das Christus-Prinzip geboren werden konnte; wie dann endlich aus ihnen sich loslöste das alte hebräische Volk. Es wird uns dargestellt, wie Moses innerhalb der Ägypter ausersehen wird, der Vorherverkünder des Gottes zu sein, der das verkörperte «Ich-bin» ist. Er sollte es denen, die etwas davon verstehen konnten, vorher verkünden. Er sollte verkünden, daß der Spruch «Ich und der Vater Abraham sind eins» ersetzt wird durch den anderen: «Ich und der Vater sind eins!», das heißt: Ich und der geistige Urgrund der Welt sind unmittelbar eins. In ihrer Mehrzahl sah die Bekennerschaft des Alten Testamentes auf die Gruppenseele des Volkes hin, und der einzelne fühlte sich wie in einem Göttlichen geborgen in dieser Gruppenseele. Aber vorherverkündet wurde durch Moses, als einen im alten Sinne Eingeweihten, daß der Christus kommen werde, mit anderen Worten, daß es ein Gottesprinzip gibt, das höher ist als das durch die Generationen hinunterrinnende Blutsprinzip. Zwar wirkt der Gott im Blute seit Abraham, aber das ist nur die äußere Offenbarung des geistigen Vaters, dieser Blutsvater.

«Moses sprach zu Gott: Wer bin ich, daß ich zu Pharao gehe, und führe die Kinder Israels aus Ägypten? Er sprach: Ich will mit dir sein. Und das soll das Zeichen sein, daß ich dich gesandt habe: Wenn du mein Volk aus Ägypten geführt hast, werdet ihr Gott opfern auf diesem Berge. Moses sprach zu Gott: Siehe, wenn ich zu den Kindern Israels komme und spreche zu ihnen: Der Gott eurer Väter hat mich zu euch gesandt! und sie mir sagen: Wie heißt sein Name? Was soll ich ihnen sagen?» (2. Mose 3, 11–13)

Er soll prophetisch einen höheren Gott verkünden, der in dem Gott des Vaters Abraham drinnen steckt, aber gleichsam wie ein höheres Prinzip. Wie heißt sein Name?

«Gott sprach zu Moses: Ich bin der ‹Ich-bin›!» (2. Mose 3, 14)

Da ist vorausverkündet die tiefe Wahrheit des Wortes, die später verkörpert in dem Christus Jesus erscheint.

«Und sprach: Also sollst du zu den Kindern Israels sagen: Der ‹Ich-bin› hat es mich gelehrt.» (2. Mose 3, 14)

So steht es wörtlich da. Das heißt mit anderen Worten: Der «Name», derjenige Name, der zugrunde liegt dem Blutsnamen, ist das «Ich-bin»; und der erscheint verkörpert in dem Christus des Johannes-Evangeliums.

«Und Gott sprach weiter zu Moses: Also sollst du zu den Kindern Israels sagen: Der Herr, eurer Väter Gott, der Gott Abrahams, der Gott Isaaks, der Gott Jakobs hat mich zu euch gesandt.» (2. Mose 3, 15)

Also, was ihr bisher nur äußerlich gesehen habt, was durch das Blut rann, das ist in seinem tieferen Sinne der «Ich-bin». So kündigt sich an, was durch den Christus Jesus eintritt in die Welt. Wir hören den Namen des Logos, wir hören ihn rufen damals zu Moses: «Ich bin der ‹Ich-bin›!» Da ruft der Logos seinen Namen, da ruft er dasjenige, was man durch den Verstand, durch den Intellekt zunächst von ihm begreifen kann. Was da gerufen wird, das erscheint im Fleische als der verkörperte Logos in dem Christus Jesus.

Nun schauen wir uns das äußere Zeichen an, durch das auf die Israeliten herunterrinnt der Logos, soweit sie ihn rein begrifflich, in Gedanken erfassen können. Dieses äußere Zeichen ist das «Manna» der Wüste. Manna ist in Wahrheit – diejenigen, welche die Geheimwissenschaft kennen, wissen das – dasselbe Wort wie Manas, das Geistselbst. So strömt in diejenige Menschheit, die nach und nach sich errungen hat das Ich-Bewußtsein, der erste Anflug von dem Geistselbst ein. Das aber, was im Manas selbst lebt und kommt, darf sich noch anders benennen. Es ist nicht bloß das, was man wissen kann, sondern eine Kraft, die man selbst aufnehmen kann. Als der Logos bloß seinen Namen ruft, da muß man ihn verstehen, ihn fassen mit der Vernunft. Als der Logos Fleisch wird und innerhalb der Menschheit erscheint, da ist er ein Kraftimpuls, der unter die Menschen gebracht wird, der nicht nur als Lehre und Begriff lebt, sondern der in der Welt als ein Kraftimpuls enthalten ist, an dem der Mensch teilnehmen kann. Da nennt er sich aber nicht mehr «Manna», sondern das «Brot des Lebens» (6, 48), das ist der technische Ausdruck für Buddhi oder Lebensgeist.

Das durch den Geist verwandelte Wasser, das der Samariterin im Symbolum gereicht wird, und das Brot des Lebens sind die erste Verkündigung des Einfließens der Buddhi oder des Lebensgeistes in den Menschen. An diese Auseinandersetzung werden wir morgen anknüpfen.

SIEBENTER VORTRAG

HAMBURG, 26. MAI 1908

Es spitzt sich in dem Johannes-Evangelium alles zuletzt darauf zu, daß innerhalb der Menschheitsgeschichte dasjenige geschieht, was wir nennen das «Mysterium von Golgatha». Dieses Mysterium von Golgatha in esoterischer Weise verstehen, heißt zu gleicher Zeit den tiefen Sinn des Johannes-Evangeliums enträtseln. Wenn man ins Auge faßt, was eigentlich im Mittelpunkte des ganzen Mysteriums von Golgatha steht, und dies im Sinne des Okkultismus erläutern will, so muß man denken an den Augenblick der Kreuzigung, als das Blut des Erlösers aus den Wunden rann. Und wir erinnern uns dabei an etwas, was wir schon öfter im Verlaufe dieser Vorträge gesagt haben: daß für den Kenner der geistigen Welten alles, was materiell, stofflich, physisch ist, nur der äußere Ausdruck, die äußere Offenbarung ist für ein Geistiges.

Und nun lassen wir vor unsere Seele treten das physische Ereignis, den Christus Jesus am Kreuz, das Blut aus den Wunden fließend. Dieses Bild, dessen Inhalt physisches Ereignis ist, was drückt es geistig für denjenigen aus, der das Johannes-Evangelium richtig verstehen kann?

Dieser physische Vorgang, das Ereignis von Golgatha, ist der Ausdruck, die Offenbarung für einen geistigen Vorgang, der im Mittelpunkte alles Erdengeschehens steht. Wer im Sinne der heutigen materialistischen Weltanschauung dieses Wort auffaßt, wird sich nicht viel dabei vorstellen können. Denn er wird sich nicht denken können, daß dazumal bei diesem einzigartigen Ereignis auf Golgatha etwas geschehen ist, was sich unterscheidet von einem etwa physisch ähnlichen oder gleichen Ereignisse. Es ist ein gewaltiger, großer Unterschied zwischen allen Erdenvorgängen, die vor diesem Ereignisse auf Golgatha liegen, und denen, die nachher kommen.

Wenn wir uns das einmal in den Einzelheiten in die Seele malen wollen, so müssen wir sagen: Nicht nur der einzelne Mensch oder irgendein anderes Einzelwesen hat physischen Leib, Ätherleib und Astralleib, so wie wir das in den vorhergehenden Vorträgen in mancherlei Beziehung geschildert haben, sondern auch ein Weltenkörper ist nicht nur diese physische Materie, als die er dem Astronomen und anderen physischen Forschern erscheint; auch ein Weltenkörper hat einen Ätherleib und einen astralischen Leib. Unsere Erde hat ihren Ätherleib, ihren astralischen Leib. Würde unsere Erde nicht ihren zu sich gehörigen Ätherleib haben, so würde sie nicht Pflanzen beherbergen können; würde unsere Erde nicht ihren zu sich gehörigen astralischen Leib haben, würde sie nicht Tiere beherbergen können. Wenn man sich den Ätherleib der Erde vorstellen will, so muß man sich dessen Mittelpunkt ebenso im Mittelpunkt der Erde denken, wie der physische Erdenleib seinen Mittelpunkt dort hat. Dieser ganze physische Erdenleib ist eingebettet in den Ätherleib der Erde und diese beiden zusammen wieder in einen astralischen Leib.

Wenn nun jemand hellseherisch den astralischen Leib der Erde beobachtet hätte im Laufe der Erdentwickelung, im Laufe langer Zeiträume, so würde er gesehen haben, wie tatsächlich dieser astralische Leib und dieser Ätherleib der Erde nicht immer dieselben geblieben sind, daß sie sich veränderten.

Um uns die Sache recht bildlich vorzustellen, wollen wir uns einmal im Geiste versetzen außerhalb der Erde auf irgendeinen anderen Stern, wollen denken, ein hellseherischer Mensch sehe von einem anderen Stern auf unsere Erde hinab. Ein solcher Mensch würde nicht nur die Erde schweben sehen als einen physischen Planeten, sondern er würde eine Aura sehen, er würde die Erde von einer Lichtaura umgeben sehen, weil er wahrnehmen würde Ätherleib und astralischen Leib der Erde. Würde nun ein solcher hellseherischer Mensch auf diesem fernen Stern lange weilen, so lange, daß er die vorchristlichen Zeiten für die Erde vorübergehen und das Ereignis von Golgatha hätte eintreten sehen, so würde sich ihm folgender Anblick darbieten: Die Aura der Erde, Astralleib und

Ätherleib bieten einen gewissen Anblick von Farben und Formen vor dem Ereignis von Golgatha; dann aber würde er sehen, wie die ganze Aura ihre Farben ändert von einem bestimmten Zeitpunkte an. Welcher Zeitpunkt ist das? Das ist derselbe Zeitpunkt, wo auf Golgatha das Blut aus den Wunden des Christus Jesus floß. Alle geistigen Verhältnisse der Erde als solche veränderten sich in diesem Augenblicke.

Wir haben gesagt: Dasjenige, was wir den Logos nennen, das ist die Summe der sechs Elohim, die mit der Sonne vereinigt sind, die also die Erde mit ihren Gaben geistig beschenken, während äußerlich das Sonnenlicht auf die Erde niederfällt. So erschien uns das Licht der Sonne als der äußere physische Leib für Geist und Seele der Elohim oder des Logos. In dem Moment, da das Ereignis von Golgatha geschah, hat die Kraft, der Impuls, der früher nur von der Sonne der Erde zuströmen konnte im Lichte, angefangen, sich mit der Erde selbst zu vereinigen; und dadurch, daß der Logos angefangen hat, mit der Erde sich zu vereinigen, dadurch ist die Aura der Erde eine andere geworden.

Wir wollen das Ereignis von Golgatha noch von einem anderen Gesichtspunkte aus betrachten. Wir haben ja jetzt schon von den verschiedensten Standpunkten aus zurückgeblickt auf das Menschenwerden und auf das Erdenwerden. Wir wissen, daß unsere Erde durchgemacht hat, bevor sie Erde wurde, die drei Verkörperungen des Saturn, der Sonne und des Mondes, so daß also die vorhergehende Verkörperung unserer Erde der alte Mond war. Wenn solch ein Planet das Ziel seiner Entwickelung erreicht hat, geht es ihm ähnlich wie einem Menschen, der in einer Inkarnation sein Lebensziel erreicht hat: der Planet geht über in ein anderes, unsichtbares Dasein, das man das Pralaya-Dasein nennt, und dann verkörpert er sich von neuem. So lag auch ein Zwischenzustand zwischen der ehemaligen Verkörperung unserer Erde, wie es der alte Mond war, und der heutigen Verkörperung. Sozusagen aus einem geistigen, in sich belebten Dasein, das aber äußerlich unsichtbar war, glänzte die Erde in dem ersten Zustand auf, aus dem dann diejenigen Zustände wurden, die wir gestern beschrieben haben. Damals, als unsere Erde also aufglänzte in jener alten Zeit, war sie noch verbunden mit allem, was zu unserem Sonnensystem gehört. Da war sie noch so groß, daß sie hinüberreichte bis zu den fernsten Planeten unseres Sonnensystems. Alles war noch eins, und die einzelnen Planeten zweigten sich erst später ab. Die Erde war verbunden bis zu einem gewissen Zeitpunkte mit unserer heutigen Sonne und mit unserem heutigen Monde. Es gab also eine Zeit, da waren Sonne, Mond und Erde ein Körper, so, wie wenn Sie den heutigen Mond und die heutige Sonne nehmen und mit der Erde zusammenrühren und einen großen Weltkörper daraus machen würden. So war einst unsere Erde; so war sie damals, als Ihr Astralleib und Ich noch in einem wasserdunstartigen Gebilde schwebten, und noch früher. Sonne, Mond und Erde waren vereinigt. Damals waren also die Kräfte, die heute in der Sonne sind, die geistigen und die physischen Kräfte, mit der Erde verbunden.

Dann kam eine Zeit, da trennte sich die Sonne heraus von der Erde. Aber nicht nur die physische Sonne mit ihrem physischen Lichte, sondern diese physische Sonne, die das physische Menschenauge sieht, trennte sich heraus mit ihren geistig-seelischen Wesenheiten, an deren Spitze die Elohim, die eigentlichen Lichtgeister, die Bewohner der Sonne, stehen; und da blieb zurück dasjenige, was man erhalten würde, wenn man den heutigen Mond mit der Erde zusammenmischte. Denn eine Zeitlang war die Erde von der Sonne getrennt, aber mit dem Mond noch vereinigt. Erst in der lemurischen Zeit trennte sich der Mond von der Erde, und da entstanden die Beziehungen zwischen den drei Körpern Sonne, Mond und Erde, wie sie heute sind. Diese Beziehungen mußten so entstehen. Es mußten die Elohim zunächst von außen wirken. Einer von ihnen mußte sich dann zum Herrn des Mondes machen und von da zurückstrahlen die gewaltige Kraft der anderen Elohim.

Wir leben heute auf unserer Erde wie auf einer Insel im Weltenraume, die sich herausgegliedert hat aus Sonne und Mond. Aber es wird eine Zeit kommen, da wird unsere Erde sich wieder vereinigen mit der Sonne und *einen* Körper mit ihr bilden. Da werden die Menschen dann so weit vergeistigt sein, daß sie die stärkeren Kräfte der Sonne wieder ertragen, in sich aufnehmen und mit sich vereinigen können. Dann werden die Menschen und die Elohim auf *einem* Schauplatz wohnen.

Welche Kraft wird dies bewirken?

Wäre das Ereignis von Golgatha nicht vor sich gegangen, so würde niemals eintreten können, daß Erde und Sonne sich vereinigen. Denn durch das Ereignis von Golgatha, durch das die Kraft der Elohim in der Sonne oder die Kraft des Logos sich mit der Erde verband, wurde der Impuls gegeben, der Logoskraft zu Logoskraft wiederum hintreibt und die beiden – Sonne und Erde – zuletzt wieder zusammenbringen wird. Seit dem Ereignis von Golgatha hat die Erde, geistig betrachtet, die Kraft wieder in sich, die sie mit der Sonne wieder zusammenführen wird. Deshalb sagen wir: In das geistige Dasein der Erde wurde aufgenommen, was ihr vorher von außen zuströmte, die Kraft des Logos, durch das Ereignis von Golgatha. Was lebte vorher in der Erde? Die Kraft, die von der Sonne auf die Erde niederstrahlt. Was lebt seither in der Erde? Der Logos selber, der durch Golgatha der Geist der Erde wurde.

So wahr in Ihrem Leibe wohnt Ihr Seelisch-Geistiges, so wahr wohnt in dem Erdenleib, in jenem Erdenleib, der aus Steinen, Pflanzen und Tieren besteht und auf dem Sie herumwandeln, das Seelisch-Geistige der Erde; und dieses Seelisch-Geistige, dieser Erdengeist, das ist der Christus. *Der Christus ist der Geist der Erde.* Wenn also der Christus spricht zu denen, die seine intimsten Schüler sind, und bei einer Gelegenheit spricht, die zu den intimsten Gelegenheiten zwischen ihm und seinen Schülern zählt, was darf er ihnen da sagen? Welches Geheimnis darf er ihnen da anvertrauen?

Er darf sagen: Es ist, wie wenn ihr von eurem Leibe in eure Seele blickt. Drinnen ist eure Seele. Und so ist es auch, wenn ihr blickt auf das ganze Erdenrund. Was jetzt zeitweilig im Fleische hier vor euch steht, das ist derselbe Geist, der nicht nur in diesem Fleische zeitweilig ist, sondern der der Geist der ganzen Erde ist, und es immer mehr werden wird. – Er durfte hinweisen auf die Erde als auf seinen wahren Leib: Wenn ihr die Halme seht und das Brot esset, das euch nährt, was eßt ihr in Wahrheit in den Ähren des Feldes? Meinen Leib eßt ihr! Und wenn ihr die Säfte der Pflanzen trinkt, was ist das? Das Blut der Erde ist es, mein Blut! – Das sagte der Christus Jesus zu seinen intimsten Jüngern wörtlich, und wir müssen die Worte nur wirklich buchstäblich nehmen. Da, wo er sie zusammenruft und wo er ihnen die christliche Einweihung, wie wir sie nennen werden, symbolisch darlegt, da spricht er zu ihnen ein merkwürdiges Wort, als er ankündigt, daß einer ihn verraten wird. Er sagt im 18. Vers des 13. Kapitels des Johannes-Evangeliums:

«Der mein Brot isset, der tritt mich mit Füßen.»

Dieses Wort muß wörtlich genommen werden. Der Mensch ißt das Brot der Erde und wandelt mit seinen Füßen hier auf dieser Erde herum. Ist die Erde der Leib des Erdengeistes, das heißt des Christus, dann ist der Mensch derjenige, der mit den Füßen herumwandelt auf dem Erdenleib, der also den Leib dessen, dessen Brot er ißt, mit Füßen tritt.

Eine unendliche Vertiefung der Abendmahlsidee wird uns im Sinne des Johannes-Evangeliums zuteil, wenn wir also wissen vom Christus, dem Erdengeist, und von dem Brot, das dem Leib der Erde entnommen ist. Christus weist darauf hin und sagt: «Dies ist mein Leib.» (Markus 14, 22) Wie das Muskelfleisch des Menschen zum Leib der menschlichen Seele gehört, so gehört das Brot zum Leibe der Erde, das heißt zum Leibe des Christus. Und die Säfte, die durch die Pflanzen ziehen, durch die Weinrebe pulsieren, sie sind dem Blute gleich, das durch den Menschenleib pulst. Und der Christus darf hinweisen darauf und sagen: «Dies ist mein Blut!» (Markus 14, 24). Nur wer nicht verstehen oder keine Anlage haben will zum Verstehen, der kann glauben, daß durch diese wahrhaftige Erklärung das Abendmahl etwas verlöre von der Heiligkeit, die mit dem Abendmahl verbunden ist. Wer aber verstehen will, wird sich sagen: Nichts verliert es hierdurch an Heiligkeit, aber der ganze Erdenplanet wird durch diese Auslegung geheiligt! Und welche gewaltigen Gefühle sind es, die durch unsere Seele ziehen können, wenn wir so in dem Abendmahl das größte Mysterium der Erde erblicken können: die Verbindung des Ereignisses von Golgatha mit der ganzen Evolution der Erde; wenn wir so lernen im Abendmahl zu fühlen, daß das Herausfließen des Blutes aus den Wunden des Erlösers nicht bloß eine menschliche, sondern eine kosmische Bedeutung hat, daß es nämlich der Erde die Kraft gibt, ihre Evolution weiterzubringen.

So soll derjenige, der diesen tieferen Sinn des Johannes-Evangeliums versteht, fühlen, wie er nicht nur durch seinen physischen Leib mit dem physischen Leibe der Erde verbunden ist, sondern wie er als geistig-seelisches Wesen verbunden ist mit dem geistig-seelischen Wesen der Erde, das der Christus selber ist; wie der Christus als der Geist der Erde diese als seinen Leib durchflutet.

Wenn wir dies empfinden, dann können wir sagen: Was leuchtete denn dem Schreiber des Johannes-Evangeliums auf in dem Moment, wo er die tiefen Geheimnisse schauen konnte, die mit dem Christus Jesus verbunden waren? Da sah er, welche Kraft, welche Impulse alle in dem Christus Jesus waren, und wie diese Impulse alle innerhalb der Menschheit wirken müssen, wenn die Menschheit sie nur aufnimmt.

Wir müssen uns, um das klar zu durchschauen, noch einmal vor die Seele stellen, wie eigentlich die Entwickelung der Menschheit geschieht. Dieser Mensch besteht ja aus physischem Leibe, Ätherleibe, astralischem Leibe und Ich. Wie geschieht seine Entwickelung? Dadurch, daß der Mensch von seinem Ich aus nach und nach die drei anderen Glieder durcharbeitet, durchläutert, durchkraftet. Das Ich ist berufen dazu, den astralischen Leib nach und nach zu läutern, zu reinigen, auf eine höhere Stufe zu heben. Wenn der ganze astralische Leib durchläutert, durchkraftet sein wird mit der eigenen Kraft des Ich, wird er sein das Geistselbst oder Manas. Wenn der Äther- oder Lebensleib ganz und gar durchgearbeitet, durchkraftet sein wird mit der Kraft des Ich, wird er sein die Buddhi oder der Lebensgeist. Wenn der physische Leib ganz und gar überwunden, besiegt sein wird vom Ich, wird er sein Atma oder der Geistesmensch. Und dann wird der Mensch das Ziel erreicht haben, das ihm zunächst bevorsteht. Aber das wird erst in einer fernen Zukunft erreicht. Außerdem ist das, was so geschildert wird, daß der Mensch, der aus den vier Gliedern: physischer Leib, Ätherleib, astralischer Leib und Ich, besteht und von seinem Ich aus die drei andern Glieder umarbeitet zum Geistselbst, Lebensgeist und Geistesmenschen, so gemeint, daß dabei das Ich vollbewußt arbeitet. Das ist aber bei dem heutigen Menschen zum großen Teil noch gar nicht der Fall. Vollbewußt fängt der heutige Mensch im Grunde genommen erst ein wenig an, sein Manas hineinzuarbeiten in seinen astralischen Leib. Dabei ist der Mensch jetzt. Aber unbewußt, durch die Hilfe höherer Wesenheiten, hat der Mensch schon während der Erdentwickelung seine drei niederen Glieder bearbeitet. Er hat in alten Zeiten unbewußt bearbeitet seinen astralischen Leib, und es ist der astralische Leib dadurch durchsetzt mit der Empfindungsseele. Unbewußt hat das Ich hineingearbeitet in den Ätherleib, und dieser unbewußt umgeformte Ätherleib ist dasjenige, was Sie in einem systematischen Zusammenhange in der «Theosophie» geschildert finden als Verstandesseele; und was unbewußt das Ich am physischen Leib gearbeitet hat, ist das, was Sie dort genannt finden Bewußtseinsseele. Die Bewußtseinsseele also ist entstanden damals gegen das Ende der atlantischen Zeit, als der Ätherleib, der früher in bezug auf seinen Kopfteil noch außerhalb des physischen Leibes war, sich allmählich ganz hineinzog in den physischen Leib. Dadurch lernte der Mensch «Ich» auszusprechen. So lebte sich der Mensch allmählich hinüber mit seinen Gliedern in die nachatlantische Zeit.

Unsere Zeit ist dazu berufen, daß das Manas oder Geistselbst nach und nach eingearbeitet wird in das, was früher unbewußt schon aufgenommen ist. Der Mensch muß sozusagen in sich mit all den Kräften, die er dadurch erlangt hat, daß er heute physischen Leib, Ätherleib, astralischen Leib, Empfindungsseele, Verstandesseele, Bewußtseinsseele hat, mit all den Kräften, die ihm diese Glieder geben können, Manas ausbilden, aber dazu, wenn auch ganz spärlich, noch die Anlage zum Lebensgeist oder Buddhi. Damit ist unserer nachatlantischen Zeit die bedeutungsvolle Aufgabe gestellt, daran zu arbeiten, daß der Mensch bewußt diese höheren Glieder seines Wesens in sich entwickelt: Manas oder Geistselbst, Buddhi oder den Lebensgeist und Atma oder den Geistesmenschen, wenn das letzte Ziel auch erst in ferner Zukunft erreicht wird. Der Mensch muß heute schon nach und nach in sich die Kräfte entwickeln, seinen höheren Menschen aus dem niederen Menschen zu entwikkeln.

Nun wollen wir uns einmal fragen: Was ist denn dadurch im Menschen vorhanden, daß der Mensch heute noch nicht diese höheren Glieder entwickelt hat, und was wird zum Unterschiede davon in Zukunft vorhanden sein? Wie wird sich der Zukunftsmensch von dem heutigen Menschen unterscheiden?

Wenn einstmals der volle höhere Mensch entwickelt sein wird, dann wird der ganze astralische Leib so durchläutert sein, daß er zu gleicher Zeit Manas oder Geistselbst geworden sein wird; der Ätherleib wird so gereinigt sein, daß er zugleich Lebensgeist oder Buddhi sein wird; und der physische Leib wird so weit umgewandelt sein, daß er, ebenso wahr wie er physischer Leib ist, zugleich Geistesmensch oder Atma sein wird. Die größte Kraft wird dazu gehören, den niedersten Leib zu überwinden, und daher wird die Überwindung und Umwandlung des physischen Leibes den höchsten Sieg für den Menschen bedeuten. Wenn die Menschen das ganz vollbringen, wird dieser physische Mensch der Geistesmensch oder Atma sein. Heute lebt alles das im Menschen nur der Anlage nach;

einstmals wird es aber im Menschen voll leben. Und das Hinblikken auf die Christus-Persönlichkeit, auf die Christus-Impulse, das Sichdurchkraften, Sichstärkenlassen durch den Christus-Impuls, das zieht im Menschen das heran, wodurch er diese Umwandlung vollziehen kann.

Wenn der Mensch heute diese Umwandlung noch nicht vollzogen hat, was folgt für ihn daraus? Die Geisteswissenschaft spricht das sehr einfach aus: Dadurch, daß der astralische Leib noch nicht durchläutert, noch nicht zum Geistselbst umgestaltet ist, dadurch ist möglich Selbstsucht oder Egoismus; dadurch, daß der Ätherleib noch nicht vom Ich durchkraftet ist, ist möglich Lüge und Irrtum; und dadurch, daß der physische Leib noch nicht vom Ich durchkraftet ist, dadurch ist möglich Krankheit und Tod. Nicht mehr wird es geben Selbstsucht im einst vollentwickelten Geistselbst; nicht wird es geben Krankheit und Tod, sondern lediglich Heil und Gesundheit im vollentwickelten Geistesmenschen, das heißt im vollentwickelten physischen Leibe. Was heißt denn also: Der Mensch nimmt die Christus-Impulse auf? Er lernt verstehen, welche Kraft in dem Christus ist, er nimmt die Kräfte in sich auf, die ihn dazu bringen, Herr zu sein selbst seinem physischen Leibe gegenüber.

Stellen Sie sich einmal vor, ein Mensch könnte vollständig den Christus-Impuls in sich aufnehmen, auf einen Menschen könnte vollständig der Christus-Impuls übergehen, der Christus selbst stünde einem Menschen unmittelbar gegenüber, und der Christus-Impuls ginge unmittelbar auf diesen Menschen über. Was heißt das? – Wenn der Mensch blind wäre, würde er durch den unmittelbaren Einfluß dieses Christus-Impulses sehend werden können, weil das letzte Ziel der Entwickelung die Besiegung der Kräfte von Krankheit und Tod ist. Wenn der Autor des Johannes-Evangeliums spricht von der Heilung des Blindgeborenen, dann redet er aus solchen Mysterientiefen heraus, dann zeigt er an einem Beispiel, daß die Christus-Kraft eine gesundende Kraft ist, wenn sie in ihrer vollen Stärke auftritt. Wo ist sie denn, diese Kraft? Im Christus-Leibe, in der Erde. Diese Erde muß nur in Wahrheit durchsetzt sein mit dem Wesen des Christus-Geistes oder des Logos.

Sehen wir einmal, ob der Schreiber des Johannes-Evangeliums die Sache so verstanden erzählt. Wie erzählt er es? Der Blinde ist da, Christus nimmt Erde, speichelt sie ein und legt sie ihm auf – den mit seinem Geist durchsetzten Leib legt er dem Blinden auf. Mit dieser Schilderung (9, 6) zeigt der Schreiber des Johannes-Evangeliums ein Mysterium, das er genau kennt. Und nun müssen wir – mit Außerachtlassung aller Vorurteile – einmal genauer von diesem einen der großen Zeichen des Christus Jesus sprechen, damit wir die Natur einer solchen Sache genau kennenlernen und uns nicht darum kümmern, daß unsere ganz gescheiten Zeitgenossen das, was jetzt gesagt wird, für Wahnsinn, für Torheit halten. Sondern wir dürfen das einmal sagen, daß es große, gewaltige Geheimnisse in der Welt gibt, die heute dem Menschen noch nicht anstehen. Die heutigen Menschen, wären sie auch noch so entwickelt, sie sind nicht stark genug, die großen Mysterien auch zu tun. Wissen kann man von ihnen, einsehen kann man sie, wenn man sie geistig erleben kann; aber sie umsetzen ins Physische, dazu ist unser so tief in die Materie heruntergestiegener Mensch nicht fähig.

Alles Leben ist eigentlich aus Entgegengesetztem, aus Extremen bestehend. Leben und Tod sind solche Extreme. Für die Empfindung und für die Gesinnung des Okkultisten ergibt sich etwas sehr Eigenartiges, wenn er zum Beispiel nebeneinander sieht einen Leichnam und einen lebendigen Menschen. Wenn man einen lebendigen, wachenden Menschen vor sich hat, da weiß man: da wohnt Seele und Geist darinnen. Aber bei diesem wachenden Menschen sind sie dem Bewußtsein nach sozusagen ausgeschaltet aus der ganzen Verbindung mit der geistigen Welt, sie schauen nicht hinein in die geistige Welt. Haben wir den Leichnam vor uns, dann empfinden wir, daß der Geist und die Seele, die zu diesem Leichnam gehört haben, jetzt auf dem Wege dazu sind, überzugehen in die geistigen Welten, daß ihnen dort aufleuchtet das Bewußtsein, das Licht der geistigen Welt. Und so wird der Leichnam zum Symbolum dessen, was in den geistigen Welten geschieht. Aber auch im Physischen sind die Abbilder dessen, was im Geistigen geschieht, da, nur in einer merkwürdigen Weise. Wenn ein Mensch wieder zur Geburt heruntersteigt, dann muß ihm ein leiblicher Teil auferbaut werden. Da muß sozusagen Materie zusammenschießen, daß ein Leib ihm gebaut werde. Und für einen Hellseher stellt sich dieses Zusammenschießen von Materie so dar, daß in der geistigen Welt gleichsam das dortige Bewußtsein stirbt. Dort stirbt es – hier lebt es auf. Im Zusammenschießen der Materie zu einem physischen Menschenleibe sieht man in einer gewissen Weise ersterben ein geistiges Bewußtsein. Und wahrhaftig, im Verwesen oder Verbrennen des physischen Leibes, wenn sich die Teile auseinanderbewegen, sich auflösen, da zeigt sich zu gleicher Zeit im Geistigen das Entgegengesetzte, da zeigt sich das Entstehen eines geistigen Bewußtseins. Physische Auflösung ist geistige Geburt. Deshalb sind auch alle Zersetzungsprozesse, alle Auflösungsprozesse für den Okkultisten noch etwas ganz anderes. Ein Kirchhof, wo sich physische Leiber auflösen, der ist geistig gesehen – abgesehen von den Menschen, es ist jetzt gemeint, was geistig vorgeht im Kirchhof selber – ein merkwürdiger Prozeß: ein fortwährendes Aufleuchten und Aufglänzen von geistigen Geburten. – Nehmen wir nun einmal an, ein Mensch gäbe sich physisch – niemandem wird das natürlich angeraten, denn die heutigen Körper vertragen das auf keinen Fall –, nehmen wir an, ein Mensch gäbe sich in eine gewisse Schulung, er würde seinen physischen Leib dadurch trainieren, daß er während einer gewissen vorgeschriebenen Zeit Verwesungsluft atmet mit dem Bewußtsein, den geistigen Vorgang in sich aufzunehmen, der eben geschildert worden ist. Wenn er dies tut in der entsprechenden Weise, dann kann er allerdings in nächsten Inkarnationen – es ist nicht in einer Inkarnation zu machen – mit jener Kraft verkörpert werden, die belebende und gesundende Impulse gibt. Totenluft einatmen, das gehört zur Schulung, um seinen Speichel nach und nach zu der Kraft zu bringen, daß er mit der gewöhnlichen Erde zusammen das gibt, was der Christus dem Blinden in die Augen gerieben hat.

Dieses Mysterium, durch das man den Tod konsumiert, den Tod ißt oder atmet, wodurch man die Kraft erhält, gesund zu machen, das ist das Geheimnis, auf das der Schreiber des Johannes-Evangeliums deutet, indem er uns solche Zeichen zeigt wie die Heilung des Blindgeborenen. Und man möchte viel lieber, statt daß die Leute fort und fort deklamieren, ob man eine solche Sache so oder so nehmen müsse, daß sie lernen könnten, daß es so etwas wörtlich gibt, wie es geschildert ist in der Heilung des Blinden, und daß sie die Achtung gewinnen könnten vor einer solchen Persönlichkeit, wie es der Schreiber des Johannes-Evangeliums ist, so daß sie sich sagen: Es war eine solche Persönlichkeit, die in diese Mysterien wohl eingeweiht war, und wir müssen versuchen, uns das Verständnis dieser Mysterien anzueignen.

Es war allerdings notwendig, daß ich vorher darauf aufmerksam machte, daß man sich dabei in einem anthroposophischen Zweige befindet, in dem über manche Vorurteile hinweggesehen wird, wenn ein solches wirkliches Mysterium erzählt wird, wie das Einspeicheln der Erde zum Heilmittel, und dabei gesagt wird, daß auch ein solches Ereignis eine buchstäbliche Bedeutung hat.

Nun aber versuchen wir zu begreifen, wie eng wir zusammenwachsen dadurch, daß wir so etwas wissen, mit der Idee, die uns heute beschäftigt: daß der Christus der Geist der Erde ist und die Erde sein Leib. Wir sahen den Christus die Erde durchgeistigen an einem Beispiel und sahen ihn ein Stück von sich selbst hingeben, um das auszuführen, um was es sich da handelt.

Und jetzt nehmen wir einmal etwas anderes. Nehmen wir zu alledem, was wir heute gesagt haben, das hinzu, daß der Christus sagt: Das tiefste Geheimnis meines Wesens ist das «Ich-bin»; und die wahre und ewige Gewalt des «Ich-bin» oder des Ich, die die Kraft hat, die anderen Leiber zu durchdringen, muß einfließen in den Menschen. Sie ist im Erdengeist darinnen. – Halten wir uns das einmal vor, und nehmen wir es ganz ernst, vollständig ernst, daß dadurch, daß der Christus den wahren Besitz des Ich für jeden Menschen vermitteln will, er den Gott in jedem Menschen wecken, den Herrn und König in jedem Menschen nach und nach entzünden will. Was zeigt sich uns dann? Dann stellt sich uns nichts Geringeres dar, als daß der Christus im eminentesten Sinne die Karma-Idee, das Karmagesetz zum Ausdruck bringt. Denn wird man einmal die Karma-Idee vollständig verstehen, dann wird man sie in diesem christlichen Sinne verstehen. Sie bedeutet nichts Geringeres, als daß kein Mensch sich aufwerfe zum Richter über das Innerste eines anderen Menschen. Wer die Karma-Idee noch nicht in diesem Sinne erfaßt hat, hat sie nicht in ihrer Tiefe erfaßt. Solange ein Mensch über den anderen richtet, so lange stellt ein Mensch den anderen unter den Zwang des eigenen Ich. Wenn aber einer wirklich an das «Ich-bin» im christlichen Sinne glaubt, richtet er nicht; dann sagt er: Ich weiß, daß das Karma der große Ausgleicher ist. Was du auch getan hast, ich richte nicht! – Nehmen wir einmal an, man brächte einen Sünder vor einen, der das Christus-Wort in Wahrheit versteht. Was wird der diesem Sünder gegenüber für ein Benehmen haben? Nehmen wir an, alle, die da Christen sein wollen, würden diesen Menschen einer schweren Sünde anklagen. Der wirkliche Christ würde sagen: Was ihr auch vorbringt, ob er es getan hat oder nicht, respektiert muß werden das «Ich-bin», dem Karma muß es überlassen werden, dem großen Gesetz, das das Gesetz des Christus-Geistes selber ist. Dem Christus selber muß es überlassen bleiben. – Karma vollzieht sich im Laufe der Erdentwickelung; wir können es dieser Entwickelung selber überlassen, welche Strafe Karma über den Menschen verhängt. Man würde sich vielleicht zur Erde wenden und zu den Anklägern sagen: Kümmert euch um euch selbst! Der Erde obliegt es, die Strafe zum Ausdruck zu bringen. Schreiben wir es also in die Erde ein, wo es ja ohnehin als Karma eingeschrieben ist!

«Jesus aber ging auf den Ölberg. Und frühmorgens kam er wieder in den Tempel, und alles Volk kam zu ihm; und er setzte sich und lehrte sie. Aber die Schriftgelehrten und Pharisäer brachten ein Weib zu ihm, im Ehebruch ergriffen, und stellten sie ins Mittel dar. Und sprachen zu ihm: Meister, dieses Weib ist ergriffen auf frischer Tat im Ehebruch. Moses aber hat uns im Gesetz geboten, solche zu steinigen; was sagest du? Das sprachen sie aber, ihn zu versuchen, auf daß sie eine Sache wider ihn hätten. Aber Jesus bückte sich nieder und schrieb mit dem Finger auf die Erde. Und als sie anhielten, ihn zu fragen, richtete er sich auf und sprach zu ihnen: Wer unter euch ohne Sünde ist, der werfe den ersten Stein auf sie. Und bückte sich wieder nieder und schrieb auf die Erde. Da sie aber das hörten, gingen sie hinaus, von ihrem Gewissen überführt, einer nach dem andern, von den Ältesten an bis zu den Geringsten; und Jesus ward gelassen allein, und das Weib im Mittel stehend. Jesus aber richtete sich auf; und da er niemand sah denn das Weib, sprach er zu ihr: Weib, wo sind sie, deine Verkläger? Hat dich niemand verdammt?» (8, 1–10)

Er spricht das, um alles Von-außen-Richten abzulenken und hinzuweisen auf das innere Karma.

«Sie aber sprach: Herr, niemand.» (8, 11)

Sie ist ihrem Karma überlassen. Da ist es das einzige, nicht weiter an die Strafe zu denken, die im Karma sich erfüllt, sondern sich zu bessern:

«Jesus aber sprach: So verdamme ich dich auch nicht; gehe hin und sündige hinfort nicht mehr!» (8, 11)

So sehen wir, wie mit der tiefsten Idee des Christus, mit der Bedeutung seiner Wesenheit für die Erde, die Karma-Idee zusammenhängt: Habt ihr meine Wesenheit begriffen, dann habt ihr auch den begriffen, dessen Wesen ich ausdrücke, und daß das

«Ich-bin» den Ausgleich herbeiführt. – Selbständigkeit und innere Geschlossenheit, das ist es, was der Christus als Impuls den Menschen gegeben hat.

Die Menschen sind heute noch nicht sehr weit gelangt, das wahre, innere Christentum zu begreifen. Aber wenn die Menschen verstehen lernen, was in einer solchen Schrift liegt, wie es das Johannes-Evangelium ist, werden sie die in ihr liegenden Impulse nach und nach aufnehmen. Dann wird sich in einer fernen Zukunft das christliche Ideal erfüllen.

So sehen wir, wie in der nachatlantischen Zeit in die Erde hineinfließt der erste Impuls, um den höheren Menschen zu entwickeln.

Morgen werden wir die Entwickelung des Menschen im Zusammenhange mit dem Christus-Prinzip gerade in dieser nachatlantischen Zeit kennenlernen, um davon ausgehend zu zeigen, was Christus in der Zukunft sein wird.

ACHTER VORTRAG

HAMBURG, 27. MAI 1908

Wir haben gesehen, daß man sich dem tiefen Sinne des Johannes-Evangeliums am besten dadurch nähert, daß man den Zugang dazu von verschiedenen Seiten her zu gewinnen sucht; und wir haben ja gestern von einer gewissen Seite her auf eines der bedeutsamsten Geheimnisse des Johannes-Evangeliums hindeuten dürfen. Nun wird es nötig sein, damit wir nach und nach zu einem vollen Verständnisse gerade des gestern angeführten Mysteriums kommen können, daß wir die Erscheinung des Christus Jesus in unserer nachatlantischen Zeit als solcher betrachten. Wir haben das Mannigfaltigste zusammengetragen, um die Entwickelung des Menschen und innerhalb dieser das Christus-Prinzip zu verfolgen. Wir werden heute versuchen zu begreifen, warum Christus gerade in dem Zeitpunkt unserer Entwickelung als Mensch aufgetreten ist, in dem er auf der Erde gewandelt ist. Da werden wir an dasjenige anzuknüpfen haben, was wir teilweise in den letzten Vorträgen schon gehört haben, und werden namentlich die Entwickelung unserer Menschheit in der nachatlantischen Zeit ins Auge fassen müssen.

Wir haben wiederholt erwähnt, daß unsere Vorfahren in einer weit zurückliegenden Zeit drüben im Westen auf einem Erdgebiete gewohnt haben, das heute eingenommen wird vom Atlantischen Ozeane. Auf der alten Atlantis haben unsere Vorfahren gelebt. Wir haben vorgestern namentlich auf die Art und Weise hindeuten können, wie die äußere Körperlichkeit dieser unserer atlantischen Vorfahren ausgesehen hat. Wir haben gesehen, daß dasjenige, was heute vom Menschen mit äußeren Sinnen wahrgenommen wird, der physische Leib, eigentlich erst langsam und nach und nach zu der fleischlichen Dichte gekommen ist, die er heute hat. Wir konnten sagen, daß erst im letzten Teile der atlantischen Zeit der Mensch einigermaßen der heutigen Gestalt ähnelte. Aber auch gegen das letzte Drittel der atlantischen Zeit war der Mensch noch wesentlich anders, wenn er auch für die äußeren Sinne sich nicht viel unterschied.

Wir können uns am besten begreiflich machen, welchen Fortschritt der Mensch gemacht hat, wenn wir den heutigen Menschen vergleichen mit irgendeinem der lebenden höheren Tiere. Uns muß ja schon aus verschiedenen Gründen klar geworden sein, wodurch der Mensch sich im wesentlichen unterscheidet von einem heute selbst noch so hochstehenden Tiere. Bei jedem Tiere finden wir, daß auf dem physischen Plane oder in der physischen Welt die Wesenheit dieses Tieres besteht aus dem physischen Leibe, dem Äther- oder Lebensleibe und dem astralischen Leibe, daß diese drei Bestandteile aber das Wesen des Tieres in der physischen Welt ausmachen. Sie dürfen nun nicht glauben, daß in der physischen Welt etwa nur Physisches vorkommt. Es wäre ein großer Irrtum, wenn Sie etwa alles Ätherische oder namentlich alles Astralische in der übersinnlichen Welt suchen würden. Freilich können Sie mit physischen Sinnen in der physischen Welt nur Physisches sehen. Aber das ist nicht deshalb etwa, weil in der physischen Welt nur Physisches vorhanden wäre. Nein, beim Tier ist in der physischen Welt ein Ätherleib und ein astralischer Leib vorhanden, und der hellseherisch begabte Mensch sieht diesen Ätherleib und diesen astralischen Leib des Tieres. Erst wenn er zu dem eigentlichen Ich des Tieres kommen will, kann er nicht in der physischen Welt bleiben, da muß er hinaufsteigen in die astralische Welt. Da ist die Gruppenseele oder das Gruppen-Ich der Tiere. Und der Unterschied des Menschen vom Tiere besteht darin, daß beim Menschen das Ich auch hier unten in der physischen Welt ist. Das heißt, der Mensch besteht in der physischen Welt aus physischem Leib, Ätherleib, astralischem Leib und Ich, obwohl die drei höheren Glieder, vom Ätherleib an, nur für das hellseherische Bewußtsein erkennbar sind.

Nun drückt sich dieser Unterschied des Menschen vom Tiere auch in einer gewissen Weise hellseherisch aus. Nehmen Sie an, ein Hellseher beobachtet ein Pferd und einen Menschen. Da findet er, daß außerhalb des bis zur Schnauze verlängerten Pferdekopfes ein ätherischer Ansatz ist, und er sagt sich: Da ragt über dem physischen Kopfe des Pferdes der Ätherkopf heraus und ist mächtig organisiert. Diese beiden decken sich aber nicht beim Pferde. Beim heutigen Menschen findet man hellseherisch das, was Ätherkopf ist, ungefähr in Form und Größe mit dem physischen Kopfe übereinstimmend. Besonders grotesk sieht hellseherisch betrachtet der Elefant aus, der einen merkwürdig großen Ätherkopf hat; so daß dieser Elefant, hellseherisch gesehen, ein ganz, ganz groteskes Tier wird. Aber beim heutigen Menschen deckt sich physischer Kopf und Ätherkopf, sie sind nach Form und Größe ziemlich gleich. Das war nicht immer so beim Menschen. Im letzten Drittel der atlantischen Zeit finden wir es erst so. Der alte Atlantier hatte den Ätherkopf mächtig hervorragend über dem physischen Kopfe. Dann wuchsen diese beiden immer mehr zusammen, und es war im letzten Drittel der atlantischen Zeit, als physischer und Ätherkopf zur Deckung kamen. Im Gehirn gibt es einen Punkt – in der Nähe der Augen –, der deckt sich heute mit einem ganz bestimmten Punkte des Ätherkopfes. Diese Punkte waren in alter Zeit getrennt. Der Ätherpunkt war außerhalb des Gehirns. Diese beiden wichtigen Punkte haben sich zusammengeschoben. Als diese beiden Punkte zusammengefallen sind, da war es erst, daß der Mensch lernte, zu sich «Ich» zu sagen, da ist das hervorgetreten, was wir gestern die Bewußtseinsseele genannt haben. Durch diese Deckung von Ätherkopf und physischem Kopf des Menschen änderte sich sein Kopf in ganz beträchtlicher Weise. Denn dieses menschliche Haupt hat beim alten Atlantier doch noch wesentlich anders ausgesehen als beim heutigen Menschen. Wenn wir verstehen wollen, wie die heutige Entwickelung möglich geworden ist, so müssen wir auch ein wenig die physischen Verhältnisse in der alten Atlantis ins Auge fassen.

Wenn Sie durch die alte Atlantis drüben im Westen gegangen wären, hätten Sie eine solche Verteilung von Regen, Nebel, Luft und Sonnenschein, wie Sie es jetzt auf unseren heutigen Ländergebieten haben, nicht erlebt. Namentlich die nördlichen Gegenden westlich von Skandinavien waren damals durchzogen von Nebel. Die Menschen, die dort lebten, wo heute Irland ist – und weiter westlich davon –, haben niemals in der Weise Regen und Sonnenschein verteilt gesehen in der alten Atlantis, wie es heute der Fall ist. Sie waren immer eingebettet in Nebel, und erst mit der atlantischen Flut kam die Zeit heran, wo die Nebelmassen sich auch aus der Luft ablösten und sich niederschlugen. Sie hätten die ganze alte Atlantis durchforschen können, und Sie würden eine Erscheinung da nicht gefunden haben, die Ihnen allen heute als eine wunderbare Naturerscheinung bekannt ist – unmöglich würden Sie den Regenbogen finden! Der ist nur möglich bei einer solchen Verteilung von Regen und Sonnenschein, wie sie heute in der Atmosphäre sein kann. In der Atlantis, vor der atlantischen Flut, finden Sie keinen Regenbogen. Erst allmählich, nach der atlantischen Flut, trat die Erscheinung des Regenbogens ein, das heißt, sie wurde physikalisch möglich. Wenn Sie dies nun aus der Geheimwissenschaft mitgeteilt erhalten und sich erinnern, daß die atlantische Flut in den verschiedenen Sagen und Mythen als Sintflut erhalten ist, daß Noah hervortritt und nach der Sintflut zuerst den Regenbogen sieht, dann werden Sie einen Begriff bekommen, wie tief wahr, buchstäblich wahr die religiösen Urkunden sind. Wahr ist es, daß erst nach der atlantischen Flut die Menschen zum ersten Male ansichtig wurden des Regenbogens. – Das sind so die Erlebnisse, die der haben kann, der den Okkultismus durcherlebt und dann Stück für Stück erst begreifen lernt, wie buchstäblich man die religiösen Urkunden nehmen darf, freilich: wie man zuvor diesen Buchstaben verstehen lernen muß.

Gegen das Ende der atlantischen Zeit hin stellt es sich heraus, daß die äußeren und inneren Verhältnisse für den Menschen am günstigsten waren auf einem bestimmten Gebietsteile unserer Erdoberfläche, der sich in der Nähe des heutigen Irlands befand. Heute ist das betreffende Landgebiet mit Wasser bedeckt. Damals waren dort ganz besonders günstige Verhältnisse; und dort bildete sich innerhalb der atlantischen Völker das begabteste Volk aus, das am meisten Veanlagung dazu hatte, zum freien menschlichen Selbstbewußtsein aufzusteigen. Und der Führer dieses Volkes, das man gewohnt worden ist in der theosophischen Literatur die «Ursemiten» zu nennen, war ein großer Eingeweihter, der, wenn man trivial sprechen darf, sich die fortgeschrittensten Individuen dieses Volksteiles aussuchte und mit ihnen nach dem Osten zog, durch Europa bis nach Asien hinüber in die Gegend des heutigen Tibet. Dahin zog ein verhältnismäßig kleiner, aber namentlich geistig, spirituell sehr weit fortgeschrittener Bruchteil der atlantischen Bevölkerung.

Innerhalb der letzten atlantischen Zeit war es ja so gekommen, daß nach und nach die westlichen Gegenden der Atlantis verschwanden, sich mit Meer bedeckten. Europa trat in seiner heutigen Gestalt immer mehr hervor. Asien war noch so, daß die große sibirische Ländermasse noch bedeckt war mit weiten Wassermassen; aber namentlich die südlichen Gegenden Asiens waren, anders gestaltet, schon vorhanden. Die weniger fortgeschrittenen Volksmassen gliederten sich zum Teil an diesen Kern des Volkes an, der von Westen nach Osten zog; manche zogen weiter, manche weniger weit mit. Aber auch die alte europäische Bevölkerung kam zum großen Teile dadurch zustande, daß aus der Atlantis herüber Völkermassen zogen, sich dort niederließen und das alte Europa bevölkerten. Früher schon hinausgeschobene Völkermassen, zum Teil auch solche, die von anderen Gebieten der Atlantis, auch vom alten Lemurien, nach Asien gekommen waren, trafen bei diesem Völkerzuge zusammen. So daß Volksmassen verschiedenster Begabung und verschiedenster geistiger Fähigkeiten in Europa und Asien sich niederließen. Der kleine Bruchteil, der geführt wurde von jener großen spirituellen Individualität, ließ sich drüben in Asien nieder, um dort die damals mögliche höchste Geistigkeit zu pflegen. Von diesem Kulturgebiete aus gingen die Kulturströmungen nach den verschiedensten Gebieten der Erde und zu den verschiedenen Völkern.

Die erste Kulturströmung ging herunter nach Indien, und dort bildete sich durch den Einschlag, den die geistige Gesandtschaft der großen Individualität ihm gab, das heraus, was wir nennen die uraltindische Kultur. Wir sprechen da nicht von jener indischen Kultur, von der uns Reste in den wunderbaren Büchern der Veden geblieben sind, auch nicht von dem, was später durch Tradition auf die Nachwelt gekommen ist. Allem, was man von dieser äußeren Kultur wissen kann, ging eine viel herrlichere ältere Kultur voran, die Kultur der alten heiligen Rishis, jener großen Lehrer, die in weit zurückliegenden Zeiten der Menschheit die erste nachatlantische Kultur gegeben haben.

Versetzen wir uns einmal in die Seele dieser ersten Kulturströmung der nachatlantischen Zeit. Diese erste Kultur der nachatlantischen Menschheit war die erste eigentlich religiöse Kultur der Menschheit. Die vorhergehenden atlantischen Kulturen waren im eigentlichen Sinne des Wortes keine religiösen Kulturen. «Religion» ist im Grunde eine Eigentümlichkeit der nachatlantischen Zeit. Warum? Nun, wie lebten die Atlantier? Dadurch, daß der Ätherkopf noch außerhalb des physischen Kopfes war, hatte sich noch nicht vollständig verloren das alte dämmerhafte Hellsehen. Im weitesten Umfange sah der Mensch, wenn er des Nachts aus dem physischen Leibe heraus war, hinein in die geistige Welt. Während er bei Tage, wenn er untertauchte in seinen physischen Leib, hier in der physischen Welt physische Dinge sah, sah er noch bis zu einem gewissen Grade nachts die Gefilde der geistigen Welt. – Versetzen Sie sich einmal in die Mitte oder in das erste Drittel der atlantischen Zeit. Wie war es da mit dem Menschen? Er wachte des Morgens auf. Sein astralischer Leib zog sich hinein in seinen physischen Leib und Ätherleib. So deutlich und scharf umrissen wie heute waren noch nicht die Gegenstände der physischen Welt. Wenn eine Stadt in Nebel eingehüllt ist und Sie des Abends die Laternen wie mit Farbenauren umgeben sehen, so undeutlich mit Säumen und Farbenstrahlen – das gibt Ihnen ein Bild, wie es in dieser Zeit in der

Atlantis ausgesehen hat –, nicht mit deutlichen Umrissen, sondern so, wie wenn Sie heute die Laternen draußen im Nebel sehen würden. Dafür gab es aber auch nicht eine so scharfe Trennung zwischen hellem Tagesbewußtsein und nächtlicher Bewußtlosigkeit, wie es erst nach der atlantischen Zeit aufgetreten ist. Es schlüpfte zwar während der Nacht der astralische Leib heraus aus Ätherleib und physischem Leib; aber während der Ätherleib zum Teil noch verbunden blieb mit dem astralischen Leibe, gab es immer Reflexe der geistigen Welt. Der Mensch konnte immer ein dämmerhaftes Hellsehen haben, lebte sich in die geistige Welt hinein, sah um sich geistige Wesenheiten, geistige Vorgänge.

Dasjenige, was Sie zum Beispiel lesen als germanische Mythen und Göttersagen, davon sagen Ihnen die Gelehrten vom grünen Tische: Das haben einmal die Leute aus dem Volke aus der Volksphantasie heraus gedichtet! Wotan und Thor und alle die Götter, das seien Personifizierungen von Naturkräften usw. Es gibt ganze mythologische Theorien, wo so von der schaffenden Volksphantasie die Rede ist. Wenn man das hört, dann kann man leicht die Meinung bekommen, ein solcher Gelehrter wäre wie der Homunculus des Goetheschen Faust aus der Retorte herausgeboren und hätte nie einen wirklichen Menschen gesehen. Denn wer das Volk wirklich gesehen hat, dem vergeht wahrhaftig die Möglichkeit, so von der schaffenden Volksphantasie zu reden. Diese Göttersagen sind nichts anderes als die Überbleibsel von wirklichen Vorgängen, welche die Menschen in früheren Zeiten hellseherisch wirklich gesehen haben. Diesen Wotan hat es gegeben! Des Nachts wandelte der Mensch unter Göttern in der geistigen Welt und kannte dort den Wotan und Thor ebensogut, wie er heute seinesgleichen aus Fleisch und Blut kennt. Was damals primitive Naturen noch lange dämmerhaft hellseherisch gesehen haben, ist der Inhalt der Mythen und Sagen, namentlich der germanischen.

Diejenigen Menschen, welche damals herübergezogen sind vom Westen nach dem Osten in die Gegenden, die man später Germanien nannte, das waren Menschen, die sich bis zu einem gewissen Grade – der eine mehr, der andere weniger – noch ein gewisses Hellsehen bewahrt hatten, so daß sie wenigstens zu gewissen Zeiten noch hineinsehen konnten in die geistige Welt. Und während der höchste Eingeweihte mit seinen Schülern hinüberzog nach Tibet und von dort die erste Kulturkolonie hinunterschickte nach Indien, waren überall bei den Völkern in Europa Eingeweihte zurückgeblieben, die in den Mysterien das Geistige pflegten. Mysterien waren bei diesen Völkern zum Beispiel die Druidenmysterien, die Drottenmysterien, von denen die Menschheit heute nichts mehr zu melden weiß – denn was sie zu melden weiß, ist phantastisches Zeug. Wichtig aber ist es, daß, wenn man von höheren Welten damals sprach unter den Druiden oder unter den Menschen des westrussischen Gebietes und Skandinaviens, wo die Drottenmysterien waren, es immer eine Anzahl von Menschen gab, die von geistigen Welten wußten. Wenn man von Wotan sprach oder von dem Ereignis, das sich zwischen Baldur und Hödur abspielte, dann sprach man nicht von etwas, was ihnen ganz unbekannt war. Viele hatten selbst noch solche Ereignisse erlebt in besonderen Bewußtseinszuständen, und die es nicht erlebt hatten, hörten es von ihrem Nachbar, der ihnen glaubwürdig genug war.

Und wo Sie auch hingehen mögen in Europa, gab es noch eine lebendige Erinnerung an das, was in der Atlantis vorhanden war. Was war da vorhanden? Etwas, was man nennen kann ein Zusammenleben des Menschen, ein naturgemäßes Zusammenleben des Menschen mit der geistigen Welt, mit dem, was man heute den Himmel nennt. Der Mensch trat ja fortwährend ein in die geistige Welt und lebte darinnen. Mit anderen Worten, er brauchte durch keine besondere Religion hingewiesen zu werden auf das Dasein einer geistigen Welt. Was heißt denn Religion? Religion heißt «Verbindung», Verbindung der physischen mit der geistigen Welt. Damals brauchte er keine besondere Verbindung mit der geistigen Welt, denn sie war eine Erfahrungswelt. Wie Ihnen kein Mensch den Glauben beizubringen braucht an die Blumen der Wiese, an die Tiere des Waldes, weil Sie sie sehen, so glaubte der Atlantier an die Götter und Geister – nicht aus Religion, sondern weil er sie erlebte.

Mit der fortschreitenden Menschheit gestaltete sich nun die Sache so, daß der Mensch das helle Tagesbewußtsein erlangt hatte. Die nachatlantische Zeit ist also die, während der der Mensch das helle Tagesbewußtsein erlangt. Und er erlangte es dadurch, daß er das alte hellseherische Bewußtsein hingeben mußte. Das wird ihm in der Zukunft wiederum werden, zu seinem heutigen hellen Tagesbewußtsein hinzu. – Bei unseren Vorfahren hier in Europa war es vielfach so, daß in den Sagen und Mythen Erinnerungsbilder an die alte Zeit gegeben wurden. Aber was war denn gerade das Wesen der Fortgeschrittensten? So sonderbar es klingen mag: die Allerfortgeschrittensten, die der Führer nach dem Osten hinüberführte bis nach Tibet, sie waren darin am meisten fortgeschritten, daß sie das alte träumerische, hellseherische Bewußtsein verloren hatten. Was heißt denn fortschreiten von der vierten Rasse in die fünfte hinein? Tagsichtig werden, das alte Hellsehen verlieren, heißt es. Weggeführt hat der große Eingeweihte und Führer die Angehörigen seines Häufleins, damit sie nicht unter denen leben mußten, die noch auf den Stufen des alten atlantischen Volkes standen; und unter den ersteren konnten nur diejenigen in die höheren Welten hinaufgeführt werden, die künstlich sich trainierten, die künstlich eine okkulte Schulung durchmachten.

Was war dem Menschen der ersten nachatlantischen Zeit denn geblieben von dem alten Zusammenleben mit der geistig-göttlichen Welt? Die Sehnsucht danach! Denn wie zugeschlossen hatte sich ihm das Tor zur geistigen Welt, die Sehnsucht aber war geblieben. Jener Mensch empfand das ungefähr so – er hörte aus den Sagen und Traditionen heraus –: Da gab es eine Zeit, wo unsere Vorfahren hineinschauten in die geistige Welt, wo sie lebten mit Geistern und Göttern, wo sie in der tieferen geistigen Wirklichkeit drinnen steckten. Oh, könnten wir auch da hinein! – So sagten sie sich. Und aus dieser Sehnsucht heraus wurde die altindische Methode der Einweihung geschaffen, die aus der Sehnsucht nach dem Verlorenen hervorgegangen ist und darauf beruht, daß der Mensch das errungene helle Tagesbewußtsein für eine Zeit verläßt, um sich zurückzuschrauben in seinem Bewußtsein zu dem früheren Zustand. Yoga ist die Methode der altindischen Einweihung, die durch ihre Technik, ihre Praxis erlangte, daß künstlich hergestellt wurde, was dem Menschen auf natürlichem Wege abhanden gekommen war. – Denken Sie sich einmal einen solchen alten Atlantier, der noch seinen Ätherkopf weit herausstehen hatte über dem physischen Kopfe. Wenn dann der astralische Leib herausging, war ein großer Teil des Ätherkopfes mit dem astralischen Leibe noch verbunden, und da konnte sich das, was der astralische Leib erlebte, hineindrükken in den Ätherleib; dadurch konnte man sich seine Erlebnisse zum Bewußtsein bringen. Als nun in der letzten atlantischen Zeit der Ätherteil des Kopfes sich ganz zurückzog in den physischen Kopf, da kam der astralische Leib jede Nacht ganz aus dem Ätherleib heraus. Man mußte also in der alten Einweihung versuchen, den Ätherleib künstlich herauszuholen, das heißt, man mußte den Menschen in eine Art lethargischen Zustand, in eine Art Todesschlaf bringen, der ja dreieinhalb Tage dauerte, währenddem der Ätherleib herausragte aus dem physischen Leibe, gelockert war, so daß das, was der Astralleib erlebte, sich einprägte in den Ätherleib. Und wenn dann der Ätherleib wieder zurückgeführt wurde in den physischen Leib, wußte der Mensch, was er in der geistigen Welt erlebt hatte.

Das war die alte Einweihungsmethode, die Yoga-Einweihung, wodurch sich der Mensch sozusagen heraushob aus der Welt, in die er jetzt versetzt war, um sich in die geistige Welt wieder zurückzuversetzen. Und die Kulturstimmung, die aus dieser Einweihung hervorging, ist diejenige, die ihre Nachklänge in der späteren indischen Kultur gefunden hat. Es war die Stimmung, wo der Mensch sich sagte: Wahrheit, Realität, Wirklichkeit, Wesenheit ist allein in der geistigen Welt, in jener geistigen Welt, in die der Mensch hineinkommt, wenn er sich der physisch-sinnlichen Welt entzieht. Jetzt ist der Mensch in den Reichen der physischen Welt, umgeben vom Mineralreich, Pflanzenreich und Tierreich. Das aber ist nicht die Wahrheit, was den Menschen so umgibt, das ist nur äußerer Schein; er hat die Wahrheit seit uralten Zeiten verloren und lebt jetzt in einer Welt des Scheins, der Illusion, der Maja. – Und so wurde die Welt des Physischen die Welt der Maja für die altindische Kultur. Das muß man gemäß jener Kulturstimmung erfassen, wie man damals gefühlt hat, und nicht als graue Theorie. Dem uralten Inder, wenn er ganz besonders heilig sein will, ist die Welt der Maja wertlos. Diese physische Welt ist ihm eine Illusion; die wahre Welt ist für ihn dann vorhanden, wenn er sich aus dieser physischen Welt zurückzieht, wenn er – durch Yoga – wiederum in der Welt leben darf, in der die Vorfahren noch in der atlantischen Zeit gelebt haben.

Der Sinn der Weiterentwickelung besteht aber darin, daß der Mensch sich allmählich gewöhnt, die physische Welt, die ihm in der nachatlantischen Kultur angewiesen wird, nach ihrem Werte, nach ihrer Bedeutung zu schätzen. Einen Schritt weiter als das alte Indertum ist schon die zweite Kulturepoche, ebenfalls eine vorhistorische Kultur, die wir aber nach den Völkern benennen, die später in diesen Gebieten gelebt haben; wir nennen sie die uraltpersische Kultur. Wieder haben wir dabei nicht die spätere persische Kultur im Auge, sondern eine vorhistorische Kultur.

Die zweite Periode unterscheidet sich schon ganz wesentlich in der Stimmung, in ihrem Gefühlsinhalt von der uralt-indischen Zeit. Immer schwerer wurde es, den Ätherleib herauszulösen, aber möglich war es doch noch, und in einer gewissen Weise wurde es immer noch vollzogen bis zu dem Christus Jesus hin. Eines aber hatten diese Menschen der uralt-persischen Kultur erreicht: sie hatten angefangen, Maja oder die Illusion zu schätzen, als etwas

Wertvolles zu betrachten. Der Inder fühlte sich wohl, wenn er der Illusion entfliehen konnte; dem Perser war sie ein Arbeitsfeld geworden. Zwar war sie ihm immer noch als etwas Gegnerisches erschienen, aber als etwas, was bezwungen werden mußte, woraus später hervorging der Kampf zwischen Ormuzd und Ahriman, wo sich der Mensch verbindet mit den guten Göttern gegen die in der Materie steckenden Mächte der bösen Götter. Hieraus bildete sich die Stimmung, die man damals hatte. Lieb war dem Perser diese Wirklichkeit immer noch nicht; aber er floh sie nicht mehr, wie der alte Inder es tat, er bearbeitete sie, betrachtete sie als einen Schauplatz, auf dem man arbeiten konnte, wo etwas war, was man zu überwinden hatte. Einen Schritt in der Eroberung der physischen Welt hatte man in dieser zweiten Kulturstufe gemacht.

Dann kam die dritte Kulturstufe, und wir kommen immer mehr dem Geschichtlichen näher. Wir bezeichnen sie in der Geheimwissenschaft als die chaldäisch-babylonisch-assyrisch-ägyptische Kultur. Alle diese Kulturen wurden begründet durch Kolonien, die ausgesandt wurden unter der Leitung von großen Führern. Die erste Kolonie begründete die Kultur des alten Indiens, die zweite begründete das, was wir eben als das alt-persische Kulturzentrum geschildert haben, und eine dritte Kulturströmung ging noch weiter nach Westen und begründete dort das, was der babylonisch-chaldäisch-assyrisch-ägyptischen Kultur zugrunde lag. Dadurch war ein wichtiger Schritt gemacht worden in der Eroberung der physischen Welt. Dem Perser erschien sie noch wie eine ungefüge Masse, die man bearbeiten mußte, wenn man in ihr wirken wollte, mit dem, was man sich als die guten Geister der wahren geistigen Wirklichkeit dachte. Jetzt war man familiärer, intimer geworden mit der physischen Wirklichkeit. – Sehen Sie sich die alte chaldäische Astronomie an, die zu den merkwürdigsten und großartigsten Erzeugnissen des nachatlantischen Menschengeistes gehört! Da sehen Sie, wie die Bahnen der Sterne erforscht werden, wie die Gesetze des Himmels durchforscht werden. Der alte Inder hatte noch hinaufgesehen zu diesem Himmel und gesagt: Wie auch die Sterne gehen und was sich auch für Gesetze darin ausdrücken mögen, es ist nicht der Mühe wert, diese Gesetze zu erforschen! – Einem Angehörigen der dritten Kulturepoche war es schon sehr wichtig, diese Gesetze zu durchdringen. Dem Angehörigen der ägyptischen Kultur war es sogar sehr wichtig, daß er die Verhältnisse der Erde besonders durchforschte und die Geometrie ausbildete. Maja wurde erforscht, die äußere Wissenschaft entstand. Der Mensch studiert die Gedanken der Götter, und er fühlt, daß er einen Zusammenhang schaffen muß zwischen seinem eigenen Schaffen und dem, was er als die Schrift der Götter innerhalb der Materie eingeschrieben findet. Einen anderen Begriff von einem Staatswesen würden Sie bekommen, wenn Sie die früheren Zustände des ägyptisch-chaldäischen Staatslebens durchforschten, als ihn die Menschen heute haben können. Denn die Individualitäten, die solche Staatswesen lenkten und leiteten, waren solche Weisen, die zu gleicher Zeit die Gesetze der Sternenbahnen, nach denen sich die Weltkörper bewegen, kannten und sich klar waren, daß sich im Weltenall alles gegenseitig entsprechen muß. Sie hatten die Bahnen der Sterne studiert und wußten, daß ein Einklang da sein muß zwischen dem, was am Himmel, und dem, was auf der Erde geschah. Nach Ereignissen am Himmel schrieben sie vor, was sich im Laufe der Zeit auf der Erde abzuspielen habe. Selbst in der ältesten römischen Zeit, der vierten Kulturepoche, hatte man noch ein Bewußtsein dafür, daß das, was auf der Erde vorgeht, dem entsprechen muß, was am Himmel sich darstellt.

In den alten Mysterien hat man am Ausgangspunkte einer neuen Epoche für lange Zeiten gewußt, welche Ereignisse in der kommenden Zeit geschehen werden. Man wußte aus der Mysterienweisheit heraus – zum Beispiel am Ausgangspunkt der römischen Geschichte –: Es wird eine Zeit auf uns folgen, da werden sich die mannigfachsten Geschicke ergeben, die man wird eintreten lassen in der Gegend von Albalonga. – Für den, der da lesen kann, ist es klar, daß hier auf einen tief symbolischen Ausdruck hingedeutet wird, daß Priesterweisheit sozusagen die Kultur des alten Roms absteckte. «Alba longa» ist das lange Priesterkleid. In diesen alten Gebieten wurden also in dieser Weise die künftigen Dinge der Geschichte – wenn man so sagen darf, um einen technischen Ausdruck zu gebrauchen – abgesteckt. Man sagte sich: Sieben Epochen müssen aufeinander folgen; man teilte die Zukunft nach der Siebenzahl ein, und man gab den Grundriß der Geschichte vorher. Und ich könnte Ihnen leicht zeigen, wie in den sieben römischen Königen, die schon bei dem Ausgangspunkt der römischen Zeit in den «Sibyllinischen Büchern» eingeschrieben waren, prophetische Geschichtstabellen hineingeheimnißt sind. Damals hatten aber die Menschen auch gewußt: Das haben wir auszuleben, was da hineingeschrieben ist. – Und bei gewichtigen Ereignissen hat man in den heiligen Büchern nachgeschaut; daher die Heilighaltung und auch Geheimhaltung der Sibyllinischen Bücher.

So hat der Mensch der dritten Kulturepoche hineingearbeitet in die Materie den Geist, durchdrungen die äußere Welt mit dem Geist. Unzählige geschichtliche Zeugnisse dafür verbergen sich in dem Werdegang der Epoche dieser dritten Kulturströmung, der assyrisch-babylonisch-chaldäisch-ägyptischen Kultur.

Man versteht unsere Zeit nur, wenn man weiß, welche wichtigen Beziehungen herrschen zwischen unserer und jener Zeit. Auf eine Beziehung zwischen diesen beiden Epochen möchte ich jetzt hinweisen, damit Sie sehen, wie wunderbar die Dinge zusammenhängen für den, der tiefer hineinsehen kann, der weiß, daß das, was man Egoismus und das Nützlichkeitsprinzip nennt, heute seinen Höhepunkt erreicht hat. So bloß egoistisch, so unidealistisch wie heute war die Kultur noch nie, und sie wird es noch immer mehr werden in der nächsten Zeit. Denn heute ist der Geist ganz heruntergestiegen in die materielle Kultur. Ungeheure Geisteskraft hat die Menschheit aufwenden müssen in den großen Erfindungen und Entdeckungen der neueren Zeit, namentlich des neunzehnten Jahrhunderts. Wie viele geistige Kraft liegt in Telephonen, Telegraphen, Eisenbahnen und so weiter! Wieviel Geisteskraft ist materialisiert, kristallisiert in den Handelsbeziehungen der Erde! Wieviel Geisteskraft gehörte dazu, sich eine Summe Geldes, meinetwegen in Tokio, auszahlen zu lassen auf Grund eines hier geschriebenen Stück Papiers, eines Schecks. Und so fragt man sich: Ist diese Geisteskraft im Sinne des geistigen Fortschrittes angewendet? – Wer die Sache recht ins Auge faßt, sagt sich: Ihr baut wohl Eisenbahnen, aber ihr fahrt nur das, was ihr für den Magen braucht; und wenn ihr selbst fahrt, so fahrt ihr doch nur zu dem, was im Zusammenhang steht mit euren Bedürfnissen. – Macht es einen Unterschied für die Geisteswissenschaft, ob der Mensch durch ein paar Steine sein Getreide sich mahlt oder ob er sich durch Telegraphen, Dampfschiffe usw. sein Getreide von weit her verschafft? Ungeheure Geisteskraft ist aufgewendet, aber in einem durchaus persönlichen Sinne verwendet worden. Was wird der ganze Sinn dessen sein, was sich die Menschen dabei vermitteln? Wahrscheinlich nicht Anthroposophie, das heißt geistige Wahrheiten! Wenn sie Telegraphen und Dampfschiffe anwenden, wird es sich in erster Linie darum handeln, wieviel Baumwolle man von Amerika nach Europa befördern will usw., das heißt, was zum persönlichen Bedürfnis gehört. Die Menschen sind sogar bis in die tiefsten Tiefen des persönlichen Bedürfnisses, der materiellsten Persönlichkeit heruntergestiegen. Aber ein solches egoistisches Nützlichkeitsprinzip mußte einmal kommen, weil dadurch um so besser im Gange der ganzen Menschheitsentwickelung der Aufstieg sein wird.

Was war denn aber geschehen, daß der Mensch so viel auf seine Persönlichkeit gibt, wodurch fühlt er sich gar so sehr als Einzelpersönlichkeit, und wodurch ist denn das vorbereitet worden, daß der Mensch sich heute gegenüber der geistigen Welt so stark fühlt in seinem Dasein, das eingeschlossen ist zwischen Geburt und Tod?

Präpariert worden ist das Wichtigste dazu in der dritten Kulturepoche, wo man über den Tod hinaus in der Mumie die Form des einen physischen Körpers erhalten wollte, in einem einbalsamierten

Körper die Form durchaus nicht zerrinnen lassen wollte. Da prägt sich das Festhalten an der Einzelpersönlichkeit so ein, daß es heute bei der Wiederverkörperung wieder herauskommt als das Persönlichkeitsgefühl. Daß dieses Persönlichkeitsgefühl heute so stark ist, ist eine Folge davon, daß man die Körper in der ägyptischen Zeit mumifiziert hat. So hängt alles in der menschlichen Entwickelung zusammen. Die Ägypter balsamierten die Körper der Verstorbenen ein, damit die Menschen in der fünften Epoche ein möglichst großes Persönlichkeitsbewußtsein haben sollten. Es gibt tiefe Mysterien innerhalb der Menschheitsentwickelung!

So sehen Sie, wie die Menschen immer mehr in die Maja heruntersteigen und die Materie durchdringen mit dem, was der Mensch erringen kann. In der vierten Kulturepoche, der griechisch-lateinischen, setzt der Mensch zunächst sein inneres Wesen in die Außenwelt hinaus. Da sehen Sie zunächst, wie in Griechenland der Mensch sich selbst in der Materie, in den Formen objektiviert. Der Mensch geheimnißt seine eigene Form in die griechischen Göttergestalten hinein. Bei Äschylos klingt es in der Dramatik noch nach, wie der Mensch seine eigene Individualität künstlerisch verwerten will. Er tritt selbst in den physischen Plan hinaus und schafft ein Abbild seiner selbst. Und in der römischen Kultur schafft der Mensch in den staatlichen Institutionen ein Abbild seiner selbst. Es ist der ärgste Dilettantismus, wenn das, was man heute Jurisprudenz nennt, weiter zurückgeführt wird als bis in die römische Zeit. Was vorher ist, ist dem Begriffe nach etwas ganz anderes als «Jus», als Recht. Denn der Begriff des Menschen als einer äußeren Persönlichkeit, der Rechtsbegriff vom Menschen bestand früher noch nicht. Im alten Griechenland ist es die «Polis», der kleine Stadtstaat, und der Mensch fühlt sich als ein Glied des kleinen Stadtstaates. In dieses Bewußtsein der griechischen Epoche wird sich heute ein Mensch schwer hineinfinden können. In der römischen Kultur wird die physische Welt so weit betreten, daß die einzelne menschliche Persönlichkeit – als römischer Bürger – auch rechtlich erscheint. So geht alles stufenweise vorwärts, und wir werden des weiteren zu verfolgen haben, wie die Persönlichkeit immer mehr heraustritt und damit die physische Welt immer mehr und mehr erobert wird. Der Mensch taucht immer tiefer unter in die Materie.

Unsere Kultur ist die erste Kultur nach der griechisch-lateinischen Epoche, also die fünfte der nachatlantischen Zeit; dann folgt eine sechste und sodann eine siebente Kulturepoche. Die vierte Kultur, die griechisch-lateinische, ist die mittlere – und innerhalb der Zeit dieser mittleren der nachatlantischen Kulturen tritt der Christus Jesus auf der Erde auf. Vorbereitet wird dies Ereignis innerhalb der dritten Kulturepoche der nachatlantischen Zeit, weil alles in der Welt sich vorzubereiten hat. Es wurde innerhalb der dritten Epoche dasjenige vorbereitet, was als das größte Ereignis der Erde während der vierten nachatlantischen Epoche auftreten sollte, wo die Menschen so weit in der Persönlichkeit vorgerückt waren, daß sie sich selbst hinausstellten, daß sie ihre Götter den Menschen ähnlich machten. In der griechischen Zeit schafft sich der Mensch eine Götterwelt in seiner Kunst nach seinem eignen Spiegelbilde. Im Staate schafft er dann eine Wiederholung. Der Mensch ist heruntergelangt bis zum Begreifen der Materie, bis zu der Ehe zwischen der Maja und dem Geiste. Es ist der Zeitpunkt, wo der Mensch auch bis zum Begreifen der Persönlichkeit gekommen war. Sie werden verstehen, daß dies auch die Zeit war, wo er den Gott als persönliche Erscheinung begreifen konnte, wo auch der zur Erde gehörige Geist bis zur Persönlichkeit fortschritt. So sehen wir, wie in der Mitte der nachatlantischen Kultur der Gott selbst als Mensch, als Einzelpersönlichkeit auftritt. Man möchte sagen, wie im Bilde erscheint es einem, was damals geschah, wenn wir sehen, wie der Mensch in den griechischen Kunstwerken ein Abbild seiner selbst schafft. Ist es denn nicht eigentlich so, wenn wir von der griechischen Kultur herüberkommen zur römischen und sehen die Typen des großen Römertums, als ob die griechischen Götterbilder heruntergestiegen wären von ihren Postamenten und herumwandelten in ihrer Toga! Man sieht sie förmlich!

So war der Mensch vorgeschritten von der Zeit an, wo er sich als Glied der Gottheit fühlte, bis zum Fühlen seiner selbst als Persönlichkeit. Da konnte er selbst die Gottheit als Persönlichkeit begreifen, die heruntergestiegen war und unter den Menschen im Fleisch verkörpert wohnte.

Das wollen wir uns vor die Seele malen, warum der Christus Jesus gerade in dieser Zeit der Menschheitsentwickelung aufgetreten ist. Wie sich dieses Mysterium weiter entwickelte, wie es in den Zeiten der früheren Entwickelung prophetisch vorleuchtete und wie es prophetisch verwirkt auf ferne, kommende Zeiten, davon das nächste Mal.

NEUNTER VORTRAG

HAMBURG, 29. MAI 1908

Sie haben während der ganzen Zeit unserer Vorträge gesehen, in welcher Weise wir uns zu der Urkunde, die man das Johannes-Evangelium nennt, stellen, wenn wir auf dem Boden der Geisteswissenschaft stehen. Sie haben gesehen, daß es sich nicht darum handelt, irgendwelche Wahrheiten über die geistigen Welten aus jener Urkunde heraus zu gewinnen, sondern zu zeigen, wie, unabhängig von allen menschlichen und anderen Urkunden, die Möglichkeit vorhanden ist, in die geistige Welt einzudringen, genau ebenso, wie wenn man heute Mathematik lernen würde, man es unabhängig von jedem Urkundenbuch täte, durch das uns zuerst im Laufe der Menschheitsentwickelung dieser oder jener Teil der Mathematik mitgeteilt worden ist. Was wissen diejenigen, die anfangen, zum Beispiel in der Schule die einfache elementare Geometrie zu lernen, die jeder heute aus sich selbst, aus der Geometrie selbst heraus lernt, von der Geometrie des Euklid, von jenem Urkundenbuch, in dem sozusagen zum ersten Male diese elementare Geometrie der Menschheit mitgeteilt worden ist! Haben aber dann die Menschen die Geometrie durch sich selbst gelernt, dann können sie um so besser dieses Urkundenbuch in seinem Wesen und seiner Bedeutung würdigen. Dies soll uns immer mehr zeigen, daß man aus dem Geistesleben selbst heraus jene Wahrheiten gewinnen kann, welche von diesem Geistesleben handeln. Und wenn man sie gefunden hat und dann wiederum hingewiesen wird zu den geschichtlichen Urkunden, dann findet man in ihnen wieder, was man sozusagen schon weiß. Dadurch kommt man zu einer richtigen Würdigung, zu einer wahren menschlichen Würdigung dieser Urkunden.

Wir haben im Laufe der Vorträge gesehen, daß das Johannes-Evangelium dadurch wahrhaftig nicht an Wert verliert; wir haben gesehen, daß dadurch die Achtung und die Schätzung der Urkunden für den, der auf dem Boden der Geisteswissenschaft steht, durchaus nicht geringer wird als bei denen, die sich von vornherein auf den Boden einer solchen Urkunde stellen. Ja, wir haben gesehen, daß die tiefsten Lehren über das Christentum, die wir ebensogut die allgemeinen Weisheitslehren nennen könnten, uns wiederum entgegentreten im Johannes-Evangelium. Und wir haben gesehen, wenn wir so diesen tiefen Sinn der christlichen Lehre erfassen, daß wir dann erst begreifen können, warum Christus gerade in einer ganz bestimmten Zeit, im Beginne unserer Zeitrechnung, in die Menschheitsentwickelung eintreten mußte.

Wir haben gesehen, wie in der nachatlantischen Zeit sich nach und nach diese Menschheit heraufentwickelt hat. Wir haben darauf hingewiesen, wie nach der atlantischen Flut eine erste große nachatlantische Kulturepoche da war in der uralt-indischen Kultur. Wir haben darauf hingewiesen, wie diese uralt-indische Kultur dadurch zu charakterisieren ist, daß die Gemüter der Menschen beherrscht waren von Sehnsucht und Erinnerung. Wir haben charakterisiert, worin die Erinnerung, die Sehnsucht bestand. Die Erinnerung bestand darin, daß lebendige Überlieferungen geblieben waren von einer der atlantischen Flut vorangehenden Zeitepoche der Menschheit, in der der Mensch vermöge seiner Natur und Wesenheit noch eine Art dämmerhaften hellseherischen Zustandes hatte, durch den er hineinblicken konnte in die geistige Welt, so daß ihm die geistige Welt durch das Erlebnis, durch die Erfahrung bekannt war, wie der heutigen Menschheit die vier Reiche der Natur, das Mineralreich, das Pflanzenreich, das Tierreich und das Menschenreich, bekannt sind. Wir haben gesehen, wie in dieser Zeit vor der atlantischen Flut eine so scharfe Trennung noch nicht war zwischen dem Bewußtseinszustand während des Tageslebens und dem Bewußtseinszustand während des Nachtlebens. Wenn der Mensch damals abends in Schlaf versunken war, waren seine inneren Erlebnisse nicht so unbewußt und dunkel wie heute; sondern wenn ihm untertauchten die Bilder des Tageslebens, gingen ihm auf die Bilder des geistigen Lebens, und er war jetzt innerhalb der Dinge der geistigen Welt.

Und wenn er des Morgens wiederum untertauchte in seinem physischen Leib, sanken herunter ins Dunkel die Erlebnisse und Wahrheiten der göttlich-geistigen Welt, und um ihn herum stiegen auf die Bilder der heutigen Wirklichkeit, der heutigen Reiche der Mineralien, Pflanzen, Tiere und so weiter. Jene scharfe Grenze zwischen nächtlicher Bewußtlosigkeit und täglichem Wachen entstand erst nach der atlantischen Flut, in unserer nachatlantischen Zeit. Da war der Mensch in einer gewissen Weise – was die unmittelbare Wahrnehmung betraf – abgeschnitten von der geistigen Wirklichkeit und immer mehr herausgesetzt in die rein physische Wirklichkeit. Die Erinnerung allein war geblieben, daß es ein anderes Reich, ein Reich geistiger Wesenheiten und geistiger Vorgänge gibt, und an diese Erinnerung hatte sich geknüpft die Sehnsucht der Gemüter, durch irgendwelche Ausnahmezustände wieder hineinzusteigen in diese Reiche, aus denen der Mensch heruntergestiegen war. Diese Ausnahmezustände wurden nur wenigen Auserwählten zuteil, den Eingeweihten, denen in den Mysterienstätten die inneren Sinne geöffnet wurden, so daß sie hineinblicken konnten in die geistige Welt. Sie konnten Kunde und Zeugnis ablegen vor den anderen, die nicht imstande waren, hinauszuschauen, daß die geistigen Welten Wirklichkeit waren. Yoga war in der uralt-indischen Kultur der Prozeß, durch den der Mensch sich zurückversetzte in den alten dämmerhaften hellseherischen Zustand. Waren dann einzelne Ausnahmenaturen initiiert oder eingeweiht worden, dann wurden sie dadurch die Führer der Menschheit, die Zeugen der geistigen Welt.

Unter dem Eindruck dieser Sehnsucht und Erinnerung bildete sich eben innerhalb der uralt-indischen, vorvedischen Kultur vorzüglich jene Stimmung aus, welche in der äußeren Wirklichkeit Maja oder Illusion sah. Man sagte sich: Die wahre Wirklichkeit ist doch nur in der geistigen Welt, in die wir uns nur durch einen Ausnahmezustand, durch Yoga, zurückversetzen können. Diese Welt der geistigen Wesen und Vorgänge ist wirklich, was der

Mensch mit seinen Augen sieht, ist unwirklich, ist Illusion, ist Maja!

Das war die erste religiöse Grundempfindung in der nachatlantischen Zeit, und Yoga war die erste Form der Einweihung in der nachatlantischen Zeit. Da war zunächst noch nichts vom Begreifen der eigentlichen Mission der nachatlantischen Zeit. Denn es war nicht die Mission der Menschheit, die Wirklichkeit, die wir die Sinnlichkeit nennen, als Maja, als Illusion, anzusehen, sie zu fliehen und ihr fremd zu werden; sondern eine andere Mission hatte die nachatlantische Menschheit: immer mehr und mehr die physische Wirklichkeit zu erobern, Herr zu werden über die Welt der physischen Erscheinungen. Aber es ist auch durchaus begreiflich, daß die Menschheit, die zuerst hineinversetzt wurde in diesen physischen Plan, im Anfange das, was früher kaum innerhalb der geistigen Wirklichkeit auftauchte und das sie jetzt allein wahrnehmen konnte, für Maja oder Illusion hielt. Niemals aber durfte diese Stimmung gegenüber der Wirklichkeit bleiben. Nicht durfte diese Auffassung der physischen Wirklichkeit als einer Illusion der Lebensnerv der nachatlantischen Zeit bleiben. Und wir sahen, wie Stück für Stück die nachatlantische Menschheit sich in den verschiedenen Kulturepochen erobert hat den Zusammenhang mit der physischen Wirklichkeit.

In jener Kultur, die wir die urpersische nennen – denn das, was die Geschichte kennt unter der persischen und der Zarathustra-Kultur, sind die letzten Nachklänge dessen, was hier gemeint ist –, in dieser zweiten Kulturepoche sahen wir die Menschen den ersten Schritt tun, um hinauszuwachsen aus dem alten indischen Prinzip und sich die physische Wirklichkeit zu erobern. Noch ist nirgends eine liebevolle Versenkung in die physische Wirklichkeit da, auch nirgends etwas wie ein Studium der physischen Welt. Aber es ist doch schon mehr da als in der alten indischen Kultur. Sogar das, was bis in die spätere Zeit geblieben ist von dieser altindischen Kultur, zeigt uns noch die Nachklänge jener Stimmung, die die physische

Wirklichkeit als Illusion ansieht. Daher hätte niemals unsere gegenwärtige Kultur hervorgehen können aus dieser indischen Kultur. Alle Weisheit richtete innerhalb der indischen Kultur den Blick hinweg von der physischen Welt und blickte hinauf in die geistigen Welten, die als Erinnerung vorhanden waren, und unwert erschien ihr das Studium und die Bearbeitung der physischen Wirklichkeit. Daher konnte niemals das eigentliche indische Prinzip eine für unsere irdische Welt brauchbare Wissenschaft hervorbringen; niemals hätte es jene Beherrschung der Naturgesetze hervorbringen können, die heute die Grundlage unserer Kultur bildet. Alles das hätte niemals aus dem alten Indertum hervorgehen können. Denn wozu die Kräfte einer Welt kennenlernen, die doch nur auf Täuschung beruht! Wenn das später anders geworden ist auch in der indischen Kultur, so ist das nicht aus ihr hervorgeflossen, sondern ist späteren fremden Einflüssen entsprungen. Der altpersischen Kultur steht die äußere physische Wirklichkeit zunächst als ein Arbeitsfeld gegenüber. Noch wie der Ausdruck einer feindlichen Gottheit wird sie angesehen, aber schon ist die Hoffnung ersprossen, daß man dieses materielle Feld der Wirklichkeit mit Hilfe der Lichtgottheit durchdringen kann, ganz in ein von geistigen Mächten und guten Göttern durchdrungenes verwandeln kann. So spürt der Anhänger der persischen Kultur schon ein wenig die Realität der physischen Welt. Zwar betrachtet er sie noch als Gebiet des Gottes der Finsternis, aber er hat doch die Hoffnung, daß er in sie einverleiben kann die Kräfte der guten Götter.

Und weiter geht die Menschheit dann hinüber in die Kulturepoche, die ihren geschichtlichen Ausdruck fand in der babylonisch-assyrisch-chaldäiscb-ägyptischen Kultur. Und wir haben gesehen, wie es kam, daß der Sternenhimmel dem Menschen nicht mehr Maja war, sondern etwas, in dessen Schriftzügen man lesen konnte. In dem, was für die Inder noch Maja war, in den Bahnen und dem Glanz der Sterne, sieht der Angehörige der dritten Kulturepoche den Ausdruck der Ratschlüsse und Absichten göttlich-geistiger Wesenheiten. Man lebt sich allmählich hinein in die Gesinnung, daß die äußere Wirklichkeit nicht Täuschung ist, sondern eine Offenbarung, eine Manifestation der göttlich-geistigen Wesenheiten. Und in der ägyptischen Kultur fängt man an, das, was man aus der Sternenschrift herausliest, auf die Einteilung der Erde selbst anzuwenden. Warum wurden die Ägypter die Lehrmeister der Geometrie? Weil sie glaubten, daß man durch den Gedanken, der die Erde abteilt, die Materie auch bezwingen kann und daß sich umformen läßt die Materie, die der Geist des Menschen erfassen kann. – So allmählich durchdrang eine spätere Menschheit diese materielle Welt, die zuerst als Maja angesehen war, mit dem Geist, der immer mehr und mehr auch in des Menschen Innerem auftauchte.

Wir haben gesehen, daß eigentlich erst in der späteren atlantischen Zeit die Menschen in die Lage gekommen sind, das Ich oder «Ich-bin» zu empfinden. Denn solange die Menschen die geistigen Bilder sahen, waren sie sich auch klar, daß sie selbst der geistigen Welt angehörten, selbst ein Bild unter Bildern waren. Jetzt kam die Erfassung des Geistes im Innern. Betrachten wir jetzt zu dem, was wir heute ein wenig wiederholt haben, die Entwickelung des eigenen Inneren des Menschen.

Solange in der atlantischen Zeit der Mensch hinausgesehen hat in einer Art träumerischen, hellseherischen Bewußtseins, hat er eigentlich nicht recht achtgegeben auf sein Inneres. Da war die Innenwelt, die mit dem Ich oder «Ich-bin» umfaßt wird, für ihn noch nicht etwas in scharfen Konturen Gezeichnetes. In demselben Maße, als die geistige Welt entschwand, wurde der Mensch sich seiner eigenen Geistigkeit bewußt. In der altindischen Kultur war gegenüber der eigenen Geistigkeit noch eine sonderbare Stimmung. Man sagte: Wollen wir in die geistige Welt eindringen, uns über die Illusion erheben, dann müssen wir uns selbst verlieren in der geistigen Welt, müssen möglichst auslöschen das «Ich-bin» und aufgehen in dem All-Geist, in dem Brahman. – So war es insbesondere bei der alten Einweihung ein Verlieren des Persönlichen. Ein unpersönliches Aufgehen in der geistigen Welt ist vor allem das, was die älteste Form der Einweihung auszeichnet.

Das war zum Beispiel nicht mehr so in der dritten Kulturepoche. Denn bis zur dritten Kulturepoche entwickelte sich das Selbstbewußtsein des Menschen immer stärker. Immer mehr wurde sich der Mensch im Innern seines Ichwesens bewußt. Indem man die Materie ringsherum liebgewann, sich in sie vertiefte mit den Gesetzen, die der menschliche Geist selbst ausdachte, die nicht in irgendeinem dämmerhaften Traumzustand gewonnen waren, wurde man seines Ich immer mehr gewahr, bis dieses Persönlichkeitsbewußtsein im alten Ägyptertum auf einem gewissen Höhepunkte angelangt war. In diesem Persönlichkeitsbewußtsein war aber noch etwas vorhanden, was es zugleich als etwas Niederes erscheinen ließ, als etwas, was nun wiederum gebunden war und aufging in der äußeren Welt, was keine Möglichkeit hatte, den Zusammenhang mit dem zu gewinnen, aus dem man herausgeboren war. Zwei Grundstimmungen der Menschheitsentwickelung müssen wir vor unsere Seele hinmalen, wenn wir den ganzen Hergang der Sache begreifen wollen.

Wir müssen uns einmal erinnern, wie die Menschen der atlantischen Zeit und der altindischen Zeit danach gelechzt haben, die Persönlichkeit abzustreifen. Die Atlantier konnten das, weil es für sie selbstverständlich war, daß sie eben jede Nacht die Persönlichkeit abstreiften und in einem Geisterlande lebten. Die Inder konnten es, weil ihre Einweihungs-Prinzipien sie hinaufführten durch Yoga ins Unpersönliche. Ruhen in dem allgemein Göttlichen war das, was man wollte. Das Ruhen in einem Allgemeinen war in einem letzten Ausläufer der Menschheit geblieben: in dem Bewußtsein der Zusammengehörigkeit mit den Generationen, in dem Bewußtsein, daß man herausgeboren war aus einer Geschlechtsfolge, daß man als einzelner Mensch zusammenhing mit seinem Blute durch die Generationen bis zum Urahn hinauf. Das war die Stimmung, die sich herausgebildet hatte aus jener alten Stimmung, die sich geistig geborgen fühlte in einem Geistig-Göttlichen. So war es gekommen, daß diejenigen Menschen, die eine normale Entwickelung durchgemacht hatten, in der dritten Kulturepoche anfingen, sich zu empfinden als einzelne Menschen, aber zu gleicher Zeit sich geborgen wußten in einem Ganzen, in einem Göttlich-Geistigen, daß sie sich angliederten durch die Blutsverwandtschaft an die ganze Vorfahren-Linie und daß der Gott für sie lebte in dem durch die Generationen hinfließenden Blute.

Wir haben dann gesehen, wie innerhalb desjenigen Volkes, das die Bekennerschaft des Alten Testamentes bildet, sich ein gewisser Vollkommenheitsgrad dieser Stimmung ausbildete. «Ich und der Vater Abraham sind eins», das heißt, der einzelne fühlte sich geborgen in dem ganzen Zusammenhange bis hinauf zum Vater Abraham. Das war ungefähr auch, was die Grundstimmung aller damals normal entwickelten Volksstämme ausmachte, aller Volksstämme der dritten Kulturepoche. Aber nur der Bekennerschaft des Alten Testamentes war prophetisch vorherverkündet worden, daß es noch etwas geistig Tieferes gäbe als die göttliche Vaterschaft, die durch das Blut der Generationen rinnt. Und auf den großen Moment in der Evolution der Menschheit, wo das prophetisch vorherverkündet worden ist, haben wir hingewiesen. Als Moses den Ruf hört: «Sage, wenn du meinen Namen verkünden wirst, der ‹Ich-bin› habe dir das gesagt!», da ertönt zum erstenmal die Kunde und Offenbarung des Logos, des Christus. Da wurde prophetisch zum ersten Male verkündet für die, die es begreifen konnten, daß in dem Gotte nicht nur das lebt, was im Blutzusammenhange steht, sondern daß in ihm lebt ein rein Geistiges. Wie Prophetie war es, was durch das Alte Testament ging.

Wer war es denn eigentlich – diese Frage ist es, an die wir uns nunmehr etwas halten wollen –, wer war es denn, der damals dem Moses zum ersten Male seinen Namen durch die Prophetie verkündete? Da haben wir wiederum eine Stelle, wo die Ausleger des Johannes-Evangeliums ganz oberflächlich zu Werke gehen und nicht anerkennen wollen, daß man diese Urkunden so gründlich wie möglich durchgehen muß. – Wer war der, der prophetisch seinen Namen verkündigte, dem man den Namen «Ich-bin» geben muß? Wer war es?

Wir kommen darauf, wenn wir ordentlich und mit Ernst und Würde eine Stelle des Johannes-Evangeliums erfassen. Es ist die Stelle, die wir finden im 12. Kapitel von Vers 37 an. Da weist der Christus Jesus hin auf die Erfüllung eines Spruches des Propheten Jesaias, auf die Vorhersagung, mit dem Hinweise, daß die Juden nicht glauben wollen an den Christus Jesus. Jesus selber weist dabei hin auf Jesaias:

> «Er hat ihre Augen verblendet und ihr Herz verstocket, daß sie mit den Augen nicht sehen, noch mit dem Herzen vernehmen, und sich bekehren, und ich ihnen hülfe. Solches sagte Jesaias, da er seine Herrlichkeit sah, und redete mit ihm.» (12, 40–41)

Jesaias «redete mit ihm»! Mit wem redete Jesaias? Es wird hingewiesen auf die Stelle, die da heißt:

> «Des Jahres, da der König Usia starb, sahe ich den Herrn sitzen auf einem hohen und erhabenen Stuhl, und sein Saum füllete den Tempel.» (Jesaias 6, 1)

Wen sah Jesaias? Das wird uns hier im Johannes-Evangelium klar gesagt: Christus sah er! Im Geistigen war er immer zu sehen, und Sie werden es nicht mehr unbegreiflich finden, wenn die Geheimwissenschaft darauf hinweist, daß derjenige, den Moses sah, als er ihm das Wort des «Ich-bin» als seinen Namen ankündigte, dieselbe Wesenheit war, die dann als Christus auf der Erde erschien. Der eigentliche «Geist Gottes» des Altertums ist kein anderer als der Christus, so daß wir hier an einer der Stellen der religiösen Urkunden stehen, wo es dem, der nicht ordentlich zu Werke geht, besonders schwer wird, klar zu sehen. Denn klar muß man hier besonders deshalb sehen, weil mit den Worten «Vater», «Sohn» und «Heiliger

Geist» die sonderbarsten Verwechselungen vorgekommen sind. Es ist ja immer so gewesen, daß äußerlich im Exoterischen diese Worte in der mannigfaltigsten Weise gerade deshalb gebraucht worden sind, um den eigentlichen esoterischen Sinn nicht gleich hervorleuchten zu lassen. Hat man im Sinne des alten Judentums von dem «Vater» gesprochen, so sprach man zunächst von jenem Vater, der durch das Blut der Generationen hinunterrann, materiell. Sprach man so, wie hier Jesaias von dem «Herrn» gesprochen hat, von dem, der sich geistig offenbarte, so sprach man ebenso von dem Logos wie im Johannes-Evangelium. Und nichts anderes will der Schreiber des Johannes-Evangeliums sagen als: Der, der immer im Geistigen gesehen werden konnte, der ist Fleisch geworden und hat unter uns gewohnet! – Wenn wir uns nun klargeworden sind, daß auch im Alten Testamente in einer gewissen Beziehung vom Christus gesprochen wird, so werden wir auch begreifen, in welcher Weise das alte hebräische Volk in unsere Entwickelung hineingestellt wird. Aus dem Ägyptertum wächst das althebräische Prinzip heraus. Da hebt es sich ab von dem Hintergrund des ägyptischen Prinzips.

So also sehen wir, wie der normale Gang der Menschheitsentwickelung so fortschreitet, wie wir das gestern beschrieben haben. Die erste Kultur in der nachatlantischen Zeit ist die uralt-indische, die zweite die urpersische, die dritte die babylonisch-assyrisch-chaldäisch-ägyptische Kultur, dann folgt die vierte, die griechisch-lateinische Epoche, und die fünfte ist unsere jetzige Kulturepoche. Bevor die vierte Epoche beginnt, geht wie ein geheimnisvoller Zweig aus der dritten Epoche dasjenige Volk mit seinen Traditionen hervor, das den Boden abgibt für das Christentum. Wenn wir das alles zusammenfassen, was wir in unseren Vorträgen gewonnen haben, werden wir es noch begreiflicher finden, daß in die vierte Kulturepoche hineinfallen mußte die Erscheinung des Christus.

Wir haben schon hervorgehoben, daß in der vierten Epoche der Mensch so weit gekommen war, daß er seine eigene Geistigkeit, sein Ich verobjektiviert hinausgestellt hat in die Welt. Wir sehen, wie der Mensch allmählich die Materie durchdringt mit seinem eigenen Geiste, mit seinem Ich-Geist. Wir sehen die Werke der griechischen Plastiker, der griechischen Dramatiker, wo der Mensch das, was er sein seelisches Eigentum nennt, sich verkörpert vor die Seele hinstellt. Wir sehen weiter in der römischen Welt, wie das, was der Mensch ist, auch in sein Bewußtsein kommt und wie er das fixiert für die äußere Welt im «Jus», wenn auch eine vertrackte Rechtswissenschaft das verhüllt. Für den tieferen Kenner der Jurisprudenz ist es klar, daß das eigentliche Recht, das den Menschen als Rechtssubjekt betrachtet, erst in dieser vierten Kulturepoche entstanden ist. Da war sich der Mensch so weit seiner eigenen Persönlichkeit bewußt, daß er sich erst als ein eigentlicher Staatsbürger fühlte. Noch im Griechentum fühlte sich der einzelne Mensch als ein Glied des ganzen Stadt-Staates. Wichtiger war es, Athener zu sein als ein einzelner Mensch. Aber es ist etwas ganz anderes, wenn man sagt: Ich bin ein Römer – als: Ich bin ein Athener. Wenn man sagt: Ich bin ein Römer – weist man darauf hin, daß man als einzelner Mensch, als Bürger des Staates einen Wert hat, einen Willen hat. Da würde man auch nachweisen können, daß zum Beispiel die Entstehung des Begriffes «Testament» erst in dieser Zeitepoche möglich geworden ist; denn das ist ein römischer Begriff. Erst da hatte der Mensch seinen Willen so persönlich gemacht, so individualisiert, daß er auch noch über den Tod hinaus mit seinem Willen wirken wollte. Die Dinge, die man in der Geisteswissenschaft zu sagen hat, stimmen bis aufs einzelne mit den wirklichen Tatsachen überein.

So war der Mensch immer mehr zur Durchdringung der Materie mit seinem Geiste gekommen. Aber auch später zeigt sich das immer mehr. Die vierte Zeitepoche ist die, wo der Mensch das, was er in seinem Geiste erfaßt, restlos der Materie einverleibt. In der ägyptischen Pyramide sehen Sie noch, wie Geist und Materie miteinander ringen, wie sich das im Geiste Erfaßte noch nicht voll in der Materie ausdrückt. Im griechischen Tempel drückt sich aus der ganze Wendepunkt in der nachatlantischen Zeit. Für den, der etwas davon versteht, gibt es sogar keine bedeutendere, keine vollendetere Architektur als die griechische, die der reinste Ausdruck ist der inneren Raumgesetzlichkeit. Die Säule ist ganz als Träger gedacht, und was auf der Säule liegt, ist ganz und gar so empfunden worden, daß es getragen werden muß und daß es drückt. Der souveräne, emanzipierte Raumgedanke ist hier beim griechischen Tempel bis in die letzten Konsequenzen durchgeführt. Wenige Menschen haben später noch den Raumgedanken so empfunden wie damals. Es hat allerdings noch Menschen gegeben, die den Raumgedanken haben fühlen können, aber sie haben ihn malerisch gefühlt. Prüfen Sie einmal in der Sixtinischen Kapelle den Raum; stellen Sie sich an die Hinterwand, wo das große Bild des Gerichtes ist, und sehen Sie hinauf: Da werden Sie sehen, wie die Hinterwand schief in die Höhe geht. Sie geht deshalb schief in die Höhe, weil der Ausführer den Raumgedanken gefühlt und nicht so abstrakt gedacht hat wie andere Menschen. Deshalb steht diese Wand so wunderbar im Winkel da. Das heißt, nicht mehr griechisch den Raumgedanken empfinden. Es gibt einen Kunstsinn, der die im Raum verborgenen geheimen Maße empfindet. Architektonisch empfinden heißt nicht, für das Auge, sondern etwas anderes empfinden. Leicht glaubt der Mensch heute: rechts sei ebenso wie links, oben ebenso wie unten und vorn so wie hinten. Wenn der Mensch nur einmal folgendes bedenken wollte: Es gibt Bilder, auf denen sieht man drei, vier oder fünf Engel schweben. Diese können so gemalt sein, daß man im Recht ist zu denken, sie müßten jeden Augenblick herunterfallen. Sie können aber auch so gemalt sein von jemandem, der den wirklichen Raumsinn entwickelt hat, daß er nicht die Möglichkeit gibt, dies zu denken; sie können gar nicht herunterfallen, denn sie tragen sich gegenseitig. Dann hat man die dynamischen Verhältnisse des Raumes dabei malerisch vor sich. Der Grieche hatte sie architektonisch vor sich; er empfand die Horizontale nicht bloß als Linie, sondern er empfand sie als Druckkraft, und er empfand die Säule nicht bloß als Stock, sondern empfand sie als Tragkraft. Dieses Mitfühlen mit den

Linien des Raumes, das heißt «den lebendigen Geist geometrisierend fühlen». Das ist, was *Plato* gemeint hat, als er den ungeheuren Ausdruck gebrauchte: «Gott geometrisiert fortwährend.» – Diese Linien im Raum sind vorhanden, und danach baute der Grieche seinen Tempel.

Was ist denn der griechische Tempel? Er ist mit Notwendigkeit ein Wohnhaus des Gottes. Er ist etwas ganz anderes als die heutige Kirche. Die heutige Kirche ist eine Predigtstätte. In dem griechischen Tempel wohnte der Gott selbst darinnen. Die Menschen sind nur zufällig darin, wenn sie bei Gott sein wollen. Wer die Formen des griechischen Tempels versteht, der empfindet einen geheimnisvollen Zusammenhang mit dem im Tempel wohnenden Gott. Da sieht man in den Säulen und dem, was darüber ist, nicht etwas, was der Mensch phantasiert hat, sondern etwas, was der Gott selbst so gemacht hätte, wenn er sich ein Wohnhaus hätte schaffen wollen. Das war das Höchste an Durchdringung von Materie mit Geist.

Vergleichen Sie einmal den griechischen Tempel mit einer gotischen Kirche. Es soll nichts gegen die Gotik gesagt sein, denn sie steht von einem anderen Gesichtspunkt aus auf einer höheren Stufe. Bei der gotischen Kirche sehen Sie, wie dasjenige, was in ihren Formen zum Ausdruck kommt, eigentlich gar nicht gedacht und gar nicht empfunden werden kann ohne die andächtige Menge. In den Bogenformen der Gotik liegt für den, der das empfinden kann, etwas, was er überhaupt gar nicht anders empfinden kann, als indem er sich sagt: Wenn da nicht die andächtige Menge darinnen ist und die Hände so in Bogenform zusammenschließt, ist das Ganze nicht vollständig. Die gotische Kirche ist nicht bloß das Wohnhaus Gottes, sondern zu gleicher Zeit der Versammlungsort der zum Gotte betenden Menge. So überschreitet die Menschheit wiederum den Höhepunkt ihrer eigenen Entwickelung in einer gewissen Weise. Wir sehen, wie das, was innerhalb des griechischen Raumsinnes wunderbar empfunden ist in den Linien des Raumes, in den Säulen und Balken, später in Dekadenz gekommen ist. Eine Säule, die nicht trägt, die nur als dekoratives Motiv da ist, ist für das griechische Empfinden keine Säule. Es steht alles in der menschlichen Evolution im absoluten Einklang. Die griechische Kulturepoche war die schönste Durchdringung des in sich entdeckten Bewußtseins der Menschheit und dessen, was draußen im Raume als das Göttliche empfunden wurde. Der Mensch war ganz und gar zusammengewachsen mit der physisch-sinnlichen Welt in dieser Kulturepoche.

Es ist einfach Unsinn, wenn heutige Gelehrte das, was frühere Zeiten empfunden haben, verdunkeln wollen. Im geisteswissenschaftlichen Sinne sehen wir die vierte Epoche der nachatlantischen Zeit an als diejenige, in welcher der Mensch ganz und gar im Einklange steht mit der ihn umgebenden Welt. Diese Zeit, wo der Mensch wie zusammengewachsen war mit der äußeren Wirklichkeit, war allein geeignet, zu begreifen, daß das Göttliche in einem einzelnen Menschen erscheinen kann. Jede frühere Zeit hätte alles andere eher begriffen als das; jede frühere Zeit hätte so empfunden, daß das Göttliche viel zu hoch und erhaben sei, als daß es in einer physischen Menschengestalt erscheinen könne. Bewahren wollte man das Göttliche gerade vor der physischen Gestalt. «Du sollst dir kein Bildnis machen!» (2. Mose 20, 4), mußte deshalb gerade dem Volke gesagt werden, das die Idee des Gottes in seiner geistigen Gestalt erfassen sollte. Aus solchen Anschauungen heraus entwikkelte sich dieses Volk, und aus seinem Schoße erwuchs die Christus-Idee, die Idee, daß das Geistige im Fleische erscheinen sollte. Dazu wurde dieses Volk ausersehen; und da hinein, in die vierte der nachatlantischen Epochen, mußte das Christus-Ereignis fallen.

Deshalb zerfällt für das christliche Bewußtsein das ganze Menschenwerden in eine vorchristliche und in eine nachchristliche Zeit. Der Gott-Mensch konnte nur in einer bestimmten Zeit von dem Menschen begriffen werden. Und so sehen wir, wie das Johannes-Evangelium anknüpft im vollen Bewußtsein und in der Gesinnung an das, was, wenn ich ein triviales Wort gebrauchen darf, unmittelbar zeitgemäß war, unmittelbar aus dem Zeitbewußtsein heraus stammte. Ganz von selbst machte es sich daher – sozusagen wie etwas innerlich Verwandtes –, daß die Gedankenbilder, durch die der Schreiber des Johannes-Evangeliums das größte Ereignis der Weltgeschichte zu begreifen versuchte, ihm am besten ausgedrückt erschienen in griechischen Gedankenformen. Und nach und nach wuchs das ganze christliche Empfinden in diese Gedankenformen hinein. Wir werden sehen, wie mit dem Fortschreiten dann so etwas wie die Gotik entstehen mußte, weil das Christentum allerdings dazu berufen war, wiederum über die Materie hinauszuführen. Aber entstehen konnte es nur da, wo man so weit hineingeraten war in die Materie, daß man sie noch nicht überschätzte, noch nicht darin untergesunken war wie in unserem Zeitalter, aber sie doch zu durchgeistigen und zu durchdringen vermochte.

So denke ich, zeigt sich uns aus dem ganzen geistigen Hergang der Menschheit heraus die Entstehung des Christentums als etwas durchaus Notwendiges. Wenn wir nunmehr begreifen wollen, welche Gestalt das Christentum nach und nach annehmen mußte, welche Gestalt ihm prophetisch von einer solchen Individualität wie dem Schreiber des Johannes-Evangeliums vorhergesagt wird, müssen wir im nächsten Vortrag auf einige wesentliche und wichtige Begriffe Rücksicht nehmen.

Gezeigt ist worden, daß man alles buchstäblich nehmen, aber erst den Buchstaben wirklich verstehen muß. Es ist nicht einerlei, daß nirgends der Name «Johannes» vorkommt, sondern immer geredet wird von dem Jünger, «den der Herr lieb hatte». Wir haben gesehen, welches Geheimnis sich dahinter verbirgt, und daß dies von tiefer Bedeutung ist. – Nun wollen wir noch einen anderen Ausdruck betrachten, einen Ausdruck, der es uns unmittelbar möglich machen wird, anzuknüpfen an die nachfolgenden Entwickelungsperioden des Christentums.

Im Johannes-Evangelium wird gewöhnlich übersehen, wie von der «Mutter Jesu» gesprochen wird. Wenn man den gewöhnlichen Durchschnittschristen fragen wird: Wer ist die Mutter Jesu? wird er antworten: Die Mutter Jesu ist Maria! Und mancher wird sogar glauben, daß im Johannes-Evangelium so etwas steht, wie daß die Mutter des Jesus Maria heißt. Nirgends steht im Johannes-Evangelium etwas davon, daß die Mutter Jesu «Maria» heißt. Es steht überall, wo davon die Rede ist, mit einer vollen Absichtlichkeit, deren Bedeutung wir kennenlernen werden, nur die «Mutter Jesu». Im Kapitel der Hochzeit zu Kana heißt es: «Und die Mutter Jesu war da» (2, 1); und später wird gesagt: «Seine Mutter spricht zu den Dienern» (2, 5). Niemals der Name «Maria». Und wo sie uns wieder entgegentritt, wo wir den Erlöser am Kreuze sehen, wird gesagt im Johannes-Evangelium:

> «Es stand aber bei dem Kreuze Jesu seine Mutter und seiner Mutter Schwester, Maria, des Kleophas Weib, und Maria von Magdala.» (19, 25)

Klar und deutlich ist da gesagt, wer am Kreuze steht: Die Mutter war da, dann deren Schwester, die des Kleophas Weib war und Maria hieß, und die Maria von Magdala. Wenn jemand etwas nachdenkt, wird er sich sagen: Es ist doch sonderbar, daß die beiden Schwestern Maria heißen! Das ist heute nicht gebräuchlich. – Und damals war es das auch nicht. Und da der Schreiber des Johannes-Evangeliums die Schwester Maria nennt, so ist es klar, daß die Mutter Jesu nicht Maria hieß. Im griechischen Worttext steht klar und deutlich: Unten stand «seine Mutter und seiner Mutter Schwester, die des Kleophas Weib war, Maria, und die Maria von Magdala.» – Da entsteht für eine würdige Auffassung die Frage: Wer ist die Mutter des Jesus? Und da streifen wir an eine der größten Fragen des Johannes-Evangeliums: Wer ist der eigentliche Vater des Jesus? Wer ist die Mutter?

Wer ist der Vater? – Kann man denn überhaupt fragen? Nicht nur im Sinne des Johannes-Evangeliums, sondern im Sinne des Lukas-Evangeliums können Sie fragen. Denn es gehört eine besondere Gedankenlosigkeit dazu, nicht zu sehen, wie bei der Verkündigung gesagt wird:

«Der Heilige Geist wird über dich kommen, und die Kraft des Höchsten wird dich überschatten, und das, was von dir geboren wird, wird Gottes Sohn heißen.» (Lukas 1, 35)

Selbst im Lukas-Evangelium wird darauf hingewiesen, daß der Vater des Jesus der Heilige Geist ist. Das ist buchstäblich aufzufassen, und diejenigen Theologen, die das nicht anerkennen, können das Evangelium eben nicht lesen. Und so müssen wir die große Frage hinstellen: Wie stehen mit alledem, was wir gehört haben, die Worte «Ich und der Vater sind eins», «Ich und der Vater Abraham sind eins», «Bevor Abraham war, war ‹Ich-bin›» in Einklang? Wie bringt man mit alledem die unleugbare Tatsache in Harmonie, daß die Evangelien in dem «Heiligen Geist» das Vater-Prinzip sehen? Und wie haben wir im Sinne des Johannes-Evangeliums über das Mutter-Prinzip zu denken?

Damit Sie morgen recht vorbereitet kommen im Geiste mit der Formulierung dieser Fragen, soll außerdem noch hingewiesen werden darauf, daß im Lukas-Evangelium eine Art Generationenfolge gegeben wird, daß uns da gesagt wird, daß Jesus getauft wurde von Johannes, daß er anfing zu lehren im dreißigsten Jahre und daß gesagt wird, er sei der Sohn der Maria und «des Josef, der war ein Sohn Eli» und so weiter, und nun folgt die ganze Generationenreihe. Verfolgen Sie sie; Sie werden sehen, daß sie hinaufgeht bis zu Adam. Und dann folgt etwas ganz Eigentümliches, es stehen die Worte da: «der war Gottes.» (Lukas 3, 23–38)

Genau ebenso wie hinaufgewiesen wird vom Sohn zum Vater, so wird von Adam zu Gott verwiesen im Lukas-Evangelium. Eine solche Stelle müssen wir ganz ernst nehmen! Dann haben wir ungefähr die Fragen zusammen, die uns morgen in das Zentrum des Johannes-Evangeliums führen sollen.

ZEHNTER VORTRAG

HAMBURG, 30. MAI 1908

Uns beschäftigte das ganze Gesetz der nachatlantischen Entwickelung unserer Menschheit, und wir suchten zu verstehen, warum gerade in einem ganz bestimmten Zeitpunkte dieser nachatlantischen Entwickelung die Stiftung des Christentums stattfinden mußte. Wir haben gestern am Schluß des Vortrages erwähnt, daß das Verständnis wichtiger Fragen des Johannes-Evangeliums und des ganzen Christentums davon abhängt, daß wir gerade dieses Entwickelungsgesetz im esoterisch-christlichen Sinne gut ins Auge fassen. Nur dadurch werden wir ein volles Verständnis gewinnen können für die Bedeutung der Worte «Heiliger Geist», «Vater und Mutter Jesu». Vor allen Dingen erinnern wir uns, daß uns klar geworden ist im Laufe der letzten Vorträge, daß die nachatlantische Menschheit, also diejenige Menschheit, zu der wir im engeren Sinne selbst gehören, die sich entwickelt hat nach der atlantischen Flut, in sieben Unterabteilungen zerfällt. Es wird von mir absichtlich der Begriff «Unterrassen» vermieden, weil eigentlich der Begriff «Rasse» sich nicht völlig deckt mit dem, um was es sich dabei handelt. Es handelt sich um Kulturentwickelungsperioden, und das, was wir als Rassengesetz in unserer heutigen Menschheit noch erleben, ist eigentlich ein Nachklang der atlantischen Entwickelung. Diejenige Menschheitsentwickelung, die der atlantischen Flut vorangegangen ist, also die sich zum großen Teil abgespielt hat auf jenem Kontinente, der da war zwischen dem heutigen Europa und dem heutigen Amerika, der alten Atlantis, diese Menschheitsentwickelung teilen wir auch in sieben aufeinanderfolgende Abschnitte. Für diese sieben Abschnitte gilt noch der Ausdruck «Rassen-Entwickelung». Denn diese sieben aufeinanderfolgenden Stufen der Menschheit auf der alten Atlantis waren auch noch körperlich, inner- und außer-körperlich – zum äußeren Körper rechnet man auch die innere Konfiguration des Gehirns, des Blutes und der anderen Säfte – sehr voneinander verschieden, während gar keine Rede davon sein kann, daß etwa die erste Menschheit der nachatlantischen Zeit, die alten Inder, von uns so weit verschieden waren, daß wir noch den Ausdruck «Rasse» darauf anwenden dürften. Man muß ja immer die Kontinuität der Theosophie festhalten, und daher ist es ja oft notwendig, an diesen alten Begriff der Rassen anzuknüpfen. Aber man erweckt doch zu leicht falsche Vorstellungen durch das Wort Rasse, weil man übersieht, daß das Einteilungsmotiv für die Menschheit, das wir heute haben, ein viel innerlicheres ist als das, welches mit dem Ausdruck der Rasse zusammenhängt. Und gar auf das, was unsere Kultur ablösen wird, die Kultur nach der siebenten Unterabteilung, wird überhaupt der Ausdruck Rasse nicht mehr angewendet werden dürfen, weil die Menschheit sich dann gliedern wird nach ganz anderen Grundgesetzen.

Von diesem Gesichtspunkte aus müssen Sie es nehmen, wenn wir die nachatlantische Zeit einteilen erstens in die alte indische Epoche, zweitens in die altpersische, drittens in die babylonisch-assyrisch-chaldäisch-ägyptische, viertens in die griechisch-lateinische und fünftens in die Epoche, in der wir jetzt leben; die unsrige wird abgelöst werden von einer sechsten und einer siebenten Entwickelungsepoche.

Wir also stehen jetzt in der fünften nachatlantischen Kulturepoche und sagen uns: Das Christentum ist eingetreten in die Menschheitsentwickelung in seiner vollen Tiefe und Bedeutung in der vierten Epoche. Es hat, soweit die Menschheit der fünften Epoche ergriffen werden konnte, gewirkt, und wir werden prophetisch voraussagen, wie es weiter wirken wird, soweit es aus der spirituellen Wissenschaft möglich ist, vorherzusagen. Wir haben aber schon gestern erwähnt, daß die Mission des Christentums vorbereitet worden ist in der dritten Kulturepoche. Die ägyptische Kultur gehört zu der dritten Kulturepoche, und aus ihrem Schoße heraus leitete das Bekennertum des Alten Testamentes die hebräische Kulturentwickelung so, daß sozusagen herausgeboren wurde aus dem

Schoße der dritten Kulturepoche das Christentum, das dann voll zur Welt kam für die vierte Epoche mit dem Christus Jesus. Wir können also sagen: Die Menschheit der nachatlantischen Zeit hat erlebt einen gewissen geistigen Einfluß in der dritten Kulturepoche. Dieser Einfluß hat fortgewirkt in die vierte Epoche hinein; da konzentrierte er sich in dem Christus Jesus, wirkte weiter hinein in die fünfte Kulturepoche, in die unsrige, und wird von der unsrigen hinüberwirken in die sechste Epoche, die der unsrigen nachfolgen wird. Und nun müssen wir genau verstehen, wie diese Wirkungen geschehen sind.

Erinnern wir uns einmal genau, daß im Laufe der Menschheitsentwickelung die verschiedenen Grundteile des Menschen ihre Entwickelung erleben. Erinnern wir uns daran, wie es in der letzten atlantischen Zeit war. Wir haben ausgeführt, daß in den physischen Leib hinein sich gesenkt hat der Ätherkopf, daß da der Mensch die erste Anlage empfangen hat, zu sich «Ich-bin» zu sagen. Als die atlantische Flut eintrat, war der physische Leib des Menschen von der Gewalt dieses «Ich-bin» durchdrungen; das heißt, der Mensch war damals so weit, das physische Werkzeug vorbereitet zu haben für das Ich-Bewußtsein oder das Selbstbewußtsein. Damit wir uns ganz genau verstehen: Wenn wir in die Mitte der atlantischen Zeit zurückgingen, würde kein Mensch in der Lage gewesen sein, ein solches Selbstbewußtsein zu entwikkeln, um aus sich selbst heraus «Ich bin ein Ich!» oder «Ich bin» auszusprechen. Das konnte nur dadurch eintreten, daß jener Teil des Ätherkopfes, von dem wir gesprochen haben, sich verband mit dem physischen Teile des Kopfes. Damals, bis zum Untergang der Atlantis durch die atlantische Flut, bildete der Mensch das erste aus, was ausgebildet werden mußte, um ein Träger dieses Selbstbewußtseins werden zu können: er bildete die physische Gehirnanlage und die andere Gestaltung des Körpers aus. Also der physische Leib wurde bis zur atlantischen Flut hin reif, ein Ichträger zu sein.

Wir können also fragen: Welches war denn die Mission des Atlantiertums? Die Mission des Atlantiertums war, dem Menschen das Ich einzuimpfen, einzuprägen; und diese Mission geht dann über die atlantische Flut, die man als Sintflut beschreibt, hinüber in unsere Zeit. Aber in unserer nachatlantischen Kulturepoche muß schon wieder etwas anderes kommen: da muß langsam hineingehen in den Menschen Manas oder das Geistselbst. Mit unserer nachatlantischen Zeit beginnt der Einfluß von Manas oder Geistselbst. Wir wissen also, daß dann, wenn wir in unserer sechsten und siebenten Epoche verschiedene Verkörperungen werden durchgemacht haben, wir von Manas oder Geistselbst bereits werden überschattet sein bis zu einem gewissen Grade. Aber es bedarf einer längeren Vorbereitung für den Menschen, um überhaupt ein geeignetes Werkzeug für dieses Manas oder Geistselbst zu werden. Er hatte dazu – wenn es sich auch um Tausende von Jahren dabei handelt – vorher erst ein Ich-Träger im eigentlichen Sinne zu werden. Er mußte nicht nur seinen physischen Leib zu einem Werkzeug des Ich machen, sondern auch die anderen Glieder seiner Wesenheit.

In der ersten Kulturepoche der nachatlantischen Zeit macht der Mensch zuerst seinen Ätherleib zum Ich-Träger, wie er vorher seinen physischen Leib dazu gemacht hatte. Das war die alte indische Kultur. Sie besteht im wesentlichen darin, daß der Mensch die Fähigkeit erlangt, nicht nur ein physisches Werkzeug zu haben für das Ich, sondern auch einen dazu geeigneten Ätherleib. Daher ist in dieser Tabelle die erste Epoche, die alte indische Kultur, mit «Ätherleib» beschrieben (siehe Seite 199).

Wollen wir jetzt die weitere Entwickelung dieser Kulturepochen ins Auge fassen in bezug auf den Menschen, so müssen wir nicht nur oberflächlich das Seelische als astralischen Leib annehmen, sondern genauer zu Werke gehen und diejenige Gliederung des Menschen zugrunde legen, die Sie in meiner «Theosophie» finden. Da wissen Sie, daß wir nicht bloß unterscheiden im allgemeinen die sieben Glieder des Menschen, sondern daß der mittlere Teil des Menschen wieder zerfällt in den Empfindungsleib, in die Empfindungsseele, die Verstandesseele und die Bewußtseinsseele; und dann haben wir das Geistselbst, den Lebensgeist und den Geistesmenschen. Man unterscheidet ja gewöhnlich nur sieben Glieder; das vierte, das wir unter dem Worte «Ich» zusammenfassen, müssen wir weiter gliedern, weil es in der menschlichen Entwickelung so gegliedert ist.

Das, was nun während der altpersischen Kulturepoche ausgebildet wird, ist der eigentliche Astralleib oder der Empfindungsleib; er ist der Träger der eigentlichen Betätigungskräfte des Menschen, daher besteht der Übergang vom Indertum zum Persertum darin, daß zum Bearbeiten der Materie übergegangen wird. Das Regen der Hände und was damit verbunden ist, das Übergehen zur Arbeit, das ist es, was diese Kulturepoche charakterisiert. Das alte Indertum war in einem viel höheren Grade, als man sich denkt, dazu geneigt, nicht die Hände zu regen, sondern in Kontemplation sich zu erheben über das Materielle zu den höheren Welten. Man mußte sich tief in sich hineinversenken, wenn man sich zurückerinnern wollte an den früheren Zustand. Daher besteht zum Beispiel die indische Yoga-Einweihung im allgemeinen darin, daß der Ätherleib eine besondere Pflege und Ausbildung erfährt.

Nun schreiten wir weiter. Die Kultur des alten Persertums besteht darin, daß das Ich in den Empfindungsleib gesenkt wird. Die Kultur der Assyrer, Babylonier, Chaldäer, Ägypter besteht darin, daß das Ich hinaufsteigt bis in die Empfindungsseele. Was ist Empfindungsseele? Was vorzüglich bei dem empfindenden Menschen sich nach außen richtet, wodurch der wahrnehmende Mensch sich betätigt mit den Augen und den anderen Sinnen und wahrnimmt draußen in der Natur den waltenden Geist. Daher wird in dieser Zeit das Auge gerichtet auf die im Raume ausgebreiteten materiellen Dinge, auf die Sterne und ihren Gang. Da wirkt auf die Empfindungsseele das, was äußerlich im Raume ausgebreitet ist. Wenig ist in der ägyptisch-chaldäisch-assyrisch-babylonischen Zeit von dem im Menschen schon vorhanden, was man innerliche Persönlichkeits- und

Verstandeskultur nennen könnte. Das stellt sich auch der heutige Mensch nicht mehr richtig vor, wie eigentlich die ägyptische Weisheit dieser Epoche beschaffen war. Diese Weisheit war eigentlich gar nicht ein Denken, ein Spekulieren, wie das später gekommen ist; sondern wenn der Mensch den Blick hinausrichtete, empfing er das Gesetz, das er draußen mit den Sinnen ablas. Ein Ablesen der Gesetze war es, keine Begriffswissenschaft, eine Anschauungswissenschaft, eine Empfindungswissenschaft.

Wenn unsere Gelehrten nachdenken würden – es ist ja ein harter Satz –, so würden sie mit Fingern sozusagen auf das, was jetzt eben ausgesprochen worden ist, hingewiesen werden, allerdings mit geistigen Fingern. Denn wenn nicht nachgedacht worden ist mit den eigentlichen inneren Verstandeskräften, so heißt das nicht mehr und nicht weniger, als daß es damals eine eigentliche Begriffswissenschaft, eine logische Wissenschaft nicht gegeben haben kann. Die hat es auch nicht gegeben! Die Geschichte weist Ihnen nach, daß der eigentliche Begründer der Logik Aristoteles ist. Hätte es früher eine Logik, eine Begriffswissenschaft gegeben – diese in ein Buch zu bringen, das würden diese Menschen schon imstande gewesen sein.

Eine Logik, das, was Nachdenken im Ich selber ist, wo man im Ich Begriffe verbindet und trennt, wo man also logisch urteilt, nicht abliest von den Dingen, das tritt erst in der vierten Kulturepoche ein. Daher nennen wir diese vierte Epoche die Epoche der Verstandesseele.

Und wir selbst sind in einer Epoche – ungefähr trat die Menschheit ein in diese Epoche um die Mitte des Mittelalters, vom 10., 11., 12. Jahrhundert angefangen –, wir selbst sind in der Epoche des Eintretens des Ich in die Bewußtseinsseele. So spät ist das erst gekommen. In die Bewußtseinsseele trat das Ich ein erst ungefähr um die Mitte des Mittelalters. Auch das ließe sich sehr leicht historisch belegen, und man könnte in alle Winkel hineinleuchten, wenn man Zeit hätte, auf manches hinzudeuten, was dabei in Frage kommt. Damals impfte sich dem Menschen ein ganz bestimmter Begriff ein von individueller Freiheit, von individueller Ich-Tüchtigkeit. Wenn Sie noch die erste Zeit des Mittelalters betrachten, würden Sie durchaus noch überall finden, daß der Mensch in einer gewissen Weise gilt durch das, wie er in die Gesellschaft hineingestellt ist. Man erbt vom Vater und den Angehörigen Stand und Rang und Würde, und vermöge dieser unpersönlichen Dinge, die nicht mit dem Ich bewußt verknüpft sind, handelt und arbeitet man in der Welt. Erst später, als der Handel sich ausdehnte und die Erfindungen, die neuzeitlichen Entdeckungen kamen, beginnt das Ich-Bewußtsein sich auszudehnen, und wir können sehen, daß überall in der europäischen Welt die äußeren Abbilder dieser Bewußtseinsseele in einer ganz bestimmten Art von Städteverfassungen, Städtekonstitutionen und dergleichen auftreten. Aus der Geschichte Hamburgs zum Beispiel könnte man leicht nachweisen, wie sich historisch diese Dinge entwickelt haben. Das, was man «freie Stadt» im Mittelalter nannte, das ist der äußere Abdruck dieses Hinhauchens der ichbewußten Seele durch die Menschheit. Und wenn wir jetzt einmal den Blick in die Zukunft schweifen lassen, so sagen wir: Jetzt sind wir eben daran, dieses Persönlichkeitsbewußtsein in der Bewußtseinsseele auszubilden. Alle Forderungen der neueren Zeit sind nichts anderes, als daß unbewußt die Menschen die Forderungen der Bewußtseinsseele herausbringen.

Wenn wir aber den Blick weiter schweifen lassen, erblicken wir im Geiste noch etwas anderes. Da steigt dann der Mensch auf in der nächsten Kulturepoche zu Manas oder dem Geistselbst. Das wird eine Zeit sein, in welcher die Menschen in weit höherem Grade als heute eine gemeinsame Weisheit haben werden, sozusagen in gemeinsame Weisheit eingetaucht sein werden. Es wird beginnen etwas davon, daß man empfinden wird, daß das Ureigenste des Menschen zu gleicher Zeit das Allgemeingültigste ist. Das, was man im heutigen Sinne als individuelles Gut des Menschen auffaßt, ist noch nicht ein individuelles Gut auf einer hohen Stufe. Heute ist mit der Individualität, mit der Persönlichkeit des Menschen noch im hohen Grade verknüpft, daß die Menschen sich streiten, daß die Menschen verschiedene Meinungen haben und behaupten: Wenn man nicht verschiedener Meinung sein dürfte, würde man ja kein selbständiger Mensch sein. Gerade weil sie selbständige Menschen sein wollen, müssen sie zu verschiedenen Meinungen kommen. Aber das ist ein untergeordneter Standpunkt der Anschauung. Am friedlichsten und harmonischsten werden die Menschen sein, wenn der einzelne Mensch am individuellsten sein wird. Solange die Menschen noch nicht vom Geistselbst vollständig überschattet sind, gibt es Meinungen, die voneinander verschieden sind. Diese Meinungen sind noch nicht im wahren Innersten des Menschen empfunden.

Heute gibt es nur einige Vorläufer für die im wahren Innern empfundenen Dinge. Das sind die mathematischen und geometrischen Wahrheiten. Über die kann man nicht abstimmen. Wenn eine Million Menschen Ihnen sagen würde, daß 2 × 2 = 5 ist, und Sie sehen es selbst im eigenen Innern ein, daß es 4 ist, so wissen Sie es, und Sie wissen auch, daß die anderen im Irrtum sein müssen – geradeso, wie wenn jemand behauptete, daß die drei Winkel eines Dreiecks nicht zusammen 180 Grad betragen.

Das ist Manas-Kultur, wenn immer mehr empfunden werden die Quellen der Wahrheit in dem stark gewordenen Individuellen, Persönlichen des Menschen und wenn zu gleicher Zeit das, was empfunden wird als höhere Wahrheit, auch von Mensch zu Mensch übereinstimmt wie die mathematischen Wahrheiten. In diesen stimmen die Menschen heute schon überein, weil das die trivialsten Wahrheiten sind. In bezug auf die anderen Wahrheiten streiten sich die Menschen, nicht weil es über dieselbe Sache zwei verschiedene richtige Meinungen geben kann, sondern weil die Menschen noch nicht so weit gekommen sind, das alles zu erkennen und niederzukämpfen, was an persönlicher Sympathie oder Antipathie sie trennt. Würde bei den einfachen mathematischen Wahrheiten noch die eigene Meinung in Betracht kommen, so würden viele Hausfrauen vielleicht dafür stimmen, daß $2 \times 2 = 5$ ist und nicht 4. Für den, der tiefer in die Natur der Dinge hineinsieht, ist es eben unmöglich, über die höhere Natur der Dinge zu streiten, es gibt nur die Möglichkeit, sich dazu hinaufzuentwickeln. Dann trifft die Wahrheit, die in der einen Seele gefunden ist, genau zusammen mit der Wahrheit in der anderen Seele; dann streitet man nicht mehr. Und das ist die Gewähr des wahren Friedens und der wahren Brüderlichkeit, weil es nur *eine* Wahrheit gibt, und diese Wahrheit hat wirklich etwas zu tun mit der geistigen Sonne. Denken Sie einmal, wie die einzelnen Pflanzen ordentlich wachsen; jede Pflanze wächst der Sonne zu, und es ist nur eine einzige Sonne. So wird, wenn im Verlauf der sechsten Kulturepoche das Geistselbst in die Menschen einziehen wird, tatsächlich eine geistige Sonne da sein, der sich alle Menschen zuneigen und in der sie übereinstimmen werden. Das ist die große Perspektive, die uns in Aussicht steht für die sechste Epoche. Und in der siebenten Epoche wird der Lebensgeist oder die Buddhi in einer gewissen Weise einziehen in unsere Entwickelung.

Das sind ferne Zukünfte, in die wir nur erahnend einen Blick hineinwerfen können. Jetzt aber sind wir uns darüber klar: Es wird eine sehr wichtige Kulturepoche sein, diese sechste; denn sie wird durch gemeinsame Weisheit Frieden und Brüderlichkeit bringen. Friede und Brüderlichkeit dadurch, daß sich dann nicht bloß für einzelne auserlesene Menschen, sondern für den in normaler Entwickelung stehenden Teil der Menschen hineinsenkt das höhere Selbst, zunächst in seiner niederen Form, als Geistselbst oder Manas. Eine Verbindung des menschlichen Ich, wie es sich so allmählich herangebildet hat, mit dem höheren Ich, mit dem einenden Ich wird dann stattfinden. Wir können das eine geistige Ehe nennen – und so nannte man auch immer in der christlichen Esoterik die Verbindung des menschlichen Ich mit dem Manas oder dem Geistselbst. Aber die Dinge hängen in der Welt tief zusammen, und der Mensch kann nicht von sich aus sozusagen die Hand ausstrecken und dieses Manas oder Geistselbst herbeiziehen; sondern noch eine viel höhere Entwickelungsstufe wird er erreichen müssen, damit er sich in bezug auf diese Dinge selber helfen könne.

Damit überhaupt das geschehen könne, daß der Mensch sich in der nachatlantischen Zeit vereinige mit dem höheren Ich, mußte der Menschheitsentwickelung Hilfe kommen. Wenn irgend etwas erreicht werden soll, muß es vorbereitet werden. Wenn ein Kind mit dem fünfzehnten Jahre etwas werden soll, muß man ja auch schon vom sechsten, siebenten Jahre darauf hinarbeiten. Überall muß eine Entwickelung ihre Impulse vorbereiten. Was mit der Menschheit im sechsten Zeitraum geschehen soll, mußte langsam vorbereitet werden. Es mußte von außen die Gewalt und die Kraft kommen zu dem, was dann im sechsten Zeitraum mit der Menschheit geschehen soll.

Die erste Vorbereitung war eine noch ganz von außen aus dem Geistigen heraus wirkende, eine solche, die noch nicht heruntergestiegen war in die physische Welt. Das wird uns angedeutet durch die große Mission des hebräischen Volkes. Als Moses, der in die ägyptischen Mysterien Eingeweihte, von der geistigen Weltenleitung jenen Auftrag bekam, den wir charakterisieren konnten mit den Worten: «Sage ihnen als meinen Namen, wenn du ihnen meine Gesetze sagst, ich bin der ‹Ich-bin›» (2. Mose 3, 14), da war ihm mit diesen Worten aufgetragen: Bereite sie vor, indem du auf den gestaltlosen, unsichtbaren Gott hindeutest. Weise darauf hin, daß – während der Vater-Gott noch in dem Blute wirkt – für diejenigen, die es verstehen können, vorbereitet wird das «Ich-bin», das dann bis in den physischen Plan hinuntersteigen soll! – Das wurde sozusagen innerhalb der dritten Kulturepoche veranlagt. Und aus dem hebräischen Volke sehen wir die Mission entströmen, den Gott der Menschheit zu übermitteln, der dann tiefer heruntersteigt, der im Fleische erscheint. Vorher ist er verkündigt worden, nachher ist er für das äußere Auge im Fleische erschienen. Damit ist im rechten Sinne zum Ausdruck gekommen, was durch Moses vorbereitet worden war.

Fassen wir diesen Zeitpunkt einmal recht ins Auge: die geistige Verkündigung durch Moses und den Abschluß dieser Verkündigung, das Erscheinen des verkündeten Messias in dem Christus. Von dieser Zeitepoche an, die wir als einen ersten Abschnitt in der Geschichte des Christentums bezeichnen könnten, wird in die Menschheitsentwickelung hinein der reale Impuls gelegt zur Einheit und Brüderlichkeit, die da kommen soll im sechsten Zeitraum. Es ist, wie wenn eine Kraft in etwas hinabversenkt wird, die dann weiter wirkt, damit die Frucht nach und nach herauskommt. So wirkte diese Kraft weiter bis in unsere Zeit hinein, bis in die Zeit, die wir schildern mußten als eine solche, in welcher die Menschheit mit ihren intellektuellen und geistigen Kräften ganz hinuntergestiegen ist in die Materie. Man könnte nun fragen: Warum mußte denn das Christentum gerade zur Welt kommen als unmittelbarer Vorläufer der tiefsten materiellen Epoche?

Denken Sie einmal, die Menschheit wäre ohne das Christentum eingetreten in diese tiefste materielle Epoche. Es wäre dann für sie unmöglich gewesen, den Impuls nach aufwärts wiederzufinden. Denken Sie sich den Impuls, der der Menschheit durch den Christus eingepflanzt worden ist, fort, und die ganze Menschheit müßte in die Dekadenz fallen, müßte mit der Materie sich auf ewig verbinden; sie würde, wie es im Okkultismus heißt, «von der Schwere der Materie erfaßt» und aus ihrer Entwickelung hinausgeworfen werden. So müssen wir uns vorstellen, daß die Menschheit in der nachatlantischen Kulturepoche einen Ruck hinuntergeht in die Materie. Und es kam in die Menschheit, bevor die niederste Stufe erreicht wurde, der andere Impuls, der wieder hinauf in die entgegengesetzte Richtung stößt. Das war der Christus-Impuls. Hätte der Christus-Impuls früher gewirkt, so wäre die Menschheit überhaupt nicht zur materiellen Entwickelung gekommen. Wäre er hineingefallen in die alte indische Kulturepoche, würde die Menschheit gewiß durchdrungen worden sein von dem spirituellen Element des Christentums, aber die Menschheit würde nie so tief hinuntergestiegen sein, daß sie alles das, was wir heute äußere physische Kultur nennen, hätte hervorbringen können.

Es mag sonderbar erscheinen, wenn man sagt, ohne das Christentum gäbe es keine Eisenbahnen, Dampfschiffe usw., aber für den, der die Dinge im Zusammenhang erkennt, ist es so. Niemals würden aus der alten indischen Kulturepoche diese Kulturmittel hervorgegangen sein. Es gibt einen geheimen Zusammenhang zwischen dem Christentum und alle dem, was heute der sogenannte Stolz der Menschheit ist. Dadurch, daß das Christentum bis zum rechten Zeitpunkt wartete, hat es möglich gemacht die äußere Kultur; und dadurch, daß es zur rechten Zeit eingetreten ist, hat es möglich gemacht, daß diejenigen, die sich mit dem Christus-Prinzip verbinden, wieder sich erheben können aus der Materie.

Da aber das Christentum als etwas Unverstandenes aufgenommen worden ist, ist es arg vermaterialisiert worden. Es ist so weit mißverstanden worden, daß es selbst materialistisch aufgefaßt worden ist. Und so ist es in gewisser Weise sogar eine arg verzerrte, materialistische Gestalt, die das Christentum angenommen hat im Verlaufe der Zeit, die wir eben ins Auge faßten bis zu uns hinauf und die wir als einen zweiten Abschnitt bezeichnen können. Statt zum Beispiel die höhere spirituelle Idee des Abendmahls zu begreifen, wurde das Abendmahl vermaterialisiert, wurde als grobe Substanzverwandlung vorgestellt. Und so könnten wir Hunderte und aber Hunderte von Beispielen dafür anführen, daß das Christentum als spirituelle Erscheinung nicht verstanden worden ist. Jetzt sind wir ungefähr an dem Zeitpunkte angekommen, wo diese zweite Epoche abläuft, wo notwendigerweise die Menschheit an das spirituelle Christentum anknüpfen muß, an das, was das Christentum wirklich sein soll, um den wahren geistigen Inhalt aus ihm herauszuholen. Und das wird geschehen durch die anthroposophische Vertiefung des Christentums. Indem wir Anthroposophie auf das Christentum anwenden, folgen wir der welthistorischen Notwendigkeit, die dritte christliche Zeitepoche vorzubereiten, die entgegenlebt dem

Einströmen des Manas im sechsten Zeitraum. Das wird sozusagen das dritte Kapitel sein. – Das erste Kapitel ist die Zeit der Vorverkündigung des Christentums bis zum Erscheinen des Christus Jesus und ein wenig darüber hinaus. Das zweite Kapitel ist das tiefste Heruntertauchen des menschlichen Geistes in die Materie und die Vermaterialisierung selbst des Christentums. Und das dritte Kapitel soll sein die geistige Erfassung des Christentums durch anthroposophische Vertiefung.

Es hängt mit der ganzen materialistischen Entwickelung zusammen, daß eine solche Urkunde wie das Johannes-Evangelium bis zu unserer Zeit nicht verstanden worden ist. Eine materialistische Kultur, wie sie sich nach und nach herausgebildet hat, konnte das Johannes-Evangelium nicht voll verstehen. Die spirituelle Kultur, die mit der anthroposophischen Bewegung beginnen muß, wird gerade dieses Dokument in seiner wahren spirituellen Gestalt verstehen und das vorbereiten, was hinüberleiten soll in die sechste Kulturepoche.

Für denjenigen, der eine christliche Einweihung oder eine rosenkreuzerische Einweihung erlangt – übrigens auch für den, der überhaupt die Einweihung erlangt –, stellt sich eine ganz besondere Erscheinung heraus. Für ihn erlangen die Dinge, die da vorgehen, eine doppelte Bedeutung: die eine, welche sich außen abspielt in der physischen Welt, die andere, durch welche die Dinge, die sich in der physischen Welt abspielen, Fingerzeige sind für große, umfassende geistige Geschehnisse. Und so werden Sie mich verstehen, wenn ich jetzt versuche, ein wenig den Eindruck zu schildern, den bei einer bestimmten Gelegenheit derjenige hatte, der das Johannes-Evangelium geschrieben hat.

Es gab ein besonderes Ereignis im Verlaufe des Lebens des Christus Jesus, und dieses Ereignis geschah auf dem physischen Plane. Derjenige, der im Sinne des Johannes-Evangeliums schildert, schildert es aber als Eingeweihter. Daher stellt für ihn das Ereignis zu gleicher Zeit dar die Wahrnehmungen und Erlebnisse während des

Einweihungsaktes. Denken Sie sich nun den letzten Schluß des Einweihungsaktes.

Dreieinhalb Epochen, die in alten Zeiten, wie wir schon erwähnt hatten, durch dreieinhalb Tage dargestellt waren, war der Einzuweihende in einem lethargischen Schlaf. An jedem Tage erlebte der Einzuweihende etwas anderes in bezug auf die geistigen Welten. Am ersten Tage hatte er bestimmte Erlebnisse, die sich ihm als Geschehnisse in der geistigen Welt darstellten, am zweiten Tage andere und am dritten Tage wieder andere. Nun hat sich demjenigen, von dem hier die Rede ist in der betreffenden Stelle, gezeigt, was sich geistig immer zeigt für das hellseherische Vermögen: die Zukunft der Menschheit. Wissen wir die Impulse der Zukunft, so können wir sie der Gegenwart einimpfen und dadurch die Gegenwart der Zukunft entgegenführen.

Denken Sie sich den Seher der damaligen Zeit. Er erlebte die geistige Bedeutung des ersten der geschilderten Kapitel, von da an, wo der Ruf ertönt: «Sage deinem Volk: Ich bin der ‹Ich-bin›», bis zur Herabkunft des Messias. Als zweites Kapitel erlebte er den Herunterstieg des Christus in die Materie. Und als drittes Kapitel erlebte er, wie allmählich die Menschheit vorbereitet wird, zu empfangen den Geist oder das Geistselbst, Manas, im sechsten Zeitraum. Und er erlebte das in einem astralen Vorgesicht. Er erlebte die Hochzeit zwischen der Menschheit und dem Geist. Das ist ein wichtiges Erlebnis, das aber die Menschheit nur dadurch äußerlich zur Ausprägung bringen kann, daß der Christus in die Zeit, in die Geschichte eingetreten ist. Vorher hat die Menschheit nicht gelebt in einer solchen Brüderlichkeit, die durch den im Innern aufgegangenen Geist herbeigeführt wird, wo Friede ist zwischen Mensch und Mensch. Vorher gab es nur die Liebe, die materiell vorbereitet war durch die Blutsverwandtschaft. Diese Liebe entwickelt sich nach und nach zur geistigen Liebe, und diese geistige Liebe senkt sich herunter. Als Schlußerfolg des dritten Kapitels der Einweihung sagen wir daher: Die Menschheit feiert ihre Ehe mit dem Geistselbst oder Manas.

Das kann erst eintreten, wenn die Zeit dafür gekommen ist, wenn die Zeit reif geworden ist für das volle Verwirklichen des Impulses des Christus. Solange sie nicht gekommen ist, so lange gilt noch das Verhältnis, das sich auf die Blutsverwandtschaft begründet, so lange ist die Liebe nicht geistig.

Überall, wo in den alten Urkunden von Zahlen gesprochen wird, ist von dem Geheimnis der Zahl die Rede. Und wenn wir lesen: «Am dritten Tage war eine Hochzeit zu Kana in Galiläa» (2, 1), so weiß jeder Eingeweihte, daß mit diesem «dritten Tage» etwas Besonderes gemeint ist. Was liegt da vor? Der Schreiber des Johannes-Evangeliums weist hier darauf hin, daß es sich nicht nur um ein wirkliches Erlebnis handelt, sondern zu gleicher Zeit noch um eine große, gewaltige Prophetie. Diese Hochzeit drückt aus die große Menschheitshochzeit, die sich in der Einweihung zeigte am dritten Tage. Am ersten Tage zeigte sich, was sich in der ersten Epoche abspielt beim Herübergehen von der dritten in die vierte Kulturepoche, am zweiten Tage, was sich abspielt beim Herübergehen von der vierten zur fünften Kulturepoche, und am dritten Tage das, was geschieht, wenn die Menschheit von der fünften zur sechsten Kulturepoche hinübergehen wird. Das sind die drei Tage der Einweihung. Und es mußte der Christus-Impuls warten bis zum dritten Zeitpunkt. Vorher ist der Zeitpunkt nicht da, wo er wirken kann.

Im Johannes-Evangelium wird hingedeutet auf eine besondere Beziehung von «mir und dir», von «uns beiden». Dies ist es nämlich, was dort steht, nicht das absurde: «Weib, was habe ich mit dir zu schaffen?» Als die Mutter den Christus auffordert, daß er das Zeichen tue, sagt er: «Meine Zeit ist noch nicht gekommen» (2, 4), um auf Hochzeiten zu wirken, das heißt um die Menschen zusammenzuführen. Die Zeit wird erst kommen. Jetzt wirkt noch nach und wird fortwirken dasjenige, was auf Blutsbande begründet ist; daher der Hinweis auf Beziehungen zwischen Mutter und Sohn bei der Hochzeit.

Physischer Leib	Atlantis
Ätherleib	1. nachatlant. Kulturepoche
Empfindungsleib	2. Kulturepoche
Empfindungsseele	3. Kulturepoche
Verstandesseele	4. Kulturepoche
Bewusstseinsseele	5. Kulturepoche
Geistselbst	6. Kulturepoche
Lebensgeist	7. Kulturepoche

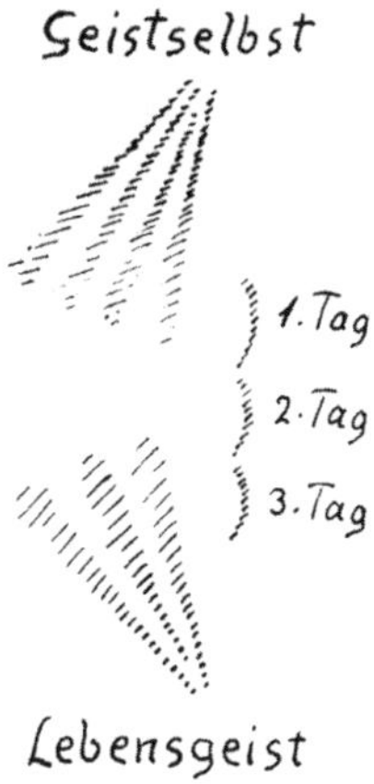

Wenn wir so diese Urkunde betrachten, hebt sich uns alles real Äußerliche ab von einem bedeutsamen spirituellen Hintergrund. Wir schauen in eine abgrundartige Tiefe des geistigen Lebens hinein, wenn wir durchschauen, was ein solcher Eingeweihter, wie der Schreiber des Johannes-Evangeliums, der Menschheit geschenkt hat und was er ihr nur dadurch schenken konnte, daß der Christus seinen Impuls der Menschheitsentwickelung eingeimpft hat.

So haben wir gesehen, daß nicht durch eine hohle Allegorie oder Symbolik, sondern aus der astralen Wirklichkeit heraus, die der Eingeweihte erlebt, diese Dinge erklärt werden müssen. Nicht nur um eine symbolische Auslegung kann es sich hier handeln, sondern um eine Erzählung dessen, was der Eingeweihte erlebt. Wenn das nicht so hingestellt wird, erlebt man es wohl mit Recht, daß diejenigen, die da draußen stehen, sagen, die Geisteswissenschaft bringe gar nichts weiter als allegorische Auslegungen! Wenn wir nun an dieser Stelle die geisteswissenschaftliche Auslegung, so wie wir es jetzt verstanden haben, anwenden, dann lernen wir, wie durch drei

Weltentage hindurch – von der dritten in die vierte, von der vierten in die fünfte und von der fünften in die sechste Kulturepoche – der Christus-Impuls innerhalb der Menschheit wirkt. Und wir sehen diese Entwickelung im Sinne des Johannes-Evangeliums so an, daß wir sagen: Der Impuls des Christus war ein so großer, daß ihn die Menschheit heute nur zum geringsten Teile verstanden hat und daß er erst in einer späteren Zeit ganz verstanden werden wird.

ELFTER VORTRAG

HAMBURG, 30. MAI 1908

Sollen wir unsere ganzen Kursusbetrachtungen zuspitzen auf die tiefere Erfassung des Johannes-Evangeliums, auf die Worte «Vater und Mutter Jesu» und dadurch auf das Wesen des Christentums im Sinne des Johannes-Evangeliums überhaupt, dann müssen wir uns einmal jetzt die Materialien erwerben, um den Mutter- und Vater-Begriff in seinem geistigen Sinne zu verstehen, wie er gemeint ist im Johannes-Evangelium und zu gleicher Zeit in seinem wirklichen Sinne. Denn es handelt sich nicht um allegorische und symbolische Ausdeutungen.

Da müssen wir vor allem verstehen, was es heißt: sich mit den höheren geistigen Welten zu vereinigen, sich bereitzumachen, die höheren Welten aufzunehmen. Wir müssen dabei das Wesen der Einweihung, insbesondere im Hinblick auf das Johannes-Evangelium ins Auge fassen. Wer ist ein Eingeweihter?

Zu allen Zeiten der nachatlantischen Menschheitsentwickelung war ein Eingeweihter der, der sich erheben konnte über die äußere physisch-sinnliche Welt und eigene Erlebnisse, eigene Erfahrungen haben konnte in den geistigen Welten, der also die geistige Welt so erlebt, wie der Mensch durch seine äußeren Sinne, Augen, Ohren und so weiter, die physisch-sinnliche Welt erlebt. Ein solcher Eingeweihter ist also ein Zeuge für die geistigen Welten und ihre Wahrheit. Das ist das eine. Dann kommt aber noch etwas wesentlich anderes hinzu, was jeder Eingeweihte als eine besondere Eigenschaft während der Einweihung erwirbt, das ist, daß er sich auch erhebt über die Gefühle und Empfindungen, die innerhalb der physischen Welt durchaus nicht nur berechtigt, sondern auch tief notwendig sind, die aber nicht in derselben Weise in der geistigen Welt vorhanden sein können.

Mißverstehen Sie das nicht und fassen Sie das nicht so auf, als ob der, der als Eingeweihter imstande ist, außer der physischen

Welt auch noch die geistige Welt zu erleben, sich nun alle anderen menschlichen Gefühle und Empfindungen abgewöhnen muß, die hier in der physischen Welt Wert haben, und dafür eintauscht die anderen Gefühle für die höheren Welten. So ist es nicht. Er tauscht nicht das eine für das andere ein, sondern er erwirbt sich eines zum andern hinzu. Wenn der Mensch auf der einen Seite seine Gefühle vergeistigen muß, muß er auf der anderen Seite auch wiederum um so stärker jene Gefühle haben, die zum Arbeiten in der physischen Welt brauchbar machen. In dem Sinne ist es aufzufassen, wenn man für den Eingeweihten das Wort braucht: Er muß in einer gewissen Beziehung ein heimatloser Mensch werden. Nicht, als ob er der Heimat und der Familie im geringsten Grade entfremdet werden müßte, solange er in der physischen Welt lebt, sondern das Wort hat höchstens insofern etwas damit zu tun, als durch Aneignung der entsprechenden Gefühle in der geistigen Welt die Gefühle für die physische Welt eine feinere, schönere Ausbildung erfahren werden. Was ist ein «heimatloser Mensch»? Ohne dies Prädikat kann niemand im wahren Sinne des Wortes die Einweihung erlangen. Ein «heimatloser Mensch» sein heißt: Ein Mensch darf keine Spezialsympathien in der geistigen Welt entwickeln, die ähnlich sind jenen Spezialsympathien, die der Mensch hier in der physischen Welt für einzelne spezielle Gebiete und Zusammenhänge hat. Der einzelne Mensch in der physischen Welt gehört zu diesem oder jenem Volke, zu dieser oder jener Familie, zu dieser oder jener Staatsgemeinschaft; das ist alles recht so. Dies braucht er nicht zu verlieren, hier braucht er das. Wenn er aber diese Gefühle anwenden wollte in der geistigen Welt, würde er eine sehr schlimme Mitgift mitbringen für die geistige Welt. Da heißt es nicht, irgendeine Sympathie für etwas zu entwickeln, sondern alles auf sich objektiv wirken zu lassen, nach dem im Objekte liegenden Wert. Man könnte auch sagen, wenn das allgemein verstanden würde: Ein objektiver Mensch im vollen Sinne des Wortes muß der Eingeweihte werden.

Nun ist die Menschheit gerade durch ihre Entwickelung auf unserer Erde herausgekommen aus einer früheren, mit dem alten dämmerhaften hellseherischen Bewußtsein verbundenen Heimatlosigkeit. Wir haben ja gesehen, wie die Menschheit heruntergestiegen ist aus den geistigen Sphären in die physische Welt. In den ursprünglichen geistigen Sphären gab es so etwas wie Patriotismus und dergleichen nicht. Als die Menschen herunterstiegen aus den geistigen Sphären, bevölkerte der eine Teil die Erde hier, der andere Teil bevölkerte sie dort; und da wurden die einzelnen Menschengruppen bestimmter Gebiete ein Abklatsch dieser Gebiete. Glauben Sie nicht, daß der Neger bloß aus inneren Gründen schwarz wurde, sondern auch durch die Anpassung an sein Erdgebiet ist er schwarz geworden, und mit den Weißen verhält es sich ebenso. Und ebenso wie die großen Unterschiede in bezug auf Farbe und Rasse, so sind auch die kleineren Unterschiede der Völkerindividualitäten dadurch entstanden, daß der Mensch etwas angenommen hat durch den Zusammenhang mit seiner Umgebung. Das hängt aber auch wieder zusammen mit der Spezialisierung der Liebe auf der Erde. Dadurch, daß sich die Menschen unähnlich geworden sind, wurde die Liebe zuerst in kleinen Gemeinschaften begründet. Nach und nach erst, aus den kleinen Gemeinschaften heraus, können sich die Menschen hinentwickeln zu einer großen Liebesgemeinschaft, wie sie sich konkret gerade durch die Einpflanzung des Geistselbstes entwikkeln wird. So mußte der Eingeweihte gleichsam vorausnehmen, wozu die Menschheitsentwickelung wieder drängt: alle Schranken zu überwinden, zu überbrücken, den großen Frieden, die große Harmonie und Brüderlichkeit auszubilden. Der Eingeweihte muß in seiner Heimatlosigkeit schon von vornherein immer die gleichen Keime aufnehmen zu der großen Bruderliebe. Das wurde symbolisch angedeutet in alten Zeiten dadurch, daß geschildert wird, was der Eingeweihte alles für Wanderungen durchgemacht hat, zum Beispiel bei *Pythagoras*. Warum wurde das geschildert?

Damit er mit seinen Gefühlen, die innerhalb der inneren Gemeinschaft ausgebildet werden, allem gegenüber objektiv werde.

Nun ist es die Aufgabe des Christentums, den Impuls zu dieser Brüderlichkeit, das, was der Eingeweihte immer als einzelnen Impuls hatte, der ganzen Menschheit beizubringen. Fassen wir einmal ins Auge jene tiefste Idee des Christentums, daß der Christus der Geist der Erde ist und die Erde der Leib oder das Kleid des Christus. Und nehmen wir das wörtlich; denn wir haben gesagt, daß wir eine solche Urkunde wie das Johannes-Evangelium in den einzelnen Worten auf die Goldwaage legen müssen. Was erfahren wir in bezug auf «das Kleid» der Erde, wenn wir die Entwickelung überblicken? Wir erfahren, daß zunachst dieses Kleid der Erde, das heißt die festen Teile der Erde getrennt wurden. Der eine ergriff von dem, der andere von jenem Besitz. Das eine gehörte dem, das andere dem. Der Besitz, die Erweiterung der Persönlichkeit durch Aneignung von Eigentum, das ist, in was man in einer gewissen Beziehung das Kleid, das der Christus, der Geist der Erde, trägt, geteilt hat im Laufe der Zeit. Nur eines konnte nicht geteilt werden, sondern gehörte allen, das ist die Lufthülle, die um die Erde herum ist. Und aus dieser Lufthülle heraus, wie uns in der Paradiesesmythe angedeutet wird, wurde dem Menschen der lebendige Odem eingeblasen. Damit haben wir die erste Anlage des Ich im physischen Leibe. Die Luft kann nicht geteilt werden.

Versuchen wir einmal, ob uns der, der das Christentum am tiefsten im Johannes-Evangelium schildert, dies irgendwie andeutet:

> «Und sie zerissen sein Kleid; den Rock aber, den zerissen sie nicht.» (Vgl. 19, 23/24)

Hier haben Sie das Wort, das Ihnen Aufschluß gibt, wie die Erde als Ganzes samt ihrer Lufthülle der Leib oder das Kleid und der Rock des Christus ist. In Kontinente und Gebiete ist das Kleid des Christus geteilt worden, nicht aber der Rock. Die Luft ist nicht geteilt worden, sie gehört allen gemeinsam. Sie ist das äußere materielle

Symbolum für die den Erdkreis umspielende Liebe, die später sich realisieren wird.

Und in vielen anderen Beziehungen muß das Christentum die Menschen dahin bringen, als Menschheit etwas aufzunehmen von dem alten Einweihungsprinzip. Wollen wir das verstehen, dann müssen wir einmal die Einweihung charakterisieren. Es genügt für uns, wenn wir im wesentlichen die drei Haupttypen der Einweihung ins Auge fassen: die alte Yoga-Einweihung, die eigentlich spezifisch christliche Einweihung und die, die eigentlich für den heutigen Menschen die absolut passende ist, die christlich-rosenkreuzerische Einweihung. Und nun wollen wir einmal schildern, wie die Einweihung überhaupt im Prinzip für alle drei Einweihungsformen verläuft, was sie ist und was sie vorstellt.

Wodurch wird ein Mensch fähig, in die geistigen Welten hineinzuschauen? Nun, wodurch sind Sie fähig geworden, die physische Welt wahrzunehmen? Der physische Leib hat Sinnesorgane dafür. Wenn Sie die Menschheitsentwickelung weit zurück verfolgen, dann werden Sie finden, daß in Urzeiten der Mensch noch nicht Augen zum Sehen, Ohren zum Hören hatte in der physischen Welt, sondern daß das alles noch «undifferenzierte, gleichgültige Organe» waren, wie *Goethe* sagt. Zum Beweis dafür können Sie daran denken, wie gewisse niedere Tiere heute noch diese gleichgültigen Organe haben. Punkte haben gewisse niedere Tiere, wodurch sie nur Licht und Dunkel unterscheiden können. Und aus diesen gleichgültigen Organen ist nach und nach herausplastiziert, herausgeformt worden, was Auge und Ohr ist. Das ist hineingearbeitet worden in die plastische Substanz des physischen Leibes. Und indem Ihr Auge ausmodelliert worden ist, entstand für Sie die physische Welt der Farben, indem Ihr Ohr herausmodelliert worden ist, entstand die physische Welt der Töne.

Niemand hat ein Recht zu sagen, daß eine Welt nicht wirklich sei; er darf nur sagen: Ich nehme sie nicht wahr. Denn die Welt im wirklichen Sinne sehen heißt: Ich habe Organe, sie wahrzunehmen. Man darf sagen: Ich kenne nur diese oder jene Welt; man darf aber nicht sagen: Ich lasse die Welt, die der andere wahrnimmt, nicht gelten. Denn der, der so spricht, verlangt, daß auch die anderen nichts anderes wahrnehmen dürfen als er; er verlangt autoritativ, daß nur das gilt, was *er* sieht. Wenn heute jemand auftritt und sagt: Das ist eine anthroposophische Träumerei, so etwas, wie es die Anthroposophen behaupten, gibt es nicht, – so beweist er nur, daß er und seinesgleichen solche Welten nicht wahrnehmen. Wir stellen uns auf den Ja-Standpunkt der Dinge. Wer aber nur das gelten läßt, was er wahrnimmt, der verlangt nicht nur, daß wir das zugeben, was er weiß, sondern der will autoritativ entscheiden über das, was er nicht weiß. Es gibt keine schlimmere Intoleranz als die, die heute von der offiziellen Wissenschaft der Geisteswissenschaft entgegengebracht wird, und die wird sich noch zu einer viel schlimmeren entwickeln, als sie jemals vorhanden war. Sie tritt unter den verschiedensten Formen auf. Die Menschen haben gar kein Bewußtsein dafür, daß sie irgend etwas sagen, was sie gar nicht sagen dürften. Bei vielen Versammlungen, die aus recht guten Christen bestehen, kann man es hören: Die Anthroposophen reden von irgendeiner christlichen Geheimlehre, aber das Christentum bedarf keiner Geheimlehre; denn es darf nur das gelten, was auch das einfache, schlichte Gemüt wahrnehmen und verstehen kann! – das heißt natürlich nichts anderes, als was er, der einzelne, der gerade redet, wahrnehmen und verstehen kann. Also er verlangt, daß keiner etwas anderes verstehe und wahrnehme als er. Die Unfehlbarkeit des Papstes wird mit Recht in solchen christlichen Versammlungen nicht zugegeben. Aber die Unfehlbarkeit der eigenen Persönlichkeit wird heute im weitesten Umfange, auch bei Christen, für die eigene Person in Anspruch genommen. Die Anthroposophie wird vom Standpunkte des Papsttums aus bekämpft, wo sich jeder selbst zu einer Art von Päpstlein aufwirft.

Wenn wir bedenken, daß die physisch-sinnliche Welt dadurch für uns vorhanden ist, daß die einzelnen Organe in den physischen Leib hineinziseliert worden sind, dann wird es auch nicht mehr auffällig erscheinen, wenn gesagt wird: Die Wahrnehmung in einer höheren Welt beruht darauf, daß in die höheren Glieder der menschlichen Wesenheit, in Ätherleib und astralischen Leib, solche höhere Organe hineingebaut werden. Der physische Leib ist heute mit seinen Organen in dieser Weise schon ausgerüstet, der Ätherleib und Astralleib noch nicht; da müssen sie erst hineinziseliert werden. Sind sie darinnen, dann entsteht das, was man die Wahrnehmung in den höheren Welten nennt.

Wir wollen jetzt davon sprechen, wie man diese Organe in den Äther- und Astralleib hineinbaut. Wir sagten, daß bei dem, der die Einweihung anstrebt und erhält, die höheren Organe herausmodelliert werden. Wie macht man das? Es handelt sich darum, daß man den Astralleib des Menschen abfaßt da, wo er in seiner Reinheit zu haben ist. Während der astralische Leib im Tagwachen untergetaucht ist in den physischen Leib, wirken die Kräfte des physischen Leibes auf den Astralleib; da hat man ihn also nicht frei. Da folgt er dem, was der physische Leib will, da kann man sozusagen nichts anfangen mit ihm. Man kann etwas anfangen mit ihm, man kann nur dann ihn modellieren, wenn er im Schlafe aus dem physischen Leibe heraus ist. Nur dadurch kann der Astralleib eines Menschen die höheren Sinnesorgane ausgebildet erhalten, daß man sie ihm hineinziseliert, während er außerhalb des physischen Leibes ist, im Schlafe. Nun kann man aber am schlafenden Menschen nicht herumhantieren. Das wäre beim heutigen Menschen nicht möglich, wenn er das, was mit ihm geschieht, wahrnehmen soll. Wenn Sie ihn im bewußtlosen Zustande haben, kann er das nicht wahrnehmen. Hier scheint ein Widerspruch vorzuliegen, denn der Astralleib ist sich seines Zusammenhanges mit dem physischen Leibe nicht bewußt, während der Mensch schläft. Aber indirekt geht es zu machen dadurch, daß man während des Tagwachens auf den physischen Leib wirkt, so daß die Eindrücke, die der physische Leib während des Tagwachens erhält, im Astralleib bleiben, wenn dieser sich herauszieht. Geradeso wie sonst im Astralleib die Eindrücke, die er durch die umliegende physische Welt erhält, eingedrückt sind, so muß man etwas ganz Spezifisches mit dem physischen Leibe anfangen, damit das sich in den astralischen Leib eindrückt und dann in der entsprechenden Weise ausgebildet wird. Das geschieht nun, indem der Mensch nicht immer so in den Tag hineinlebt, wie es sonst der Fall ist, und Eindrücke von da und dort hereinkommen läßt, sondern indem er in der durch eine methodische Schulung vorgeschriebenen Art sein inneres Leben in die Hand nimmt. Man nennt das Meditation, Konzentration oder Kontemplation. Das sind Übungen, die ebenso streng vorgeschrieben sind in den entsprechenden Schulen wie in den Laboratorien das Mikroskopieren und so weiter. Wenn ein Mensch solche Übungen macht, wirken sie so intensiv auf ihn ein, daß der astralische Leib, wenn er herausrutscht während des Schlafes, sich plastisch umgestaltet. Gerade so wie der Schwamm hier, solange ich ihn in meiner Hand habe, sich den Formen der Hand anpaßt, aber sobald ich ihn wieder loslasse, sich wieder nach den Kräften formt, die in ihm sind, ebenso ist es mit dem astralischen Leibe: Wenn er im Schlafe aus der Leiblichkeit heraustritt, folgt er den astralischen Kräften, die in ihm angelegt sind. So muß man während des Tagwachens diejenigen geistigen Verrichtungen vornehmen, durch welche in der Nacht der astralische Leib sich so plastisch gestaltet, daß er in sich die Organe bildet zum höheren Wahrnehmen.

Nun kann man diese Meditation in dreifacher Weise einrichten. Man kann mehr auf das Gedankenmaterial Rücksicht nehmen, auf das, was man Weisheitselemente, reine Gedankenelemente nennt, das ist dann die Yogaschulung, die hauptsächlich mit dem Gedankenelement, der Kontemplation, arbeitet. Man kann aber auch mehr auf das Gefühl wirken durch dessen besondere Ausbildung, das ist die spezifisch christliche Richtung. Und man kann durch Kombinierung von Gefühl und Willen wirken, das ist dann die christlich-rosenkreuzerische Methode. Auf die Yogaschulung einzugehen, würde zu weit führen; es hätte auch keinen Zusammenhang mit dem Johannes-Evangelium. An der spezifisch christlichen Einweihung wollen wir uns klarmachen, worauf diese Einweihung beruht. Sie müssen das so auffassen, daß ein Mensch in den heutigen Gesellschaftskreisen diese Einweihung kaum durchmachen könnte. Sie erfordert eine zeitweilige Isolation des Menschen. Aber die Rosenkreuzer-Methode ist gerade dazu da, daß der Mensch, ohne seine Pflichten zu verletzen, sich hinaufarbeiten kann in die höheren Welten. Das aber, was im Prinzip gilt, können wir uns auch an der christlichen Einweihung vollständig klarmachen.

Diese Einweihungsmethode arbeitet ausschließlich mit dem Gefühle, und zwar werde ich Ihnen sieben Gefühlserlebnisse anzugeben haben, sieben Gefühlsstufen, durch deren Durchleben der astralische Leib wirklich so beeinflußt wird, daß er seine Organe während der Nacht entwickelt. Wollen wir uns einmal klarmachen, wie der christliche Schüler leben muß, damit er diese Stufen durchmacht.

Die erste Stufe ist das, was man nennt die «Fußwaschung». Da wird dem Schüler von dem Lehrer gesagt: Sieh dir an die Pflanze. Sie wurzelt im Boden; der mineralische Boden ist ein niedrigeres Wesen als die Pflanze. Wenn sich die Pflanze ihr Wesen vorhalten könnte, müßte sie zum Boden sagen: Zwar bin ich das höhere Wesen, aber ohne daß du bist, könnte ich nicht bestehen; denn aus dir, Boden, ziehe ich meine Nahrung zum größten Teile. Und könnte die Pflanze das in Gefühle umsetzen, so müßte sie sich herunterneigen zum Steine und sagen: Zu dir neige ich mich, du niedrigeres Wesen, Stein, denn dir verdanke ich mein Dasein. – Und wenn wir zum Tier hinaufsteigen, so müßte in ähnlicher Weise das Tier sich zur Pflanze verhalten und sagen: Zwar bin ich höher als die Pflanze, aber dem niederen Reiche verdanke ich mein Dasein. – Und wenn wir in dieser Weise weiter hinaufsteigen und zum Menschen kommen, so müßte jeder, der etwas höher steht auf der sozialen Stufenleiter, sich zu der niedrigeren Stufe herunterneigen und sagen: Der niedrigeren Stufe verdanke ich mein Dasein! – Und so geht das hinauf bis zu dem Christus Jesus. Die Zwölf, die ihn umgeben, sind eine Stufe niedriger als er; aber wie die Pflanze sich aus dem Stein herausentwickelt, so wächst der Christus Jesus heraus aus den Zwölfen. Er neigt sich herunter zu den Zwölfen und sagt: Euch verdanke ich mein Dasein.

Wenn der Lehrer dem Schüler das erklärt hatte, dann sagte er ihm: Wochenlang mußt du dich diesem kosmischen Gefühle hingeben, wie das Höhere sich dem Niederen neigen muß; und wenn du das gründlich in dir ausgebildet hast, dann erlebst du ein inneres und ein äußeres Symptom. – Diese sind aber nicht das Wesentliche, sondern zeigen nur an, daß der Betreffende genügend geübt hatte. Wenn so der physische Leib genug beeinflußt war von der Seele, zeigte sich ihm dies in dem äußeren Symptom, daß er ein Gefühl hatte, wie wenn Wasser seine Füße umspülte. Das ist ganz reales Gefühl. Und ein anderes reales Gefühl ist, daß er in einer gewaltigen Vision im Astralen wie vor sich hat die Fußwaschung, das Herunterneigen des höheren Selbstes zu dem niederen Selbste. Da erlebt der Mensch im Astralen das, was man im Johannes-Evangelium als historische Tatsache geschildert findet.

Die zweite Stufe besteht darin, daß dem Schüler gesagt wird: Du mußt in dir noch ein anderes Gefühl entwickeln. Du mußt dir vorstellen, wie es wäre, wenn alle möglichen Schmerzen und Leiden der Welt herantreten an dich, – empfinden, wie es wäre, wenn du ausgesetzt wärest dem Ansturm aller möglichen Hindernisse, und du mußt dich in das Gefühl versetzen, daß du aufrecht stehen mußt, wenn auch alles Elend der Welt an dich herankommt! Dann gibt es, wenn der Schüler das genügend geübt hat, wieder zwei Symptome: Das eine ist ein Gefühl, wie wenn er geschlagen würde von allen Seiten, und als zweites hat er in einer astralen Vision die «Geißelung» vor sich. – Ich erzähle etwas, was Hunderte von Menschen erlebt haben, wodurch sie die Fähigkeit erlangt haben, hinaufzusteigen in die geistigen Welten.

Als Drittes hatte der Schüler sich vorzustellen, daß das Heiligste, was er hat, wofür er mit dem ganzen Ich eintritt, mit Spott und Hohn übergossen wird. Da mußte er sich sagen: Ich muß, was auch kommen mag, aufrecht stehen und für das, was mir heilig ist, eintreten! – Wenn er sich darin eingelebt hatte, hatte er etwas wie Stiche im Kopf, und als astrale Vision erlebte er die «Dornenkrönung». Wieder muß gesagt werden: Nicht auf die Symptome kommt es an, aber sie treten ein als Folge der Übungen. Und es wird auch dafür gesorgt, daß von Suggestion und Autosuggestion gar nicht die Rede sein kann.

Das Vierte ist das, daß dem Schüler sein Leib, den er hat, in seinem Gefühl so fremd werden muß wie ein äußerer Gegenstand, zum Beispiel ein Stück Holz, und daß er nicht zu seinem Leibe «Ich» sagt. Das muß ihm so zum Gefühl werden, daß er sagt: Ich trage meinen Leib mit mir herum, wie ich meinen Rock mit mir herumtrage! Er verbindet sein Ich nicht mehr mit seinem Leibe. Dann tritt etwas ein, was man nennt die «Blutsprobe». Was in vielen Fällen ein krankhafter Zustand sein kann, ist in diesem Falle, weil alles Krankhafte ausgeschaltet sein muß, eine Folge der Meditation. An den Füßen, an den Händen und an der rechten Seite der Brust zeigen sich die sogenannten Blutsmale; und als inneres Symptom sieht er in einer astralen Vision die «Kreuzigung».

Nur kurz können wir die fünfte, sechste und siebente Gefühlsstufe schildern.

Die fünfte Stufe besteht in dem, was man nennt den «mystischen Tod». Durch die Gefühle, die man den Schüler auf dieser Stufe erleben läßt, erlebt er etwas, was sich ihm so darstellt, als ob sich in einem Augenblick vor alles physisch Sichtbare ein schwarzer Vorhang stellt und als ob alles verschwände. Dieser Moment ist noch durch etwas anderes wichtig, was man erlebt haben muß, wenn man wirklich zur christlichen Einweihung im wahren Sinne des Wortes dringen will. Man erlebt dann, daß man hinuntertauchen kann in die Urgründe des Bösen, des Schmerzes, des Kummers und Leides.

Und alles, was an Bösem auf dem Grunde der Menschenseele lebt, kann man auskosten, wenn man hinuntersteigt in die Hölle. Das ist das «Niedersteigen in die Hölle». Hat man das erlebt, dann ist es, wie wenn der schwarze Vorhang zerreißt – und man sieht hinein in die geistige Welt.

Das Sechste ist das, was man die «Grablegung und Auferstehung» nennt. Das ist die Stufe, wo der Schüler sich eins fühlt mit dem ganzen Erdenleib; wie hineingelegt und zusammengehörig mit dem ganzen Erdenplaneten fühlt er sich. Sein Leben hat sich erweitert zu planetarischem Leben.

Das siebente Gefühl kann man mit Worten nicht schildern. Nur der könnte es schildern, der imstande wäre, zu denken ohne das Instrument des physischen Gehirnes; und für das gibt es keine Sprache, weil unsere Sprache nur Bezeichnungen hat für den physischen Plan. Daher kann nur hingewiesen werden auf diese Stufe. Sie übersteigt alles, wovon sich der Mensch sonst eine Vorstellung macht. Man nennt sie die «Himmelfahrt» oder die völlige Aufnahme in die geistige Welt.

Da schließt die Skala der Gefühle ab, in die sich der Schüler während des Tagwachens in völliger innerer Sammlung versetzen muß. Wenn sich der Schüler diesen Erlebnissen hingegeben hat, dann wirken sie so stark auf den Astralleib, daß sich in der Nacht die inneren Wahrnehmungsorgane ausbilden, sich plastisch gestalten. – In der Rosenkreuzer-Einweihung wird nicht diese siebengliedrige Gefühlsskala durchgemacht, aber es ist dieselbe Wirkung da, die wir eben besprochen haben.

So sehen Sie, daß es bei der Einweihung darauf ankommt, den astralischen Leib auf dem Umwege durch die Tageserlebnisse so zu beeinflussen, daß er, wenn er ganz frei ist, in der Nacht sich selbst eine neue plastische Gestalt gibt. Wenn der Mensch sich selbst auf diese Weise als Astralwesen eine plastische Gestalt gegeben hat, ist der Astralleib eigentlich ein neues Wesensglied des Menschen geworden. Er ist dann ganz und gar durchdrungen von Manas oder Geistselbst.

Wenn nun der astralische Leib so gegliedert ist, handelt es sich darum, daß das, was so in ihm plastisch ausgebildet worden ist, auch in den Ätherleib hineingebracht wird. Geradeso, wie wenn Sie mit einem Petschaft auf Siegellack drücken und dann der Name des Petschafts nicht nur im Petschaft, sondern auch im Siegellack ist, so muß der Astralleib in den Ätherleib untertauchen und das, was er nun hat, in den Ätherleib hineindrücken.

Das erste Verfahren, das Bearbeiten des Astralleibes, ist bei allen Einweihungsmethoden dasselbe. Nur in der Übertragung auf den Ätherleib unterscheiden sich die einzelnen Methoden. Von diesem Unterschiede werden wir morgen sprechen und zeigen, wie sich die drei Methoden der Einweihung, die sich als die tiefsten Entwikkelungsimpulse im Laufe der nachatlantischen Zeit ergeben haben, voneinander unterscheiden, und was überhaupt die Einweihung für eine Bedeutung hat für die Menschheitsentwickelung. Dann werden uns auch diejenigen Partien des Johannes-Evangeliums völlig klar werden, die wir noch nicht besprechen konnten.

ZWÖLFTER VORTRAG

HAMBURG, 31. MAI 1908

Wir sind gestern fortgeschritten bis zur Besprechung jener Veränderung, die mit dem astralischen Leibe des Menschen vorgeht durch Meditation, Konzentration und andere Übungen, die durch die verschiedenen Einweihungsmethoden gegeben werden. Wir haben gesehen, daß dadurch der astralische Leib herausgearbeitet wird, so daß er die Organe in sich aufnimmt, die er braucht, um in die höheren Welten hineinzuschauen, und wir haben gesagt, daß bis dahin – obzwar die Übungen sich ganz nach den entsprechenden Kulturperioden richten – doch das Prinzip der Einweihung überall eigentlich dasselbe ist. Die große prinzipielle Verschiedenheit beginnt erst, wenn das Nächste, was nunmehr hinzukommen muß, eintreten soll. Damit der Mensch nämlich wirklich in die höheren Welten hineinschauen kann, ist es notwendig, daß das, was im astralischen Teil herausgearbeitet ist an Organen, sich abdrückt, ausprägt im Ätherleib, daß es also hineingedrückt wird in den Ätherleib.

Man nennt mit einem alten Ausdruck die Bearbeitung des astralischen Leibes auf dem Umwege durch Meditation und Konzentration «Katharsis», Reinigung. Diese Katharsis oder Reinigung hat ja das Ziel, alles das aus dem astralischen Leibe herauszuwerfen, was ihn hindert, harmonisch und regulär organisiert zu sein, so daß er höhere Organe erlangen kann; denn er ist veranlagt zu diesen höheren Organen, man braucht nur sozusagen die Kräfte bloßzulegen, die in ihm sind.

Wir sagten, es könnten die verschiedensten Methoden angewendet werden, um diese Katharsis herbeizuführen. Sehr weit kann der Mensch in bezug auf diese Katharsis schon kommen, wenn er zum Beispiel alles das, was in meiner «Philosophie der Freiheit» steht, so innerlich durchgenommen und erlebt hat, daß er das Gefühl hat: Das Buch war für mich eine Anregung, aber ich kann jetzt die Gedanken genau so, wie sie dastehen, eigentlich selbst reproduzieren. Wenn sich jemand zu diesem Buch so verhält – denn so ist es geschrieben –, wie sich etwa ein Virtuose mit dem Spielen eines Stückes auf dem Klavier verhält zu dem Komponisten des Stückes, so daß er das Ganze in sich selbst produziert – natürlich in der entsprechenden Weise –, dann kann schon durch die in sich streng gegliederte Gedankenfolge dieses Buches bis zu einem hohen Grade die Katharsis herbeigeführt werden. Denn es, kommt eben bei solchen Dingen, wie dieses Buch es ist, darauf an, daß die Gedanken alle so gesetzt sind, daß sie zur Wirksamkeit kommen. Bei vielen anderen Büchern der Gegenwart ist es so, daß man im Grunde genommen, wenn man nur die Systematik ein bißchen anders gestaltet, das eine früher, das andere später sagen kann. Bei der «Philosophie der Freiheit» ist das nicht möglich. Da kann man ebensowenig die Seite 150 etwa 50 Seiten früher stellen in dem Inhalt, wie man bei einem Hund die Hinterbeine mit den Vorderbeinen auswechseln kann. Denn dieses Buch ist ein gegliederter Organismus, und das Durcharbeiten der Gedanken dieses Buches bewirkt so etwas wie eine innere Trainierung. So gibt es verschiedene Methoden, um die Katharsis herbeizuführen. Der, der sie nicht herbeigeführt hat, wenn er dieses Buch durchgenommen hat, braucht nicht zu denken, daß es nicht richtig ist, was ich sage, sondern eher, daß er es nicht richtig oder nicht energisch und gründlich genug durchgearbeitet hat.

Nun aber kommt etwas anderes in Betracht, das ist, daß dann, wenn diese Katharsis eingetreten ist, wenn im astralischen Leibe ausgebildet sind die astralen Sinnesorgane, das Ganze abgedrückt werden muß im Ätherleibe. Nun hat man in den vorchristlichen Einweihungen die Sache so gemacht: Nachdem der Schüler die entsprechenden Vorübungen durchgemacht hatte, die man ihn oft jahrelang hat durchmachen lassen, sagte man: Jetzt ist der Zeitpunkt gekommen, wo der astralische Leib so weit ist, daß er seine astralen Erkenntnisorgane hat; jetzt können diese ihren Abdruck erfahren im Ätherleib. – Da wurde dann der betreffende Schüler einer Prozedur unterworfen, die heute – wenigstens für unsere

Kulturepoche – nicht nur nicht notwendig ist, sondern auch nicht im Ernst ausführbar ist. Er wurde durch dreieinhalb Tage hindurch in einen lethargischen Zustand gebracht. Da wurde er so behandelt, daß nicht nur das für ihn eintrat in diesen dreieinhalb Tagen, was jede Nacht im Schlaf eintritt: daß der astralische Leib aus dem physischen Leib und dem Ätherleib heraustritt, sondern es wurde bis zu einem gewissen Grade auch der Ätherleib herausgehoben, und es wurde auch dafür Sorge getragen, daß der physische Leib intakt blieb und der Betreffende nicht inzwischen starb. Jetzt war der Ätherleib befreit von den Kräften des physischen Leibes, die auf ihn wirken. Man hatte jetzt sozusagen den Ätherleib elastisch und plastisch, und wenn man jetzt in ihn hineinsenkte, was im astralischen Leibe an Sinnesorganen ausgebildet war, dann erhielt der Ätherleib einen Abdruck des ganzen Astralleibes. Wenn dann der Betreffende durch den Hierophanten wieder in den Normalzustand gebracht wurde, wenn Astralleib und Ich wieder mit dem physischen Leib und Ätherleib vereinigt wurden – das war eine Prozedur, die der Hierophant-Initiator verstand –, dann war für ihn nicht nur die Katharsis da, sondern auch das, was man die «Erleuchtung» nennt, «Photismos». Der Betreffende konnte jetzt in der Welt, die um ihn herum war, alle diejenigen Dinge wahrnehmen, die nicht nur physisch-sinnlich sind, sondern er konnte die geistigen Wahrnehmungsorgane gebrauchen, das heißt, er sah das Geistige und konnte es wahrnehmen. Aus diesen zwei Vorgängen, der Reinigung oder Läuterung und der Erleuchtung, bestand im wesentlichen die Einweihung.

Nun ist im Laufe der Menschheitsentwickelung für den Menschen eine solche Phase eingetreten, daß es nach und nach unmöglich wurde, ohne eine weitgehende Störung aller Funktionen den Ätherleib so herauszubringen aus dem physischen Leib, weil ja die ganze nachatlantische Entwickelung darauf hinauslief, daß sich der Ätherleib immer mehr und mehr befestigte im physischen Leibe. Es war daher notwendig, andere Methoden auszuführen, die darauf hinausgehen, daß ohne die Trennung von physischem Leib und Ätherleib der Astralleib, wenn er genügend entwickelt ist innerhalb der Katharsis, wenn er von selbst wieder hineingeht in den physischen und Ätherleib, dann trotz des Hindernisses des physischen Leibes zu einem Abdruck seiner Organe im Ätherleibe kommt. Das, was eintreten mußte, ist also, daß stärkere Kräfte in Meditation und Konzentration wirken mußten, damit starke Impulse im Astralleib seien, welche die Widerstandskraft des physischen Leibes überwinden können.

Zunächst kam dann die eigentlich spezifisch christliche Einweihung, die es notwendig macht, daß der Mensch sich den Prozeduren unterwirft, die gestern als die sieben Stufen geschildert worden sind. Wenn der Mensch diese Gefühle und Empfindungen durchmacht, wird sein astralischer Leib so intensiv bearbeitet, daß er – vielleicht erst nach Jahren, aber doch früher oder später – plastisch seine Wahrnehmungsorgane formt und sie dann in den Ätherleib hineindrückt, um dadurch den Menschen zu einem Erleuchteten zu machen. Diese Art der Einweihung, die die spezifisch christliche ist, könnte ausführlich nur beschrieben werden, wenn ich nicht nur mehrere Tage, sondern vielleicht zwei Wochen jeden Tag einen Vortrag über alle Einzelheiten halten könnte. Darauf kommt es aber nicht an. – Es handelte sich gestern darum, gewisse Einzelheiten in der christlichen Einweihung Ihnen anzugeben. Wir wollen uns ja nur mit dem Prinzip bekanntmachen. – Dadurch, daß der Mensch so etwas durchmacht, ist er in der Tat in der Lage, ohne den dreieinhalb Tage dauernden lethargischen Schlaf die Einweihung zu erlangen, namentlich wenn der christliche Schüler fortdauernd meditiert über die Sätze des Johannes-Evangeliums. Wenn er die ersten Sätze des Johannes-Evangeliums: «Im Urbeginne war das Wort» bis zu der Stelle «voller Hingabe und Wahrheit» jeden Tag auf sich wirken läßt, sind sie eine ungeheuer bedeutsame Meditation. Diese Kraft haben sie in sich. Denn dieses Johannes-Evangelium ist überhaupt in seiner Ganzheit nicht bloß dazu da, gelesen und mit dem Intellekt verstanden zu werden, sondern es muß innerlich ganz erlebt und gefühlt werden. Dann ist es selbst eine Kraft, die der Einweihung zu Hilfe kommt und für sie arbeitet, und dann werden «Fußwaschung», «Geißelung» und andere innere Vorgänge als astralische Visionen, ganz entsprechend dem, wie sie im Johannes-Evangelium vom 13. Kapitel ab selbst beschrieben werden, erlebt.

Die Rosenkreuzer-Initiation aber, obwohl sie durchaus auf christlichem Boden steht, arbeitet mehr mit anderen symbolischen Vorstellungen, die die Katharsis herbeiführen, namentlich mit Imaginationsbildern. Das ist wiederum eine Modifikation, die angewendet werden mußte, weil die Menschheit wieder ein Stück in der Entwickelung weitergeschritten war und weil sich die Einweihungsmethode dem anpassen muß, was die Menschheit nach und nach entwickelt hat.

Nun müssen wir verstehen, daß der Mensch im Grunde doch ein ganz anderer wird, als er früher war, wenn er diese Einweihung erlangt. Während er früher nur seinen Umgang gehalten hat mit den Dingen der physischen Welt, erlangt er dann die Möglichkeit, ebenso umzugehen mit den Vorgängen und Wesen der geistigen Welt. Das setzt voraus, daß der Mensch in einem viel realeren Sinne die Erkenntnis erlangt als in jenem abstrakten, nüchternen, prosaischen Sinne, wie man gewöhnlich von Erkenntnis spricht. Für den, der geistige Erkenntnis erlangt, ist der Erkenntnisprozeß etwas ganz anderes noch. Er ist etwas, was ganz und gar eine Verwirklichung des schönen Spruches ist: «Erkenne dich selbst!» Aber es ist das Gefährlichste auf dem Erkenntnisgebiete, diesen Spruch in mißverständlicher Weise aufzufassen; und das geschieht heute nur allzu häufig. Diesen Spruch legen sich manche Leute so aus: sie sollen nicht mehr in der Welt herumschauen, sondern in ihr eigenes Innere hineingaffen und alles Geistige in diesem ihrem Innern suchen. Dies ist eine sehr mißverstandene Auffassung des Spruches, denn das bedeutet er gar nicht. Der Mensch muß sich klar sein, daß eine wirkliche höhere Erkenntnis auch eine Entwickelung ist von einem Standpunkte, den der Mensch erreicht hat, zu einem Standpunkt, den er vorher nicht erreicht hatte. Übt man Selbsterkenntnis auf die Weise, daß man nur in sich hineinbrütet, so sieht man nur, was man bisher schon hatte. Dadurch erlangt der Mensch aber nichts Neues, sondern nur eine im heutigen Sinne gemeinte Erkenntnis des eigenen niederen Ich. Dieses Innere ist nur der eine Teil, der zur Erkenntnis notwendig ist. Der andere Teil, der zur Erkenntnis gehört, muß hinzukommen. Ohne die zwei Teile geht es nicht. Durch das Innere kann der Mensch dazu kommen, die Organe in sich zu entwickeln, durch die man erkennt. Aber ebensowenig wie das Auge als äußeres Sinnesorgan durch ein Hineinblicken in sich selber die Sonne erkennen würde, sondern eben nach außen auf die Sonne blicken muß, so muß auch das innere Erkenntnisorgan nach außen, das heißt nach dem geistigen Außen, hinblicken, um wirklich zu erkennen. Der Begriff «Erkenntnis» hatte in den Zeiten, als man die geistigen Dinge noch realer auffaßte, einen viel tieferen, realeren Sinn als heute. Lesen Sie in der Bibel, was es heißt: «Adam erkannte sein Weib» (1. Mose 4,1 u. 25), oder dieser oder jener der Patriarchen «erkannte sein Weib». Sie brauchen nicht weit zu gehen, um es dahin zu verstehen, daß damit gemeint ist die Befruchtung; und wenn man den Spruch «Erkenne dich selbst» im Griechischen betrachtet, heißt es nicht: Gaffe in dein Inneres hinein, sondern: Befruchte dein Selbst mit dem, was aus der geistigen Welt dir zuströmt! Erkenne dich selbst! heißt: Befruchte dich selbst mit dem Inhalte der geistigen Welt!

Zweierlei ist dazu nötig: daß der Mensch sich präpariert durch Katharsis und Erleuchtung, dann aber sein Inneres frei öffnet der geistigen Welt. Das Innere des Menschen dürfen wir in diesem Erkenntniszusammenhang vergleichen mit dem Weiblichen, das Äußere mit dem Männlichen. Das Innere muß für die Aufnahme des höheren Selbstes empfänglich gemacht werden. Ist es empfänglich, dann strömt aus der geistigen Welt des Menschen höheres Selbst in den Menschen ein. Denn wo ist des Menschen höheres

Selbst? Ist es da drinnen im persönlichen Menschen? Nein! Auf Saturn, Sonne und Mond war das höhere Selbst ausgegossen über den ganzen Kosmos. Damals war das Ich des Kosmos ausgegossen über den Menschen, und dieses Ich muß der Mensch auf sich wirken lassen. Er muß dieses Ich wirken lassen auf sein vorher präpariertes Inneres. Das heißt: Geläutert und gereinigt, veredelt, der Katharsis unterworfen werden muß des Menschen Inneres, mit anderen Worten, sein Astralleib. Dann kann er erwarten, daß das äußere Geistige zu seiner Erleuchtung in ihn einströmt. Das geschieht, wenn der Mensch so weit vorbereitet ist, daß er seinen Astralleib der Katharsis unterworfen und dadurch seine inneren Erkenntnisorgane ausgebildet hat. Dann ist der Astralleib, wenn er jetzt untertaucht in den Ätherleib und physischen Leib, unter allen Umständen so weit, daß die Erleuchtung, der Photismos, erfolgt. Das, was wirklich eintritt, ist eben, daß der Astralleib seine Organe abdrückt im Ätherleibe, wodurch dann bewirkt wird, daß der Mensch um sich herum eine geistige Welt wahrnimmt, daß also sein Inneres, der astralische Leib, empfängt, was ihm der Ätherleib zu bieten vermag, was ihm der Ätherleib heraussaugt aus dem ganzen Kosmos, aus dem kosmischen Ich.

Die christliche Esoterik nannte diesen gereinigten, geläuterten astralischen Leib, der in dem Augenblick, wo er der Erleuchtung unterworfen ist, nichts von den unreinen Eindrücken der physischen Welt in sich enthält, sondern nur die Erkenntnisorgane der geistigen Welt, die «reine, keusche, weise Jungfrau Sophia». Durch alles das, was der Mensch aufnimmt in der Katharsis, reinigt und läutert er seinen astralischen Leib zur «Jungfrau Sophia». Und der «Jungfrau Sophia» kommt entgegen das kosmische Ich, das Welten-Ich, das die Erleuchtung bewirkt, das also macht, daß der Mensch Licht um sich herum hat, geistiges Licht. Dieses Zweite, das zur «Jungfrau Sophia» hinzukommt, nannte die christliche Esoterik – und nennt es auch heute noch – den «Heiligen Geist». So daß man im christlich-esoterischen Sinne ganz richtig spricht, wenn man sagt: Der christliche Esoteriker erreicht durch seine Einweihungsvorgänge die Reinigung und Läuterung seines astralischen Leibes; er macht seinen astralischen Leib zur «Jungfrau Sophia» und wird überleuchtet – wenn Sie wollen, können Sie es überschattet nennen – von dem «Heiligen Geiste», von dem kosmischen Welten-Ich. Und der, der also erleuchtet ist, der mit anderen Worten im Sinne der christlichen Esoterik den «Heiligen Geist» in sich aufgenommen hat, redet fortan dann in einem anderen Sinne. Wie redet er? Er redet so, daß es nicht seine Meinung ist, wenn er über Saturn, Sonne, Mond redet, über die verschiedenen Glieder der menschlichen Wesenheit, über die Vorgänge der Weltentwickelung. Seine Ansichten kommen dabei ganz und gar nicht in Betracht. Wenn ein solcher über den Saturn redet, redet der Saturn aus ihm. Wenn er über die Sonne redet, redet die geistige Wesenheit der Sonne aus ihm. Er ist das Instrument; sein Ich ist untergegangen, das heißt für solche Augenblicke unpersönlich geworden, und das kosmische Welten-Ich ist es, das sich seiner als Werkzeug bedient, um durch ihn zu sprechen. Daher darf man bei den wirklichen esoterischen Lehren, die aus der christlichen Esoterik herauskommen, nicht von Ansichten oder Meinungen reden. Das ist im höchsten Sinne des Wortes nicht richtig. Die gibt es da nicht. Derjenige, der im Sinne der christlichen Esoterik mit der richtigen Gesinnung von der Welt spricht, sagt sich: Nicht darauf kommt es an, daß ich den Leuten sage, da waren zwei Pferde draußen, das eine gefällt mir weniger gut, ich glaube, daß das ein faules Pferd ist. Worauf es ankommt, ist, daß ich den anderen die Pferde beschreibe und die Tatsachen wiedergebe! Darum handelt es sich, daß mit Ausschluß jeder persönlichen Meinung das Beobachtete aus der geistigen Welt erzählt wird. In jedem geisteswissenschaftlichen Lehrsystem muß einfach die Tatsachenfolge erzählt werden; das darf mit den Ansichten desjenigen, der da erzählt, gar nichts zu tun haben.

So haben wir zwei Begriffe zunächst in ihrer geistigen Bedeutung kennengelernt. Wir haben kennengelernt das Wesen der «Jungfrau

Sophia», das der geläuterte Astralleib ist, und kennengelernt haben wir das Wesen des «Heiligen Geistes», des kosmischen Welten-Ichs, das von der «Jungfrau Sophia» empfangen wird und aus dem betreffenden astralischen Leib heraus dann sprechen kann.

Noch etwas anderes, eine noch höhere Stufe ist zu erlangen, das ist: jemandem helfen zu können, ihm die Impulse geben zu können, beides zu erlangen. Die Menschen unserer Evolutionsepoche können die «Jungfrau Sophia», den geläuterten Astralleib, und den «Heiligen Geist», die Erleuchtung, in der geschilderten Weise empfangen. Geben konnte der Erde das, was dazu notwendig ist, nur der Christus Jesus. Er hat dem geistigen Teil der Erde die Kräfte eingeimpft, die es möglich machen, daß überhaupt das geschehen kann, was mit der christlichen Einweihung geschildert worden ist. Wodurch ist dies gekommen?

Zweierlei müssen wir zu dessen Verständnis herbeitragen. Wir müssen uns erstens mit etwas rein Geschichtlichem bekanntmachen: mit der Art der Namengebung, die eine ganz andere war in der Zeit, als die Evangelien geschrieben wurden, als sie heute ist.

Diejenigen, die heute die Evangelien auslegen, verstehen das Prinzip der Namengebung zur Zeit der Evangelien gar nicht und reden daher nicht so, wie sie reden müßten. Es ist ja außerordentlich schwierig zu schildern, wie das Prinzip der Namengebung damals war. Aber wir können es uns doch verständlich machen, wenn wir es auch nur skizzenhaft andeuten können. Denken Sie sich, wir würden bei einem Menschen, der uns entgegentritt, nicht stehen bleiben bei jenem gar nicht zu ihm gehörigen Namen, den er auf den abstrakten Wegen erhält, die nun einmal heute für die Namengebung üblich sind, sondern wir würden lauschen und achtgeben, welches seine hervorragendsten Eigenschaften, das hervorstechendste Merkmal in seinem Charakter ist, und wir würden in der Lage sein, hellseherisch die tiefere Grundlage seines Wesens zu erforschen, und würden dann nach den wichtigsten Eigenschaften, die wir ihm glauben beilegen zu müssen, seinen Namen ihm geben.

Würden wir eine solche Namengebung einmal befolgen, dann würden wir ungefähr auf einer niederen, elementaren Stufe etwas Ähnliches ausführen, was diejenigen ausgeführt haben bei einer Namengebung, die im Sinne des Schreibers des Johannes-Evangeliums Namen gegeben haben. Wenn ich mich recht verständlich machen wollte, wie der Schreiber des Johannes-Evangeliums bei seiner Namengebung zu Werke ging, müßte ich jetzt sagen: Dieser Schreiber des Johannes-Evangeliums hat sich die äußere geschichtliche Mutter des Jesus auf ihre hervorstechendsten Eigenschaften hin angesehen und hat nun gesagt: Wo finde ich einen Namen für sie, der ihr Wesen am vollkommensten ausdrückt? Und weil sie durch die früheren Inkarnationen, die sie durchgemacht hatte, bis zu der geistigen Höhe gekommen war, auf der sie stand, weil sie in ihrer äußeren Persönlichkeit gleichsam als ein Abdruck, als eine Offenbarung erschien dessen, was man in der christlichen Esoterik nennt die «Jungfrau Sophia», so nannte er die Mutter des Jesus die «Jungfrau Sophia». So hat sie immer geheißen in den esoterischen Stätten, wo das Christentum esoterisch gelehrt worden ist: die «Jungfrau Sophia». Exoterisch läßt er sie überhaupt unbenannt, gegenüber den anderen Evangelisten, die den Profan-Namen Maria für sie gewählt haben. Er durfte nicht den Profan-Namen nehmen. Johannes mußte im Namen ausdrücken die tiefe weltgeschichtliche Entwickelung. Das tut er, indem er andeutet, daß sie nicht Maria genannt werden kann, vielmehr stellt er neben sie ihre Schwester Maria, Kleophas› Weib, und nennt sie einfach «Jesu Mutter». Dadurch deutet er an, daß er ihren Namen nicht nennen will, daß er öffentlich nicht bekanntgegeben werden kann. In esoterischen Kreisen nannte man sie immer die «Jungfrau Sophia». Sie war diejenige, die als äußere historische Person repräsentiert die «Jungfrau Sophia».

Wollen wir jetzt weiter vordringen in das Wesen des Christentums und seines Begründers, so müssen wir noch ein anderes Mysterium vor unsere Seele hinstellen. Wir müssen uns klar sein darüber, daß wir unterscheiden müssen zwischen dem, was man in der christlichen Esoterik nennt «Jesus von Nazareth», und dem, was man nennt den «Christus Jesus», den Christus in dem Jesus von Nazareth. Was heißt das? Das heißt folgendes.

Wir haben es zunächst zu tun in der historischen Persönlichkeit des Jesus von Nazareth mit einem hochentwickelten Menschen, der durch viele Inkarnationen hindurchgegangen und wiederverkörpert ist nach einer hohen Entwickelungsperiode, der dadurch hingezogen wurde zu einer so reinen Mutter, daß der Schreiber des Johannes-Evangeliums sie nennen durfte die «Jungfrau Sophia». Wir haben es also zu tun mit einem hochstehenden Menschen, dem Jesus von Nazareth, der in seiner Entwickelung schon in der vorhergehenden Inkarnation weit vorangekommen war und in diese Inkarnation auf einer hohen geistigen Stufe eintrat.

Die anderen Evangelisten außer dem Schreiber des Johannes-Evangeliums sind nicht in einem so hohen Maße erleuchtet wie der Schreiber des Johannes-Evangeliums. Ihnen ist vielmehr die sinnliche, wirkliche Welt offen, in der sie ihren Meister und Messias wandeln sehen als Jesus von Nazareth. Dagegen sind ihnen die geheimeren spirituellen Zusammenhänge, wenigstens in denjenigen Höhen verborgen, in die der Schreiber des Johannes-Evangeliums blickt. Sie müssen daher einen ganz besonderen Wert darauf legen, daß sich in dem Jesus von Nazareth dasjenige auslebt, was immerdar gelebt hat im Judentum, was immer im Judentum sich fortgepflanzt hat als der durch alle Generationen gehende Gott der Juden, der Vater. Daher drücken sie das auch aus. Sie sagen: Wenn wir die Abstammung des Jesus von Nazareth durch die Generationen zurückverfolgen, so können wir nachweisen, daß wirklich in ihm das Blut rinnt, das durch die Generationen hindurchgeronnen ist. – Sie geben daher die Geschlechtsregister an, und zwar entsprechend dem, wie sie selbst wiederum auf den verschiedenen Stufen der Entwickelung stehen. Matthäus kommt es vor allem darauf an, daß er zeigt: Wir haben in dem Jesus von Nazareth einen Menschen vor uns, in dem der Vater Abraham lebt; das Blut des

Vaters Abraham ist heruntergeronnen bis zu ihm. Daher gibt er das Geschlechtsregister an bis zu Abraham (Matth. 1, 1–17). Er steht auf einem materielleren Standpunkt als Lukas. Letzterem kommt es darauf an, nicht nur zu zeigen, daß der Gott in Jesus lebte, der schon in Abraham lebte, sondern ihm kommt es darauf an, zu zeigen, daß man die Abstammung, die Blutsfolge noch weiter hinauf bis zu Adam verfolgen kann, und Adam war ein Sohn der Gottheit selbst, das heißt er gehörte der Zeit an, wo die Menschen erst aus der Geistigkeit in die Leiblichkeit übergegangen sind (Lukas 3, 23–38). Darauf kommt es beiden, Matthäus und Lukas, an: zu zeigen, daß dieser zeitliche Jesus von Nazareth voll darinnen steckt in dem, was auf die göttliche Vaterschaft selbst zurückführt.

Dem Schreiber des Johannes-Evangeliums, der in das Spirituelle blickte, kam es darauf nicht an; denn ihm kam es nicht an auf das Wort: «Ich und der Vater Abraham sind eins», sondern er wollte zeigen: Jeden Augenblick gibt es im Menschen ein Ewiges, das vor dem Vater Abraham im Menschen war. Es war im Urbeginn der Logos, der da heißt «Ich-bin». Früher, als alle äußeren Dinge und Wesenheiten waren, war er; er war im Urbeginn.

Es handelte sich also für die, die mehr schildern wollten den Jesus von Nazareth und auch nur ihn schildern konnten, darum, zu zeigen, wie das Blut von Anfang an herunterrann durch die Generationen. Wichtig war es ihnen, zu zeigen, daß im Joseph, dem Vater des Jesus von Nazareth, lebte das Blut, das durch die Generationen herunterfloß.

Hier würde es natürlich, wenn wir ganz esoterisch sprechen könnten, notwendig sein, über den Begriff der sogenannten «unbefleckten Empfängnis» zu sprechen, der «Conceptio immaculata», der aber nur im allerengsten Kreise erörtert werden kann. Aber er gehört zu den tiefsten Mysterien, die es überhaupt gibt; und die Mißverständnisse, die sich an diesen Begriff knüpfen, rühren davon her, daß die Menschen nicht wissen, was überhaupt unter der Conceptio immaculata verstanden werden muß. Die Menschen glauben, es bedeutet, daß keine Vaterschaft da wäre. Das ist es nicht, sondern eine viel tiefere, geheimnisvollere Sache liegt dahinter. Und mit dem, was dahinter liegt, ist gerade dasjenige vereinbar, was die andern Evangelisten zeigen wollen: daß Joseph der Vater ist. Würden sie das in Abrede stellen, so würde es völlig sinnlos sein, was sie sich zu zeigen bemühen. Sie wollen zeigen, daß der alte Gott im Jesus von Nazareth lebt. Lukas insbesondere will es deutlich zeigen. Daher führt er die ganze Geschlechtsfolge bis hinauf zu Adam und dann zu Gott. Wie käme er sonst zu diesem Resultat, wenn er eigentlich nur sagen wollte: Ich zeige euch, daß dieser Stammbaum existiert, aber eigentlich hat der ganze Joseph gar nichts damit zu tun. Es wäre doch sonderbar, wenn sich die Leute bemühten, den Joseph als eine so wichtige Persönlichkeit hinzustellen, und ihn dann wiederum abschieben von dem ganzen Vorgang.

Nun aber haben wir es bei dem Ereignis von Palästina nicht bloß zu tun mit dieser hochentwickelten Persönlichkeit des Jesus von Nazareth, die viele Inkarnationen durchgemacht und sich so hoch entwickelt hatte, daß sie eine so hervorragende Mutter brauchte, sondern wir haben es noch mit einem zweiten Mysterium zu tun.

Als der Jesus von Nazareth dreißig Jahre alt war, war er auch noch durch das, was er in seiner damaligen Inkarnation erlebt hatte, so weit gekommen, daß er einen Prozeß vollziehen konnte, der in Ausnahmefällen vollzogen werden kann. Wir wissen, daß der Mensch besteht aus physischem Leib, Ätherleib, Astralleib und Ich. Dieser viergliedrige Mensch ist der Mensch, der unter uns lebt. Wenn der Mensch auf einer gewissen Entwickelungshöhe steht, ist es ihm möglich, in einem bestimmten Zeitpunkt sein Ich herauszuholen aus den drei Leibern und diese intakt als vollkommen heile Leiber zurückzulassen. Dieses Ich geht dann in die geistige Welt, und die drei Leiber bleiben zurück. Diesem Prozeß begegnen wir zuweilen in der Weltenentwickelung. Bei irgendeinem Menschen tritt es ein, daß ein besonders hoher, entrückter Augenblick da ist, der unter Umständen sich auch über einen längeren Zeitraum ausdehnen kann. Da geht das Ich fort, geht in die geistige Welt; und weil die drei Leiber so hoch entwickelt sind durch das Ich, das in ihnen war, sind sie brauchbare Werkzeuge für eine noch höhere Wesenheit, die von ihnen Besitz nimmt. Im dreißigsten Jahre des Jesus von Nazareth nimmt nun von dessen physischem Leibe, Ätherleibe und Astralleibe dasjenige Wesen Besitz, das wir den Christus genannt haben. Dieses Christus-Wesen konnte sich nicht in einem gewöhnlichen Kindesleibe inkarnieren, sondern nur in einem Leibe, der erst durch ein hochentwickeltes Ich dazu vorbereitet war. Denn dieses Christus-Wesen war vorher noch niemals in einem physischen Leibe inkarniert gewesen. Von dem dreißigsten Jahre ab haben wir es also mit dem Christus im Jesus von Nazareth zu tun.

Was war da eingetreten in Wahrheit? In Wahrheit war diese Leiblichkeit des Jesus von Nazareth, die er zurückgelassen hatte, so reif, so vollendet, daß in sie eindringen konnte der Sonnenlogos, das Wesen der sechs Elohim, wie wir es beschrieben haben als das geistige Wesen der Sonne. Es konnte sich für drei Jahre in dieser Leiblichkeit inkarnieren, konnte Fleisch werden. Der Sonnenlogos, der hineinscheinen kann durch die Erleuchtung in den Menschen, er selbst, der Heilige Geist, tritt ein, das Welten-Ich, das kosmische Ich tritt ein, und es spricht fortan der Sonnenlogos in diesen drei Jahren aus dem Jesuskörper. Der Christus spricht aus dem Jesuskörper die drei Jahre hindurch. Dieser Vorgang wird angedeutet im Johannes-Evangelium und auch in den anderen Evangelien als das Herabsteigen der Taube, des Heiligen Geistes auf den Jesus von Nazareth. Im esoterischen Christentum wird das so gesagt, daß in diesem Augenblicke das Ich des Jesus von Nazareth dessen Körper verläßt und daß in ihm fortan der Christus-Geist ist, der aus ihm spricht, um zu lehren und zu wirken. Das ist das erste Ereignis, das geschieht, im Sinne des Johannes-Evangeliums. Jetzt haben wir den Christus im Astralleibe, Ätherleibe und physischen Leibe des Jesus von Nazareth. Der Christus wirkt in dem Sinne, wie wir das beschrieben haben, bis zu dem Mysterium von Golgatha. Was geschieht auf Golgatha?

Auf Golgatha geschieht das Folgende. Wir fassen den Augenblick ins Auge, der der eigentlich wichtige ist, wo das Blut fließt aus den Wunden des Gekreuzigten. Nun will ich das, was da geschieht, mit etwas anderem vergleichen, damit Sie mich besser verstehen.

Denken Sie sich, Sie hätten hier ein Gefäß mit Wasser. In diesem Wasser wäre aufgelöst ein Salz, so daß das Wasser ziemlich durchsichtig wäre. Dadurch, daß Sie das Wasser erwärmt haben, haben Sie eine Salzlösung gemacht. Nun kühlen Sie das Wasser ab. Das Salz lagert sich ab, und Sie sehen, wie von unten an das Salz sich verdichtet und unten sich ablagert. Das ist der Vorgang für den, der nur mit physischen Augen sieht. Für den aber, der mit geistigen Augen sieht, geschieht noch etwas anderes. Während sich unten das Salz verdichtet, durchströmt nach oben der Geist des Salzes das Wasser und erfüllt es. Das Salz kann nur dadurch dichter werden, daß der Geist des Salzes das Salz verläßt und sich im Wasser ausbreitet. Wer die Dinge kennt, der weiß, daß da, wo eine Verdichtung geschieht, auch immer eine Vergeistigung stattfindet. Was also sich nach unten verdichtet, hat sein Gegenbild nach dem Geistigen, nach oben. Ganz genau ebenso wie dann, wenn dieses Salz nach unten sickert und sich da verdichtet, der Geist des Salzes ausströmt und sich nach oben hin verbreitet, ebenso war nicht nur ein physischer Vorgang vorhanden, als das Blut herausrann aus den Wunden des Erlösers, sondern indem das Blut herausrann, war das wirklich begleitet von einem geistigen Vorgange. Und dieser geistige Vorgang besteht darin, daß der Heilige Geist, der da aufgenommen war bei der Taufe, sich mit der Erde verband, daß der Christus selbst einfloß in das Wesen der Erde. Von jetzt an war die Erde verwandelt. Denn das liegt dem zugrunde, was Ihnen in den früheren Vorträgen gesagt worden ist: man hätte sehen können, wenn man von einem fernen Stern auf die Erde geblickt haben würde, daß das ganze Aussehen der Erde mit dem Ereignis von Golgatha sich veränderte. Es sollte sich der Sonnenlogos mitteilen der Erde, ein Bündnis mit der Erde schließen, der Geist der Erde werden. Der Weg, durch den er das getan, besteht darin, daß er im dreißigsten Jahre des Jesus von Nazareth in dessen Leiber eingezogen ist, drei Jahre darin gewirkt hat und dann für die Erde erhalten worden ist.

Und nun handelt es sich darum, daß in dem wirklichen Christen eine Wirkung dieses Ereignisses sein muß, daß es etwas geben muß, wodurch der wirkliche Christ nach und nach die Anlage zu einem im christlichen Sinne geläuterten astralischen Leib erhält. Es mußte für den Christen etwas da sein, wodurch er seinen astralischen Leib nach und nach ähnlich machen kann einer «Jungfrau Sophia», um dadurch den «Heiligen Geist» in sich aufzunehmen, der ja sonst auch ausgebreitet sein könnte auf der Erde, aber nicht empfangen werden könnte von dem, dessen astralischer Leib nicht ähnlich ist der «Jungfrau Sophia». Es mußte etwas da sein, was die Kraft in sich enthält, den menschlichen Astralleib zu einer «Jungfrau Sophia» zu machen.

Wo liegt diese Kraft? Diese Kraft liegt darin, daß der Christus Jesus dem Jünger, den er lieb hatte, also dem Schreiber des Johannes-Evangeliums, die Mission übertragen hat, aus seiner Erleuchtung heraus wahr und getreulich die Vorgänge in Palästina aufzuschreiben, damit die Menschen sie auf sich wirken lassen können. Lassen die Menschen das genügend auf sich wirken, was im Johannes-Evangelium aufgeschrieben ist, dann ist ihr astralischer Leib auf dem Wege, eine «Jungfrau Sophia» zu werden, und er wird dann empfänglich für den «Heiligen Geist». Er wird allmählich empfänglich durch die Stärke der Impulse, die vom Johannes-Evangelium ausgehen, wahres Geistiges zu fühlen und später zu erkennen. Das hat der Christus Jesus dem Schreiber des Johannes-Evangeliums gegeben, diese Mission, diesen Auftrag. Sie brauchen nur das Evangelium zu lesen, Sie finden es darin: Am Kreuze stand Jesu Mutter – die «Jungfrau Sophia» im esoterischen Sinne des Christentums – und vom Kreuz herab spricht der Christus zu dem Jünger, den er lieb hatte:

«Das ist fortan deine Mutter! Und von der Stunde an nahm sie der Jünger zu sich.» (19, 27)

Das heißt: Diejenige Kraft, die in meinem astralischen Leib war und ihn befähigt hat, ein Träger zu werden für den Heiligen Geist, diese Kraft übertrage ich auf dich; du sollst niederschreiben das, was dieser astralische Leib durch seine Entwickelung erlangen konnte! – «Und der Jünger nahm sie zu sich», das heißt, er schrieb das Johannes-Evangelium. Und das Johannes-Evangelium ist dasjenige Evangelium, in dem der Schreiber verborgen hat die Kräfte zur Entfaltung der «Jungfrau Sophia». Am Kreuz wird ihm die Mission erteilt, sie als seine Mutter anzunehmen, der wahre, echte Interpret des Messias zu sein. Eigentlich heißt das also: Lebt euch ganz in den Sinn des Johannes-Evangeliums hinein, erkennt es spirituell; es hat die Kraft, euch zur christlichen Katharsis zu führen, es hat die Kraft, euch die «Jungfrau Sophia» zu geben; dann wird auch der mit der Erde vereinigte Heilige Geist euch die Erleuchtung – Photismos im christlichen Sinne – zuteil werden lassen! – Und dies, was die intimsten Schüler erfahren hatten dazumal in Palästina, das war so stark, daß sie fortan wenigstens die Anlage in sich hatten, im Geiste zu sehen. Die intimsten Schüler hatten diese Anlage in sich aufgenommen. Denn dieses Im-Geistigen-Sehen im christlichen Sinne besteht darin, daß der Mensch seinen astralischen Leib so umgestaltet durch die Kraft des Ereignisses von Palästina, daß äußerlich, physisch-sinnlich nicht da zu sein braucht, was der Mensch sehen soll.

Der Mensch hat dann noch etwas, womit er in das Geistige hineinsieht. Es gab solche intime Schüler. Diejenige, die in dem Flecken Bethanien den Christus Jesus gesalbt hat, sie hatte die starke Kraft zum geistigen Sehen aus dem Ereignis von Palästina bekommen, und sie ist zum Beispiel eine derjenigen, welche zuerst vernehmen, daß das, was in Jesus gelebt hat, vorhanden ist nach dem Tode, auferstanden ist. Sie hatte diese Möglichkeit. Woher hat sie diese Möglichkeit? Dadurch, daß die inneren Sinnesorgane ihr aufgegangen sind. – Wird uns das gesagt? Ja. Wir werden unterrichtet davon, daß Maria von Magdala hingeführt wird an das Grab, daß der Leichnam fort ist und sie da am Grabe zwei geistige Gestalten sieht. Man sieht diese zwei geistigen Gestalten immer, wenn ein Leichnam längere Zeit da ist. Man sieht auf der einen Seite den Astralleib, und man sieht auf der anderen Seite das, was sich nach und nach als Ätherleib loslöst und in den Weltenäther übergeht. Ganz abgesehen vom physischen Leibe sind zwei geistige Gestalten da, die der geistigen Welt angehören.

> «Da gingen die Jünger wieder heim. Maria aber stand vor dem Grabe und weinte draußen. Als sie nun weinte, guckte sie in das Grab. Und siehet zween Engel in weißen Kleidern sitzen.» (20, 10–12)

Sie sah das, da sie durch die Kraft und Gewalt des Ereignisses von Palästina hellseherisch geworden war. Und sie sah noch mehr: den Auferstandenen sah sie. War es denn notwendig, daß sie dazu hellseherisch war? Trauen Sie sich zu, daß sie einen Menschen, den Sie in physischer Gestalt vor ein paar Tagen gesehen haben, wenn Sie ihn nach ein paar Tagen vor sich haben, dann nicht genau wiedererkennen?

> «Und als sie das sagte, wandte sie sich zurück und siehet Jesum stehen und weiß nicht, daß es Jesus ist. Spricht Jesus zu ihr: Weib, was weinest du? Wen suchest du? Sie meinet, es sei der Gärtner.» (20, 14–15)

Und damit uns das möglichst genau gesagt wird, wird uns das nicht bloß einmal gesagt, sondern auch bei der nächsten Erscheinung des Auferstandenen, als Jesus erschien am See Genezareth.

> «Als es aber Morgen war, stand Jesus am Ufer; aber die Jünger wußten nicht, daß es Jesus war.» (21, 4)

Die esoterischen Schüler finden ihn da. Diejenigen, welche die volle Kraft des Ereignisses von Palästina aufgenommen hatten, konnten sich da hineinfinden und sehen, daß es der auferstandene Jesus ist, den man im Geistigen sehen konnte.

Wenn nun die Jünger und die Maria von Magdala ihn auch sahen, so gab es aber doch einige unter ihnen, die etwas weniger begabt waren, die hellseherische Kraft zu entfalten. Zu ihnen gehörte zum Beispiel der Thomas. Von dem Thomas wird Ihnen gesagt, daß er das erstemal nicht dabei war, als die Jünger den Herrn gesehen hatten; und er selbst sagt, er müsse erst seine Hände in seine Wunden legen, er müsse erst eine leibliche Berührung mit dem Auferstandenen haben. Was geschieht? Es sollte jetzt auch noch versucht werden, ihm nachzuhelfen, damit er geistsichtig wurde. Wie geschieht denn das? Es geschieht im Sinne der Worte:

> «Und über acht Tage waren abermal seine Jünger drinnen und Thomas mit ihnen. Kommt Jesus, da die Türen verschlossen waren, und tritt mitten ein und spricht: Friede sei mit euch! Darnach spricht er zu Thomas: Reiche deinen Finger her, und siehe meine Hände, und reiche deine Hand her und lege sie in meine Seite, und sei nicht ungläubig, sondern gläubig.» (20, 26–27)

Und du wirst etwas sehen, wenn du dich nicht bloß auf das Gesicht von außen verläßt, sondern dich durchdringst mit der inneren Kraft!* – Diese innere Kraft, die ausgehen soll von dem Ereignis in Palästina, nennt man den «Glauben». Das ist keine triviale, sondern eine innere hellsichtige Kraft. – Durchdringe dich mit der inneren Kraft, dann brauchst du nicht mehr bloß das für wirklich zu halten, was du äußerlich siehst; denn selig sind die, die wissen können von dem, was sie nicht äußerlich sehen!

So wird gezeigt, daß wir es zu tun haben mit der vollen Realität und Wahrheit der Auferstehung und daß diese Auferstehung allein

* «Spricht Jesus zu ihm: Dieweil du mich gesehen hast, Thomas, so glaubst du. Selig sind, die nicht sehen und doch glauben.» (20, 29).

derjenige voll erkennen kann, der mit der inneren Kraft, in das Geistige hineinzuschauen, sich erst ausstattet.

Dies wird Ihnen das letzte Kapitel des Johannes-Evangeliums verständlich machen, wo immer mehr und mehr darauf hingewiesen wird, wie allerdings die intimsten Schüler des Christus Jesus dadurch, daß das Ereignis sich vor ihnen vollzogen hat, zu der «Jungfrau Sophia» gekommen waren. Aber als sie das erstemal standhalten sollten, wirklich ein geistiges Ereignis schauen sollten, waren sie noch geblendet und mußten sich erst zurechtfinden. Sie wußten nicht, daß das derselbe war, der früher bei ihnen war. – Hier ist etwas, was wir mit den subtilsten Begriffen erfassen müssen; denn der grobmaterialistische Geist würde sagen: Dann ist doch also an der Auferstehung gerüttelt! – Ganz wörtlich ist das Wunder der Auferstehung zu nehmen und sogar so, wie er gesagt hat:

> «Ich bleibe bei euch alle Tage bis an das Ende des Zeitalters, des Weltenalters!» (Matth. 28, 20)

Er ist da und er wird wiederkommen, zwar nicht in einer fleischlichen Gestalt, aber in einer solchen Gestalt, daß die Menschen, die sich bis dahin durch die Kraft des Johannes-Evangeliums entwickelt haben, ihn sehen, ihn wirklich wahrnehmen können und nicht mehr ungläubig sind, wenn sie die geistige Kraft haben, ihn zu sehen. Diese Mission hat die anthroposophische Bewegung: denjenigen Teil der Menschheit, der sich vorbereiten lassen will, auf die Wiederkunft des Christus auf Erden vorzubereiten. Das ist die welthistorische Bedeutung der anthroposophischen Geisteswissenschaft: die Menschheit vorzubereiten und ihr die Augen geöffnet zu halten, wenn der Christus im sechsten Kulturabschnitt wiederum erscheint, wirksam unter den Menschen, so daß sich für einen großen Teil der Menschheit das vollziehen kann, was uns angedeutet ist in der Hochzeit zu Kana.

So nimmt sich die anthroposophische Weltanschauung aus wie eine Testamentsvollstreckung des Christentums. Um zum wahren

Christentum geführt zu werden, wird der Mensch in Zukunft jene spirituellen Lehren aufnehmen müssen, welche die anthroposophische Weltanschauung zu geben vermag. Mögen gegenwärtig auch noch viele Leute sagen: Ach, Anthroposophie ist etwas, was eigentlich dem wahren Christentum widerspricht! Aber das sind jene kleinen Päpste, die über das entscheiden wollen, wovon sie nichts wissen, die zum Dogma machen wollen: das, wovon sie nichts wissen, sei auch nicht da.

Diese Intoleranz wird in Zukunft immer größer werden, und das Christentum wird die stärkste Gefahr gerade von jener Seite erleben, wo die Leute sind, die gegenwärtig gerade glauben, gute Christen sich nennen zu können. Durch die Namenchristen wird das Christentum in der Geisteswissenschaft schwere Angriffe erfahren. Denn alle Begriffe werden sich wandeln müssen, wenn ein wirkliches spirituelles Verständnis des Christentums heranrücken soll. Vor allem wird das Vermächtnis des Schreibers des Johannes-Evangeliums, die große Schule der «Jungfrau Sophia», das Johannes-Evangelium selbst, sich immer mehr in die Seelen einleben und verstanden werden müssen. Tiefer aber in das Johannes-Evangelium kann nur die Geisteswissenschaft einführen.

Es sollte in diesen Vorträgen nur eine Probe davon gegeben werden, wie die Geisteswissenschaft einführen kann in das Johannes-Evangelium; denn es ist unmöglich, das ganze Johannes-Evangelium zu erklären. Es heißt selbst im Johannes-Evangelium:

> «Es sind auch viele andere Dinge, die Jesus getan hat; so sie aber sollten eins nach dem andern geschrieben werden, achte ich, die Welt würde die Bücher nicht begreifen, die zu schreiben wären.» (21, 25)

Ebensowenig wie das Johannes-Evangelium selber in allen Einzelheiten ausführlich sein konnte in bezug auf das Ereignis von Palästina, ebensowenig kann der längste Vortragszyklus alles das bringen, was in dem Johannes-Evangelium an spirituellem Inhalt darinnen liegt. Deshalb begnügen wir uns mit den Andeutungen, die diesmal gegeben werden konnten. Begnügen wir uns aber in dem Sinne, daß durch solche Andeutungen gerade das wirkliche Testament des Christentums im Verlaufe der Menschheitsentwikkelung ausgeführt wird. Und lassen wir dies alles in dem Sinne auf uns wirken, daß wir die Kraft haben, festzustehen auf dem Boden dessen, was wir im Johannes-Evangelium erkennen, wenn andere kommen, die da sagen: ihr gebt uns zu komplizierte Begriffe, viele Begriffe, die man sich erst aneignen soll, um das Evangelium zu begreifen, denn das Evangelium ist für die Einfachen und Naiven da, und denen darf man nicht mit vielen Begriffen und Vorstellungen kommen! – So sagen gegenwärtig viele. Sie berufen sich vielleicht auf einen anderen Spruch:

> «Selig sind die Armen im Geiste, denn ihnen wird das Himmelreich werden.» (Matth. 5, 3)

Auf einen solchen Ausspruch kann man sich nur so lange berufen, solange man ihn nicht richtig versteht. Denn er heißt wirklich:

> «Selig sind die Bettler im Geiste, denn sie werden in sich selbst die Reiche der Himmel erlangen.»

Das heißt: Diejenigen, die da sind wie die Bettler um Geist, die an Geist immer mehr aufnehmen wollen, die finden in sich die Reiche der Himmel!

Man hat gegenwärtig nur zu sehr die Meinung, daß alles Religiöse identisch sei mit allem Primitiven und Einfachen. Man sagt: Der Wissenschaft gestehen wir es zu, daß sie viele und komplizierte Begriffe habe; dem Glauben und der Religion aber gestehen wir das nicht zu. Glaube und Religion – so sagen viele «Christen» – müssen einfach und naiv sein! Das verlangen sie; und manche mögen sich dabei berufen auf eine Anschauung, die vielleicht wenig genannt wird, die aber jetzt doch viel in den Gemütern spukt und die *Voltaire,* einer der großen Lehrer des Materialismus, geäußert hat: Wer da will ein Prophet sein, der muß Glauben finden, denn das, was er vorbringt, muß ihm geglaubt werden, und nur das Einfache, das immer wieder in seiner Einfachheit wiederholt wird, das allein findet Glauben.

So ist es vielfach gegenwärtig bei vielen Propheten, den wahren und falschen. Sie bemühen sich, etwas zu sagen und es immer wieder zu wiederholen, und die Leute lernen es glauben, weil es immer wiederholt wird. Der Vertreter der Geisteswissenschaft soll und will kein solcher Prophet sein. Er will überhaupt kein Prophet sein. Und man mag ihm noch so sehr sagen: Ja, du wiederholst ja nicht nur, sondern immer wieder werden die Dinge von anderen Seiten beleuchtet, immer wieder werden die Dinge in anderer Weise besprochen, – wenn so von ihm gesagt wird, bezichtigt er sich keines Fehlers. Ein Prophet will, daß man an ihn glaubt; die Geisteswissenschaft will aber nicht zum Glauben, sondern zum Erkennen führen. Deshalb nehmen wir Voltaires Ausspruch im andern Sinn auf: «Das Einfache wird geglaubt und ist Sache des Propheten», sagt er. «Das Mannigfaltige aber wird erkannt», sagt die Geisteswissenschaft.

Versuchen wir, immer mehr uns damit bekannt zu machen, daß Geisteswissenschaft etwas ist, was mannigfaltig ist, nicht ein Glaubensbekenntnis, sondern ein Weg zur Erkenntnis, daß sie daher die Mannigfaltigkeit erträgt. Deshalb scheuen wir uns nicht, vieles herbeizutragen, um eine der wichtigsten Urkunden des Christentums, das Johannes-Evangelium, zu verstehen. Deshalb versuchten wir, die mannigfaltigsten Materialien herbeizutragen, die uns in die Lage versetzen, die tiefen Wahrheiten des Johannes-Evangeliums immer mehr zu verstehen; zu verstehen, wie die leibliche Mutter des Jesus eine äußere Offenbarung, ein Abbild ist für die «Jungfrau Sophia»; was für den Mysterienschüler, den Christus lieb hatte, geistig die «Jungfrau Sophia» gilt; wie dann noch für die anderen Evangelisten, die auf leibliche Abkunft schauen, hineinspielt der leibliche Vater, der seine Bedeutung da hat, wo es auf die äußere

Ausprägung des Gottesbegriffes im Blute ankommt; was ferner für Johannes der «Heilige Geist» bedeutet, durch den der Christus in Jesus gezeugt wurde während der drei Jahre, der Geist, der uns angedeutet wird symbolisch dadurch, daß herunterstieg die Taube bei der Johannes-Taufe.

Verstehen wir also zu nennen den «Heiligen Geist» den Vater des Christus Jesus, der ausgeboren hat in den Leibern des Jesus den Christus, so werden wir, wenn wir eine Sache von allen Seiten erfassen können, leicht finden, daß diejenigen Schüler, die weniger eingeweiht waren, uns auch nicht ein so tiefes Bild von den Ereignissen in Palästina geben konnten als der Jünger, den der Herr lieb hatte. Und wenn die Leute gegenwärtig von den Synoptikern sprechen, die ihnen einzig und allein maßgebend sind, so beweist das nur, daß die Leute nicht den Willen haben, sich aufzuschwingen zu dem Verständnis der wahren Gestalt des Johannes-Evangeliums. Denn jeder gleicht dem Geist, den er begreift!

Versuchen wir das, was wir lernen können durch die anthroposophische Geisteswissenschaft über das Johannes-Evangelium, zum Gefühl, zur Empfindung zu machen, so werden wir erfahren, daß das Johannes-Evangelium nicht nur eine Lehrschrift, sondern eine Kraft ist, die in unserer Seele wirken kann.

Haben diese kurzen Vorträge in Ihnen das Gefühl hervorgerufen, daß das Johannes-Evangelium nicht nur das enthält, was hier ausgesprochen ist, sondern daß es auch auf dem Umweg durch Worte die Kraft enthält, die die Seele selbst weiter bringt, dann ist das richtig verstanden worden, was eigentlich mit diesen Vorträgen gemeint ist. Denn mit diesen Vorträgen ist nicht nur gemeint etwas für den Verstand, für das intellektuelle Auffassungsvermögen; sondern das, was durch das intellektuelle Auffassungsvermögen seinen Umweg nimmt, soll sich verdichten zu Gefühlen und Empfindungen, und die Gefühle und Empfindungen sollen ein Resultat sein aus den Einzelheiten, die vorgetragen worden sind. Wenn das in einem gewissen Sinne richtig verstanden wird, dann wird man auch verstehen, was es heißt, die anthroposophische Bewegung habe die Sendung, das Christentum zur Weisheit zu erheben, das Christentum auf dem Umwege durch die spirituelle Weisheit richtig zu verstehen. Man wird verstehen, daß das Christentum erst im Anfang seines Wirkens ist und seine wahre Mission erst dann erfüllen wird, wenn es in seiner wahren, das heißt geistigen Gestalt verstanden wird. Je mehr diese Vorträge in diesem Sinne aufgefaßt werden, desto mehr sind sie begriffen in dem Sinne, wie sie gemeint waren.

HINWEISE

Zu dieser Ausgabe

Textgrundlagen: Die Hamburger Vorträge über das Johannes-Evangelium wurden von Walter Vegelahn, Berlin, mitgeschrieben und von ihm in Klartext übertragen. Die ersten fünf Vorträge sind von Rudolf Steiner durchgesehen und korrigiert worden. Die herangezogenen Evangelienstellen sind von Rudolf Steiner fast alle nach der Lutherschen Bibelübersetzung wiedergegeben worden. Wo bei den Textstellen in der Klammer nur Kapitel und Vers angegeben sind, handelt es sich um Stellen aus dem Johannes-Evangelium.

Der vorliegenden Taschenbuchausgabe liegt der Text der 11. Auflage 1995 (Gesamtausgabe) zugrunde. Es wurden ein paar orthographische und zwei inhaltliche Textkorrekturen gemacht, letztere werden in den Hinweisen erläutert.

Das früheren Ausgaben vorangestellte *Vorwort von Marie Steiner* ist enthalten in Band I ihrer Gesammelten Schriften: «Die Anthroposophie Rudolf Steiners. Gesammelte Vorworte zu Erstveröffentlichungen von Werken Rudolf Steiners», Dornach 1967.

Der Titel des Bandes geht auf die Ankündigung der Vortragsreihe durch Rudolf Steiner zurück.

Hinweise zum Text

Werke Rudolf Steiners innerhalb der Gesamtausgabe (GA) werden in den Hinweisen mit der Bibliographie-Nummer angegeben. Siehe auch die Übersicht am Schluß des Bandes.

Zu Seite

14 *Euklid,* etwa 365–300 v. Chr., griechischer Mathematiker in Alexandria, «Vater der Geometrie», Verfasser der «Elemente», des bekannten systematischen Lehrbuchs der griechischen Mathematik.

16 *vom «schlichten Manne aus Nazareth»:* Siehe z. B. Heinrich Weinel, «Jesus im neunzehnten Jahrhundert», Tübingen u. Leipzig 1903, S. 6 u. 7.

25 *Philo von Alexandrien:* um 25 v. Chr. bis um 50 n. Chr., jüdisch-griechischer Philosoph aus Alexandria, sagt vom Logos zum Beispiel in

seiner Schrift «Legum allegoriarum» (I, 19): Die Weltvernunft, der Logos, erscheint als das Buch, in dem «aller Weltbestand eingetragen und gezeichnet ist».

28 *wie ein Hammer:* Bisher stand an dieser Stelle «Hummer», vorgeschlagen wurde von Lesern «Hummel»; wir folgen hier der von Rudolf Steiner durchgesehenen Nachschrift.

30 *aber zuletzt:* In der Nachschrift, die von Rudolf Steiner durchgesehen wurde, steht wie hier «zuletzt»; es stellt sich die Frage, ob hier wohl «zuerst» stehen müsste.

32 *daß unsere Erde frühere Zustände durchgemacht hat:* Vergleiche hierzu besonders Rudolf Steiner, «Die Geheimwissenschaft im Umriß» (1910), GA 13, Kap. «Die Weltentwickelung und der Mensch».

34 *Es bleibt dann von dem Ätherleibe nur jener Extrakt zurück, von dem wir öfter gesprochen haben:* Siehe die Ausführungen in den beiden Vortragszyklen Rudolf Steiners: «Vor dem Tore der Theosophie», GA 95, 4. Vortrag, und «Die Theosophie des Rosenkreuzers», GA 99, 3. Vortrag.

48 *Und das Licht schien in die Finsternis:* Nach der Übersetzung Rudolf Steiners, die er im 1. Vortrag des Münchner Vortragszyklus «Die Theosophie an Hand des Johannes-Evangeliums» erstmals mitgeteilt hat und die auch handschriftlich vorliegt; veröffentlicht in «Kosmogonie», GA 94, S. 230. Rudolf Steiner war die übliche Übersetzung (Und das Licht *scheint* in der Finsternis ...) durchaus bekannt.

72 *«Das Christentum als mystische Tatsache und die Mysterien des Altertums»* (1902), GA 8, 1989, S. 121 ff.

79 *Lehre von dem einigen Sohn:* Bisher stand an dieser Stelle «von dem einzigen Sohn». Wir folgen mit der Fassung «dem einigen Sohn» der von Rudolf Steiner durchgesehenen Nachschrift. Siehe auch Rudolf Steiners Erläuterungen zu den Begriffen «eingeboren» und «zweigeboren» auf Seite 86, 87 .

80 *Publius Cornelius Tacitus:* um 55 bis um 120 n. Chr., römischer Historiker, in seiner Schrift «De origine et de situ Germanorum» («Germania»).

92 «Was *geht da von mir zu dir?»:* Siehe hierzu die weiteren Ausführungen Rudolf Steiners im 9. und 11. Vortrag des Kasseler Vortragszyklus «Das Johannes-Evangelium im Verhältnis zu den drei anderen Evangelien, besonders zu dem Lukas-Evangelium», GA 112, S. 167 ff. u. 213 f.

94 *Doktor der Theologie:* Emil Zittel, 1831–1899, «Die Entstehung der Bibel», 5. verb. Aufl., Leipzig 1891.

140 *«Theosophie. Einführung in übersinnliche Welterkenntnis und Menschenbestimmung»* (1904), GA 9.

153 *Und der Führer dieses Volkes («Ursemiten») ... war ein großer Eingeweihter:* Über diesen großen Eingeweihten spricht sich Rudolf Steiner im 4. Vortrag des Vortragszyklus über «Das Lukas-Evangelium», GA 114, 2001, S. 84 f., näher aus: «Und an der Spitze des großen Orakels, das die Oberaufsicht über die übrigen hatte und das man das Sonnenorakel nennt, stand der größte der atlantischen Eingeweihten, der große Sonnen-Eingeweihte, der zu gleicher Zeit der Manu, der Führer der atlantischen Bevölkerung war. Er war derjenige, welcher sich, als die atlantische Katastrophe heranrückte, die Aufgabe zu stellen hatte, mit den Menschen, die er für brauchbar fand, hinüberzuziehen nach dem Osten und eine Ausgangsstätte zu begründen für die nachatlantische Kultur.»

162 *in den «Sibyllinischen Büchern»:* Siehe hierzu Johannes Geffcken, «Christliche Sibyllinen», in Edgar Hennecke, «Neutestamentliche Apokryphen», 2. Aufl., Tübingen 1924, S. 399 ff.

164 *Äschylos,* um 525-456 v. Chr., der älteste der großen griechischen Tragödiendichter.

167 *Geometrie des Euklid:* Siehe Hinweis zu Seite 14.

178 *Sixtinische Kapelle:* Hauskapelle des Papstes im Vatikan, 1473 unter Papst Sixtus IV. vom Florentiner Giovanni de› Dolci erbaut, rechteckig, 48 m lang, 15 m breit und 19 m hoch, mit Fresken von Michelangelo und Wandgemälden von Pietro Perugino, Sandro Botticelli und anderen.

179 *Platons Ausspruch «Gott geometrisiert fortwährend»:* Dieser Ausspruch findet sich in keinem seiner Dialoge, sondern ist Tradition in der platonischen Schule; er ist durch Plutarchs «Tischgespräche», Achtes Buch, Zweite Frage (In welchem Sinne sagt Plato, daß Gott fortwährend geometrisiert?), überliefert.

187 *In meiner «Theosophie»:* Siehe Hinweis zu Seite 140.

203 *Pythagoras von Samos,* um 580 bis um 496 v. Chr.; über seine Wanderungen vgl. Ernst Bindel, «Pythagoras», Stuttgart 1962, 3. Kap.: Leben und Wirksamkeit des Pythagoras / Lebenszeit und -dauer.

205 *wie Goethe sagt:* «Das Auge hat sein Dasein dem Licht zu danken. Aus gleichgültigen tierischen Hilfsorganen ruft sich das Licht ein Organ

hervor, das seinesgleichen werde, und so bildet sich das Auge am Lichte fürs Licht, damit das innere Licht dem äußeren entgegentrete.» «Entwurf einer Farbenlehre», didaktischer Teil, Einleitung. Siehe «Goethes Naturwissenschaftliche Schriften», herausgegeben und kommentiert von Rudolf Steiner in Kürschners «Deutsche National-Litteratur» (1884–97), 5 Bände, Nachdruck Dornach 1975, GA 1 a–e, Bd. 3, S. 88.

214 «*Die Philosophie der Freiheit.* Grundzüge einer modernen Weltanschauung - Seelische Beobachtungsresultate nach naturwissenschaftlicher Methode» (1894), GA 4.

236 *Voltaire* (François Marie Arouet), 1694–1778; sein Ausspruch «Wer da will ein Prophet sein ...» konnte bisher nicht nachgewiesen werden.

NAMENREGISTER

(* ohne Namensnennung im Text)

LITERATURHINWEIS

GA = Rudolf Steiner Gesamtausgabe / TB = Rudolf Steiner Taschenbücher

Zur Weiterführung und Vertiefung der Darstellungen des vorliegenden Bandes sei auf folgende Auswahl von Ausgaben Rudolf Steiners verwiesen:

Schriften

Das Christentum als mystische Tatsache und die Mysterien des Altertums (1902). GA 8 (TB 619)

Die geistige Führung des Menschen und der Menschheit. Geisteswissenschaftliche Ergebnisse über die Menschheits-Entwickelung (1912), GA 15 (TB 614)

Vorträge

Kosmogonie. Populärer Okkultismus. Das Johannes-Evangelium (3 Vorträge Berlin 1906). Die Theosophie anhand des Johannes-Evangeliums (8 Vorträge München 1906). Zusammenfassung und Notizen von 43 Vorträgen in verschiedenen Städten 1906. GA 94

Das christliche Mysterium. 31 Vorträge in verschied. Orten 1906/07. GA 97

Menschheitsentwickelung und Christus-Erkenntnis. 14 Vorträge Kassel und 8 Vorträge «Das Johannes-Evangelium», Basel 1907. GA 100

Die Apokalypse des Johannes. 13 Vorträge Nürnberg 1908. GA 104 (TB 672)

Aus der Bilderschrift der Apokalypse des Johannes. 16 Vorträge München 1907 und Kristiania (Oslo) 1909. GA 104a

Das Johannes-Evangelium im Verhältnis zu den drei anderen Evangelien, besonders zu dem Lukas-Evangelium. 14 Vortr. Kassel 1909. GA 112

Das Lukas-Evangelium. 10 Vorträge Basel 1909. GA 114 (TB 655)

Der Christus-Impuls und die Entwickelung des Ich-Bewußtseins. 7 Vorträge Berlin 1909/10. GA 116

Die tieferen Geheimnisse des Menschheitswerdens im Lichte der Evangelien. 12 Vorträge in verschiedenen Städten 1909. GA 117

Das Ereignis der Christus-Erscheinung in der ätherischen Welt. 16 Vorträge in verschiedenen Städten 1910. GA 118 (TB 704)

Das Matthäus-Evangelium. 12 Vorträge Bern 1910. GA 123 (TB 668)

Exkurse in das Gebiet des Markus-Evangeliums. 13 Vorträge Berlin, München, Hannover, Koblenz 1910/11. GA 124

Von Jesus zu Christus. 11 Vorträge Karlsruhe 1911. GA 131 (TB 645)

Das Markus-Evangelium. 10 Vorträge Basel 1912. GA 139 (TB 665)

Die Mysterien des Morgenlandes und des Christentums. 4 Vorträge Berlin 1913. GA 144

Christus und die geistige Welt. Von der Suche nach dem Heiligen Gral. 6 Vorträge Leipzig 1913/14. GA 149

Christus und die menschliche Seele. – Über den Sinn des Lebens. Theosophische Moral. Anthroposophie und Christentum. 10 Vorträge Kopenhagen 1912, Norrköping 1912/14. GA 155

Bausteine zu einer Erkenntnis des Mysteriums von Golgatha. Kosmische und menschliche Metamorphose. 17 Vorträge Berlin 1917. GA 175

Wie kann die Menschheit den Christus wiederfinden? Das dreifache Schattendasein unserer Zeit und das neue Christus-Licht. 8 Vorträge Basel und Dornach 1918/19. GA 187

Apokalypse und Priesterwirken (Vorträge und Kurse über christlich-religiöses Wirken, Band V). 18 Vorträge, Gespräche und Fragenbeantwortungen Dornach 1924

ZU DEN VERÖFFENTLICHUNGEN AUS DEM VORTRAGSWERK VON RUDOLF STEINER

Rudolf Steiner hat seine Vorträge stets frei, also ohne Manuskript, gehalten. Viele seiner Vorüberlegungen hielt er lediglich in Stichworten, manchmal auch in kurzen Sätzen, Schemata oder Skizzen in seinen Notizbüchern fest, ohne daß er sie weiter schriftlich ausgearbeitet hätte. Nur in ganz wenigen Fällen liegen vorbereitete schriftliche Zusammenfassungen vor, die für Übersetzer bestimmt waren. Er hat jedoch der Veröffentlichung seiner Vorträge zugestimmt, auch wenn er selbst nur einige wenige für den Druck vorbereiten konnte.

Die in der Rudolf Steiner Gesamtausgabe veröffentlichten Vorträge basieren in der Regel auf Übertragungen stenographischer Aufzeichnungen, die während des Vortrages von Zuhörern oder hinzugezogenen Fachstenographen angefertigt wurden. Verschiedentlich – und dies gilt für die Anfangsjahre seiner Vortragstätigkeit, etwa bis 1905 – dienen auch schriftliche Ausarbeitungen durch Zuhörer als Textgrundlage. Für die Drucklegung werden die Übertragungen in Langschrift oder Zuhörernotizen von den Bearbeitern (Herausgebern) einer eingehenden Prüfung unterzogen, insbesondere hinsichtlich Sinn, Satzbau und Genauigkeit der Wiedergabe von Zitaten, Eigennamen oder Fachbegriffen. Bei auftretenden Komplikationen, wie zum Beispiel nicht entschlüsselbaren Satz- und Wortgebilden oder Lücken im Text, werden, soweit vorhanden, die Originalstenogramme zur Abklärung hinzugezogen.

Weitere Angaben, die Besonderheiten der Textgrundlagen, der Bearbeitung sowie die Entstehungsgeschichte der im vorliegenden Band veröffentlichten Vorträge betreffend, befinden sich am Schluß des Bandes.

Die Herausgeber

RUDOLF STEINER – LEBEN UND WERK

Das Lebenswerk Rudolf Steiners ist überliefert in den geschriebenen Werken und in den Nachschriften seiner stets frei gehaltenen Vorträge. Hinzu kommen zahlreiche künstlerische Arbeiten, von denen die beiden Goetheanumbauten weltweite Beachtung gefunden haben. Seine Ausführungen über Pädagogik, Landwirtschaft, Medizin, Nationalökonomie usw. führten zur Begründung zahlreicher Einrichtungen, die als Bereicherung des öffentlichen Kulturlebens immer mehr Anerkennung finden.

Im Auftrag Rudolf Steiners hat Marie Steiner-von Sivers die Vortragsnachschriften durchgesehen und veröffentlicht. Nach ihrem Tod (1948) wurde gemäß ihren Richtlinien von der durch sie 1943 begründeten Rudolf Steiner Nachlassverwaltung mit der Herausgabe der Rudolf Steiner Gesamtausgabe begonnen. Diese wird etwa 350 Bände umfassen. In den beiden ersten Abteilungen erscheinen die Schriften und das Vortragswerk, in der dritten Abteilung wird das künstlerische Werk in entsprechender Form wiedergegeben.

Einen systematischen Überblick über die Gesamtausgabe (GA) gibt der Band «Bibliographische Übersicht. Das literarische und künstlerische Werk von Rudolf Steiner». Über den jeweiligen Stand der erschienenen Bände orientieren die Bücherverzeichnisse und der Gesamtkatalog des Rudolf Steiner Verlages.

Chronologischer Lebensabriß

(zugleich Übersicht über die geschriebenen Werke)

1861 Am 27. Februar wird Rudolf Steiner in Kraljevec (damals Ungarn, heute Kroatien) als Sohn eines Beamten der österreichischen Südbahn geboren. Seine Eltern stammen aus Niederösterreich. Er verlebt seine Kindheit und Jugend an verschiedenen Orten Österreichs.

1872 Besuch der Realschule in Wiener-Neustadt bis zum Abitur 1879.

1882 Erste schriftstellerische Tätigkeit.

1882–1897 Herausgabe von Goethes Naturwissenschaftlichen Schriften in Kürschners «Deutsche National Litteratur», 5 Bände (GA 1a–e). Eine separate Ausgabe der Einleitungen erschien 1925 unter dem Titel *Goethes Naturwissenschaftliche Schriften* (GA 1).

1884–1890 Privatlehrer bei einer Wiener Familie.

1886 Berufung zur Mitarbeit bei der Herausgabe der großen «Sophien-Ausgabe» von Goethes Werken.

1888 *Grundlinien einer Erkenntnistheorie der Goetheschen Weltanschauung mit besonderer Rücksicht auf Schiller* (GA 2).

1890–1897 Redakteur bei der «Deutschen Wochenschrift», Wien (Aufsätze daraus in GA 31). Vortrag im Wiener Goethe-Verein: *Goethe als Vater einer neuen Ästhetik* (in GA 30).

1891 Weimar. Mitarbeit am Goethe- und Schiller-Archiv. Herausgeber von Goethes Naturwissenschaftlichen Schriften.

1892 Promotion zum Doktor der Philosophie an der Universität Rostock.

erscheint die erweiterte Dissertation: *Wahrheit und Wissenschaft. Vorspiel einer «Philosophie der Freiheit»* (GA 3).

1894 *Die Philosophie der Freiheit. Grundzüge einer modernen Weltanschauung. Seelische Beobachtungsresultate nach naturwissenschaftlicher Methode* (GA 4).

1895 *Friedrich Nietzsche, ein Kämpfer gegen seine Zeit* (GA 5).

1897 *Goethes Weltanschauung* (GA 6).

Übersiedlung nach Berlin. Herausgabe des «Magazin für Litteratur» und der «Dramaturgischen Blätter» zusammen mit O. E. Hartleben (Aufsätze daraus in GA 29–32). Wirksamkeit in der «Freien literarischen Gesellschaft», der «Freien dramatischen Gesellschaft», im «Giordano Bruno-Bund», im Kreis der «Kommenden» u. a.

1899–1904 Lehrtätigkeit an der von W. Liebknecht gegründeten Berliner «Arbeiter-Bildungsschule».

1900/01 *Welt- und Lebensanschauungen im 19. Jahrhundert*, 1914 erweitert zu: *Die Rätsel der Philosophie* (GA 18). Beginn der anthroposophischen Vortragstätigkeit auf Einladung der Theosophischen Gesellschaft in Berlin. *Die Mystik im Aufgange des neuzeitlichen Geisteslebens* (GA 7).

1902–1912 Aufbau der Anthroposophie. Regelmäßig öffentliche Vortragstätigkeit in Berlin und ausgedehnte Vortragsreisen in ganz Europa. Marie von Sivers (ab 1914 Marie Steiner) wird seine ständige Mitarbeiterin.

1902 *Das Christentum als mystische Tatsache und die Mysterien des Altertums* (GA 8).

1903 Begründung und Herausgabe der Zeitschrift «Luzifer», später *«Lucifer-Gnosis»* (Aufsätze in GA 34).

1904 *Theosophie. Einführung in übersinnliche Welterkenntnis und Menschenbestimmung* (GA 9).

1904/05 *Wie erlangt man Erkenntnisse der höheren Welten?* (GA 10). *Aus der Akasha-Chronik* (GA 11). *Die Stufen der höheren Erkenntnis* (GA 12).

1910 *Die Geheimwissenschaft im Umriß* (GA 13).

1910–1913 In München werden die *Vier Mysteriendramen* (GA 14) uraufgeführt.

1911 *Die geistige Führung des Menschen und der Menschheit* (GA 15).

1912 *Anthroposophischer Seelenkalender. Wochensprüche* (in GA 40, und separate Ausgaben). *Ein Weg zur Selbsterkenntnis des Menschen* (GA 16).

1913 Trennung von der Theosophischen und Begründung der Anthroposophischen Gesellschaft. *Die Schwelle der geistigen Welt* (GA 17).

1913–1922 Errichtung des in Holz als Doppelkuppelbau gestalteten ersten Goetheanum in Dornach/Schweiz. Im gleichen Zeitraum entstanden in Dornach ebenfalls nach Entwürfen Rudolf Steiners mehrere Wohn- und Zweckbauten, so das Haus Duldeck, Haus de Jaager, drei Eurythmiehäuser, Heizhaus, Transformatorenhäuschen, Glashaus, Verlagshaus u. a.

1914–1923 Dornach und Berlin. In Vorträgen und Kursen in ganz Europa gibt Rudolf Steiner Anregungen für eine Erneuerung auf vielen Lebensgebieten: Kunst, Pädagogik, Naturwissenschaften, soziales Leben, Medizin, Theologie. Weiterbildung der 1912 inaugurierten neuen Bewegungskunst «Eurythmie».

1914 *Die Rätsel der Philosophie in ihrer Geschichte als Umriß dargestellt* (GA 18).

1916–1918 *Vom Menschenrätsel* (GA 20). *Von Seelenrätseln* (GA 21). *Goethes Geistesart in ihrer Offenbarung durch seinen «Faust» und durch das «Märchen von der Schlange und der Lilie»* (GA 22).

1919 Rudolf Steiner vertritt den Gedanken einer «Dreigliederung des sozialen Organismus» in Aufsätzen und Vorträgen, vor allem im süddeutschen Raum. *Die Kernpunkte der Sozialen Frage in den Lebensnotwendigkeiten der Gegenwart und Zukunft* (GA 23). *Aufsätze über die Dreigliederung des sozialen Organismus* (GA 24). Im Herbst wird in Stuttgart die «Freie Waldorfschule» begründet, die Rudolf Steiner bis zu seinem Tode leitet.

1920 Beginnend mit dem Ersten anthroposophischen Hochschulkurs finden im noch nicht vollendeten Goetheanum fortan regelmäßig Vorträge und künstlerische Veranstaltungen statt.

1921 Begründung der Wochenschrift «Das Goetheanum» mit regelmäßigen Aufsätzen und Beiträgen Rudolf Steiners (in GA 36).

1922 *Drei Schritte der Anthroposophie: Philosophie, Kosmologie, Religion* (GA 25).

In der Silvesternacht 1922/23 wird der Goetheanumbau durch Brand vernichtet. Für einen neuen in Beton konzipierten Bau kann Rudolf Steiner in der Folge nur noch ein erstes Außenmodell schaffen.

1923 Unausgesetzte Vortragstätigkeit, verbunden mit Reisen. Zu Weihnachten 1923 Neubegründung der «Anthroposophischen Gesellschaft» als «Allgemeine Anthroposophische Gesellschaft» unter der Leitung Rudolf Steiners.

1923–1925 Rudolf Steiner schreibt in wöchentlichen Folgen seine unvollendet gebliebene Selbstbiographie *Mein Lebensgang* (GA 28) sowie *Anthroposophische Leitsätze* (GA 26) und arbeitet mit Dr. Ita Wegman an dem Buch *Grundlegendes für eine Erweiterung der Heilkunst nach geisteswissenschaftlichen Erkenntnissen* (GA 27).

1924 Steigerung der Vortragstätigkeit. Daneben zahlreiche Fachkurse. Letzte Vortragsreisen in Europa. Am 28. September letzte Ansprache zu den Mitgliedern. Beginn des Krankenlagers.

1925 Am 30. März stirbt Rudolf Steiner in Dornach.

RUDOLF STEINER GESAMTAUSGABE

Überblick über das literarische und künstlerische Werk

Erste Abteilung: Die Schriften

I. Werke

Goethes Naturwissenschaftliche Schriften, eingeleitet und kommentiert von Rudolf Steiner, 5 Bände, Nachdruck Dornach 1975 (GA 1a–e); separate Ausgabe der Einleitungen (GA 1)

Editorische Nachworte zu Goethes naturwissenschaftlichen Schriften in der Weimarer Ausgabe, 1891–1896 (GA 1f)

Grundlinien einer Erkenntnistheorie der Goetheschen Weltanschauung (GA 2)

Wahrheit und Wissenschaft. Vorspiel einer «Philosophie der Freiheit» (GA 3)

Die Philosophie der Freiheit (GA 4)

Friedrich Nietzsche, ein Kämpfer gegen seine Zeit (GA 5)

Goethes Weltanschauung (GA 6)

Die Mystik im Aufgange des neuzeitlichen Geisteslebens und ihr Verhältnis zur modernen Weltanschauung (GA 7)

Das Christentum als mystische Tatsache u. die Mysterien des Altertums (GA 8)

Theosophie. Einführung in übersinnliche Welterkenntnis und Menschenbestimmung (GA 9)

Wie erlangt man Erkenntnisse der höheren Welten? (GA 10)

Aus der Akasha-Chronik (GA 11)

Die Stufen der höheren Erkenntnis (GA 12)

Die Geheimwissenschaft im Umriß (GA 13)

Vier Mysteriendramen: Die Pforte der Einweihung – Die Prüfung der Seele – Der Hüter der Schwelle – Der Seelen Erwachen (GA 14)

Die geistige Führung des Menschen und der Menschheit (GA 15)

Anthroposophischer Seelenkalender (in GA 40)

Ein Weg zur Selbsterkenntnis des Menschen (GA 16)

Die Schwelle der geistigen Welt (GA 17)

Die Rätsel der Philosophie in ihrer Geschichte als Umriß dargestellt (GA 18)

Gedanken während der Zeit des Krieges (GA 19)

Vom Menschenrätsel (GA 20)

Von Seelenrätseln (GA 21)

Goethes Geistesart in ihrer Offenbarung durch seinen «Faust» und durch das «Märchen von der Schlange und der Lilie» (GA 22)

Die Kernpunkte der Sozialen Frage in den Lebensnotwendigkeiten der Gegenwart und Zukunft (GA 23)

Aufsätze über die Dreigliederung des sozialen Organismus und zur Zeitlage 1915–1921 (GA 24)

Drei Schritte der Anthroposophie: Philosophie, Kosmologie, Religion (GA 25)

Anthroposophische Leitsätze (GA 26)

Grundlegendes für eine Erweiterung der Heilkunst nach geisteswissenschaftlichen Erkenntnissen. Von Dr. Rudolf Steiner und Dr. Ita Wegman (GA 27)

Mein Lebensgang (GA 28)

II. Gesammelte Aufsätze

Gesammelte Aufsätze zur Dramaturgie 1889–1900 (GA 29)

Methodische Grundlagen der Anthroposophie. Gesammelte Aufsätze zur Philosophie, Naturwissenschaft, Ästhetik und Seelenkunde 1884–1901 (GA 30)

Gesammelte Aufsätze zur Kultur- und Zeitgeschichte 1897–1901 (GA 31)

Gesammelte Aufsätze zur Literatur 1886–1902 (GA 32)

Biographien und biographische Skizzen 1894–1905 (GA 33)

Lucifer – Gnosis. Grundlegende Aufsätze zur Anthroposophie und Berichte aus den Zeitschriften «Luzifer» und «Lucifer – Gnosis» 1903–1908 (GA 34)

Philosophie und Anthroposophie. Gesammelte Aufsätze 1904–1918 (GA 35)

Der Goetheanumgedanke inmitten der Kulturkrisis der Gegenwart. Gesammelte Aufsätze aus der Wochenschrift «Das Goetheanum» 1921–1925 (GA 36)

Schriften zur Geschichte der anthroposophischen Bewegung und der anthroposophischen Gesellschaft 1902–1925 (GA 37)

III. Veröffentlichungen aus dem Nachlaß

Briefe – Wahrspruchworte – Bühnenbearbeitungen – Entwürfe zu den vier Mysteriendramen 1910–1913 – Anthroposophie. Ein Fragment aus dem Jahre 1910 – Gesammelte Skizzen und Fragmente – Aus Notizbüchern und -blättern (GA 38–47)

Zweite Abteilung: Das Vortragswerk

I. Öffentliche Vorträge

Die öffentlichen Berliner Vortragsreihen (Architektenhaus-Vorträge) 1903/04 bis 1917/18 (GA 51–67)

Öffentliche Vorträge, Vortragsreihen und Hochschulkurse an andern Orten Europas 1906–1924 (GA 68–84)

II. Vorträge vor Mitgliedern der Anthroposophischen Gesellschaft

Vorträge und Vortragszyklen allgemein-anthroposophischen Inhalts – Evangelien-Betrachtungen – Christologie – Geisteswissenschaftliche Menschenkunde – Kosmische und menschliche Geschichte – Die geistigen Hintergründe der sozialen Frage – Der Mensch in seinem Zusammenhang mit dem Kosmos – Karma-Betrachtungen (GA 91–244)

Vorträge und Schriften zur Geschichte der anthroposophischen Bewegung und der Anthroposophischen Gesellschaft (GA 250–263)

Veröffentlichungen zur Geschichte und aus den Inhalten der esoterischen Lehrtätigkeit (GA 264–270)

III. Vorträge und Kurse zu einzelnen Lebensgebieten

Vorträge über Kunst: Allgemein-Künstlerisches – Eurythmie – Sprachgestaltung und Dramatische Kunst – Musik – Bildende Künste – Kunstgeschichte (GA 271–292)

Vorträge über Erziehung (GA 293–311)

Vorträge über Medizin (GA 312–319)

Vorträge über Naturwissenschaft (GA 320–327)

Vorträge über das soziale Leben und die Dreigliederung des sozialen Organismus (GA 328–341)

Vorträge und Kurse über christlich-religiöses Wirken (GA 342–346)

Vorträge für die Arbeiter am Goetheanumbau (GA 347–354)

Dritte Abteilung: Das künstlerische Werk

Reproduktionen und Veröffentlichungen aus dem künstlerischen Nachlaß

Originalgetreue Wiedergaben von malerischen und graphischen Entwürfen und Skizzen Rudolf Steiners in Kunstmappen, als Einzelblätter oder in Buchform: Entwürfe für die Malerei des Ersten Goetheanum – Entwürfe für die Fenster des Ersten Goetheanum – Schulungsskizzen für Maler – Das architektonische Werk – Das grafische Werk – Das plastische Werk – Programmbilder für Eurythmie-Aufführungen – Eurythmieformen – Entwürfe zu den Eurythmiefiguren – Wandtafelzeichnungen aus dem Vortragswerk u. a.

Die Bände der Rudolf Steiner Gesamtausgabe sind innerhalb einzelner Gruppen einheitlich ausgestattet. Jeder Band ist einzeln erhältlich. Ausführliche Verzeichnisse können beim Verlag angefordert werden:

Rudolf Steiner Verlag, St. Johanns-Vorstadt 19–21, CH-4056 Basel
verlag@steinerverlag.com, www.steinerverlag.com